U0799081

城镇居民移动商务使用行为研究

曹　国　王娓娓　沈利香　曹素贞 等　著

科 学 出 版 社

北　京

内 容 简 介

系统而科学地研究城镇居民移动商务技术接受行为，促进移动商务用户更有效地选择和使用移动信息服务技术，是保障信息资源高效利用的现实需求。本书以对城镇居民移动商务消费者使用行为的理论分析为核心，概述了国内外相关领域研究的热点和中外研究的差异，并对已有研究中所涉及的主要理论、方法和工具等进行了详细介绍。随后选择了六类当前学术界或产业界极为关注的前沿问题，采用文献综述、问卷调查、专家座谈、理论研究和模型构建等方法，重点对城镇居民移动搜索行为、移动广告使用行为、移动健康系统使用行为、移动游戏使用行为、移动阅读使用行为和移动银行使用行为进行了实证研究，提出了基于城镇居民移动商务用户使用行为特征的服务策略，探讨了城镇居民移动商务用户使用行为的研究方法及其伦理规范。全书视角独特，体系结构严谨，理论与实践高度结合，数据翔实，引文丰富，具有较高的学术与应用价值。

本书可供系统开发、运营管理、信息管理、网络营销等领域的科研人员、管理和工程技术人员，以及管理科学、信息科学、信息管理与电子商务等专业的研究生和高年级本科生阅读参考。

图书在版编目(CIP)数据

城镇居民移动商务使用行为研究/曹国等著. —北京：科学出版社，2022.5
ISBN 978-7-03-072071-9

Ⅰ. ①城… Ⅱ. ①曹… Ⅲ. ①城镇-居民-移动电子商务-行为分析
Ⅳ. ①F713.36

中国版本图书馆 CIP 数据核字(2022)第 059665 号

责任编辑：许　蕾　曾佳佳/责任校对：张亚丹
责任印制：张　伟/封面设计：许　瑞

科学出版社 出版
北京东黄城根北街 16 号
邮政编码：100717
http://www.sciencep.com
北京中科印刷有限公司印刷
科学出版社发行　各地新华书店经销
*
2022 年 5 月第　一　版　开本：720×1000　1/16
2022 年 5 月第一次印刷　印张：14 1/4
字数：290 000
定价：129.00 元
(如有印装质量问题，我社负责调换)

前　言

伴随着无线网络以及通信技术的迅猛发展，移动商务开始在全球范围内大放异彩，移动商务的市场价值也因此呈指数式增长。由于移动互联网加深了企业与客户的联系，移动商务作为一种新型的营销战略和 CRM 管理工具而被众多的机构所采用，传统企业也纷纷利用移动互联网进行转型升级，移动服务逐渐成为网络环境下的“新的服务边界”。移动互联网应用的不断发展以及移动智能终端产业的不断成熟，为产品的多样性、服务的创新性和应用的动态性创造了更多的可能。

相对于传统电子商务，移动商务具有无处不在性、实时性、交互性、便利性和个性化等优势，但同时也存在诸多问题，给用户体验和消费者行为带来诸多负面影响。上述种种均赋予移动商务用户使用行为研究更丰富的内涵和更宽广的外延，大量的新问题、新视角、新技术、新方法和新应用应运而生，需要学术界和产业界加以关注。鉴于国内外已有文献对用户移动商务使用行为的基本概念、基本分类进行过系统研究，本书在内容上并不追求对该领域的概念和方法的全面覆盖，而是重点研究了近期本学科领域中值得关注的特定主题，以及近期移动商务产业发展过程中值得研究的特殊应用问题，并且通过规范化的实证研究方法对这些具体问题加以深入分析和探讨，从而加深读者对这一领域理论的认识和实践的理解。

本书主要从信息系统模型、社会心理学、用户体验、用户信任、期望确认模型、互联网广告态度模型和健康信念模型等理论视角对移动商务用户行为进行了研究，基于技术接受模型(TAM)、整合型技术接受模型(UTAUT)、任务/技术匹配模型(TTF)、健康信念模型(HBM)、社会临场感、社会影响、技术准备度、流体验、信任、从众、惯性等多个理论，研究了移动搜索、移动广告、移动健康、移动游戏、移动阅读、移动银行等多应用场景下用户行为机理，发现了影响用户体验、隐私关注、技术采纳、用户持续使用、忠诚度等的重要显著因素。

作为江苏高校哲学社会科学研究重点项目“大数据背景下江苏省移动商务消费者行为模式与营销机制研究”（No. 2017ZDIXM009）和江苏省社科基金项目（2016GLB014）研究成果的总结，本书是研究团队集体智慧的结晶。在过去五年中，王娓娓、沈利香、曹素贞等课题组主要成员，于芳、李晨、陈燕、刘晨蓉等同学为本书承担了文献搜集整理、数据分析、文字撰写和校对等方面大量的工作，在此向他们的辛勤工作表示感谢。全书的主要内容与总体框架由曹国确定，第 1、2、7 章和后记由曹国完成撰写和校对，第 3 章由沈利香和陈燕共同完成撰写和校对，第 4 章由曹国和李晨共同完成撰写和校对，第 5 章由王娓娓和刘晨蓉共同完成撰写和校对，第 6 章由曹素贞和于芳共同完成撰写和校对，书稿的整理工作由沈利香完成，统稿和审校工作由曹国完成。

本书在写作过程中参阅了大量的优秀文献，笔者在各章后的参考文献部分已经尽可能全面地列举出来，但仍有可能因为疏忽致使部分文献未能得到列举，在此一并表示感谢！感谢常州工学院出版基金对本书出版的部分资助。

由于时间仓促及笔者水平有限，书中不足之处在所难免，恳请广大读者批评指正。

曹　国

2022 年 4 月 18 日

目　　录

第1章 绪　　论

1.1 移动商务使用行为研究背景与意义

1.1.1 研究背景

伴随着无线网络以及通信技术的迅猛发展，移动商务开始在全球范围内大放异彩，移动商务的市场价值也因此呈指数式增长。由于移动互联网加深了企业与客户的联系，移动商务作为一种新型的营销战略和 CRM 管理工具而被众多的金融服务机构所采用。全球移动通信系统协会（GSMA）发布的《中国移动经济发展报告 2020》数据显示，到 2025 年，中国 5G 用户的渗透率将增至 50%，与韩国、日本和美国等其他主要 5G 市场相当。在 2020～2025 年期间，中国运营商基于移动业务的资本支出将达 1800 亿美元，其中大约 90%将被用于 5G 网络建设。此外，中国互联网络信息中心（CNNIC）发布的第 48 次《中国互联网络发展状况统计报告》显示，截至 2021 年 6 月，我国网民规模达 10.11 亿，互联网普及率达 71.6%，较 2020 年 12 月提升 1.2 个百分点，移动互联网用户稳步增长。此外，我国网民使用手机上网的比例达 99.6%；使用电视上网的比例为 25.6%；使用台式电脑、笔记本电脑、平板电脑上网的比例分别为 34.6%、30.8%和 24.9%。

作为新生事物，我国移动互联网平台企业开展移动商务业务还是具有显著潜力的，移动商务也逐渐成为网络环境下的“新的服务边界”。尽管数字化服务的基本功能多为免费，但数字消费的海量隐性价值正逐步累积并释放巨大社会福利，不同互联网应用对数字消费者价值呈现出差异。截至 2021 年 6 月，数字消费者认为网络支付、即时通信、网络新闻、搜索引擎、网络购物等应用的价值相对其他互联网应用更高；网络视频、网络音乐等垂直品类丰富、满足大众多样化需求的互联网应用价值相对次之；网上外卖、网约车等线下可替代性较强的互联网应用在数字消费者主观认知中的价值相对较低。数字消费通过深入广大消费者，逐渐成为大众不可或缺的生活要素，对满足人民美好生活需要产生重要影响。

随着信息化的普及和发展，移动信息技术业已逐渐渗透到城镇地区经济社会、生产生活、民主政治、文化教育等各个领域。城镇居民作为城镇地区移动信息服务的最终接受者、使用者及受益者，是决定城镇移动信息服务推广能否获得成功的重要角色。第 48 次《中国互联网络发展状况统计报告》数据显示，我国城镇网民规模为 7.14 亿，较 2020 年 12 月增长 3404 万，占整体网民的 70.6%。由此可见，手机互联网等通信服务在城镇市场拥有广阔的发展空间。然而，2020年《我国农村互联网年度发展状况调查报告》显示，我国城镇居民移动使用行为在人口统计特征、互联网认知和使用偏好等方面呈现一定特殊性，例如消费群体呈现年轻化、高学历、男性占比高等特征。城镇居民在移动信息搜索、风险感知与规避等方面的能力不足，他（她）们难以在海量的移动互联网信息中甄别出真实且安全的消费信息，放弃移动信息的持续使用。此外，移动设备的界面设计也影响了城镇居民对移动信息服务的使用行为。

在此情境下，移动商务信息服务提供商、运营企业和政府部门纷纷投身于“移动互联网+商务”的建设，并基于自身的优势开发出琳琅满目的移动互联网商务信息平台和应用，进而借助这些平台和应用带动整条移动商务产业链条的运转，期望最终能为用户提供个性化、定制化、精准化和高性价比的产品和服务。移动互联网平台企业可以在保持现有客户基础上融入新的系统，进而将手机用户转化为潜在客户。因此，移动互联网平台企业有必要挖掘移动商务消费者的特有信息，识别移动商务消费者交易的行为特征，有效发掘和管理客户资源，进而了解用户的需求，开发用户愿意使用的产品和服务。

1.1.2 研究意义

随着消费者接受信息的方式和渠道的改变，针对大数据环境下的移动商务消费者的研究需要切换到多点、非线性的场景之中。与此同时，消费者行为研究路径与数据采集方式也有了显著的转变与发展。传统的消费者行为研究主要是通过对企业内部数据进行分析从而得出研究结果，从宏观层面解读消费者数据，局限于理解消费者当前的消费行为。在大数据的背景下，针对消费者行为机理识别的研究应致力于利用行为分析、商务智能等手段，在社会化网络环境的海量、多源、动态数据中，以集成的视角，开展深入的挖掘、研究，从而提炼典型的消费者行为模式，同时准确识别客户个性化的行为特征，为移动商务管理决策与管理学研究提供微观行为理论支持。因此，探索分析移动商务消费者行为海量信息的相关理论和方法将具有重要的理论意义与实践意义。

1. 理论意义

移动商务用户的现实应用需求大大促进了国内外专家学者对移动商务使用行为的研究，并已经取得了丰富的研究成果。学者们尝试采用多种方法和技术来提高对移动商务使用意愿（行为意愿）、满意度、用户信任等变量的预测，从而显著提高移动商务消费者忠诚度。这一研究选题跨越信息科学、行为科学、企业管理和社会学等学科领域，形成了值得深入探究的学科交叉研究，是理论创新的重要来源之一。鉴于此，在移动商务用户使用行为研究领域，既要关注用户对已有商务信息的搜寻、获取、利用、传播、隐藏和共享的问题，也要关注消费者在移动商务信息刺激下对相关产品和服务的消费问题，还要关注特定消费市场的用户行为问题。目前，国内外学术界对用户的移动商务使用行为极为关注。本书选择了目前本领域内的热点问题和未来可能会受到关注的重要问题，结合不同的使用情境展开了系列研究，对于拓展用户移动商务使用行为领域的研究视角和研究方法具有一定的理论意义。

2. 实践意义

近年来，通过电子商务渠道进行销售的商品数量和种类迅猛增加，然而大量竞争者的涌入导致很多商品难以被展现到消费者的面前，无法获得足够的消费者，利润大幅下降。消费者面临海量的商务信息，无法在诸多信息中甄别出有价值的信息，进而导致用户放弃对移动商务信息系统的持续使用。本书突破了传统电子商务客户关系管理模型，从个体使用的层面来说，随着移动互联网与智能设备的迅速发展和普及，消费者面对的商务信息与日俱增，如何在海量信息中辨识信息、利用信息，掌握信息获取、利用相关的技能，对每个人来说都非常重要；从企业经营的层面来说，如何利用对用户移动商务信息使用行为的理解和分析，设计和开发符合用户需求的有竞争力的产品和服务成为企业应对激烈市场竞争的必由之路。

1.2 移动商务用户行为国内外研究现状

通过对中国学术期刊全文数据库、维普科技期刊全文数据库、中国学位论文全文数据库、中国学术会议论文全文数据库、EBSCO、BLACKWELL、ISI、ProQuest、SCI 等国内外学术论文数据库，以移动商务、移动支付、mobile commerce、mobile business、m-commerce、m-business 等为检索词检索，从搜集到的相关参考文献可以看出，当前针对移动商务的研究主要集中在以下几个视角。

1.2.1 移动商务消费者信任与消费者决策研究

在移动商务环境下，了解消费者的信任因素对于移动商务发展至关重要。移动交易的安全性是消费者最为担心的问题，很多移动商务消费者不敢使用它的主要原因是存在感知的风险和不确定性，而信任恰恰是降低消费者感知风险和不确定性最有力的工具。对此，国内外众多学者进行了系统的研究，其研究视角主要集中在信任的概念、信任的前因、信任的维度以及信任动态转移机理研究。叶艺勇（2018）研究认为，用户信任是影响移动商务发展的关键因素，移动终端设备的易用性、用户熟悉程度是影响消费者信任最关键的因素。林家宝等（2011）利用信任转移和创新扩散理论研究跨环境背景下信任转移过程与移动商务接纳行为之间的动态关系。并以移动银行为研究对象，基于拓展的效价理论、自我感知理论和信息系统期望确认理论，构建三阶段消费者信任动态演变模型，分析消费者使用前的决策行为的形成机制、使用行为的反馈作用机制和使用后的评价机制。顾桂兰和蔡柏良（2011）从买卖双方和外部环境等视角入手，重点分析了法律、文化、第三方认证、交易平台、商家因素和消费者信任倾向等影响因素，并讨论了 C2C 消费者信任影响因素理论模型的构成和构成因素间的关联。林家宝和鲁耀斌（2011）构建了一个初始信任的综合模型，分析了七个前因变量对移动证券的初始信任的影响，并利用 SEM 模型进行实证分析，研究结果发现股民对移动证券的初始信任主要受信息质量、无所不在、兼容性、结构保证和信任倾向的影响。毕新华等（2011）基于期望确认模型和信任因素模型提出移动商务用户持续使用意向的整合模型，实证结果表明，所构建的假设模型能很好地解释和预测移动商务用户持续使用行为。闵庆飞等（2008）从网络商家的能力、善意、诚实以及网络环境中的制度因素和技术因素构建了移动商务信任模型，实证结果表明，技术信任、移动供应商信任和基于制度的信任为主要影响因素，其中制度信任在现阶段起主要作用。樊丽杰等（2012）从人类心理认知习惯角度归纳客户信任影响因素，在此基础上给出了一种基于改进灰色预测的移动电子商务交易信任预测算法。Gao 和 Waechter（2017）以澳大利亚 851 名潜在的移动支付用户为调查对象，探索了移动支付初始信任前置影响因素，结果表明，用户感知信息质量、感知系统质量和感知服务质量正向影响用户初始信任，而感知不确定性抑制移动支付用户初始信任。

此外，Kao（2009）研究了交易信任的维度对消费者使用移动商务动机的影响，以及文化的维度对交易信任和使用动机之间关系的调节作用，研究发现交易信任显著影响移动商务的采纳动机。Lee（2009）基于 DeLone & McLean 信息系统成功模型，利用结构方程模型构建了一个信任和满意度的前因模型，实证研究结果表明，系统质量和信息质量显著影响消费者的信任和满意度，而界面设计质量对消费者的信任和满意度的影响不显著。Li 和 Yeh（2010）利用设计美学和移动网站特征建立了移动商务信任模型，研究结果表明，设计美学对移动商务的信任有直接影响，而且通过网站特征对移动商务的信任有显著的间接影响。Kim 等（2009）研究了 B2C 电子商务环境下消费者购买前的决策是如何形成的，同时，消费者和商家的长期关系是如何建立起来的。实证研究发现，信任不仅直接影响消费者的购买决策，而且对消费者的购买决策产生间接影响。Hahn 和 Kim（2009）探索了网下商店的信任和感知的网上购物信心对网上信息搜索动机和购物动机的影响，研究表明消费者对网下商店的信任显著影响网上购物感知信心和信息搜索动机。Sarkar 等（2020）利用荟萃分析研究了移动商务用户信任的前因变量和结果变量，研究结果认为，感知有用性、感知易于使用、系统质量、信息质量、服务质量、用户交互、感知风险、感知安全、结构保障等因素影响用户信任，进而影响用户的态度、满意度、行为意愿和忠诚度。Leong 等（2021）利用在线评论的特征研究了移动社交网络中用户信任形成机理，研究结果表明，评论个人资料、评论经验、认知信任和情感信任显著影响用户信任。

1.2.2 移动商务消费者采纳行为研究

移动商务是一种新式的虚拟销售渠道，同时还涉及信任和隐私关注等问题，而这些因素和问题会影响企业和客户对移动商务的采纳程度，从而影响移动商务的健康发展。

一方面，陈艳（2010）基于对相关信息技术采纳研究的回顾和总结，将技术接受模型与消费者行为过程整合起来，在此基础上提出手机邮箱服务采纳行为研究的理论模型并进行实证研究。周涛和鲁耀斌（2010）从消费者个人隐私视角研究了移动商务客户对移动商务的采纳行为，研究结果表明，隐私关注显著影响用户感知风险与信任，并通过两者间接影响采纳行为。袁顺波（2022）利用荟萃分析对 42 篇相关文献中移动商务用户持续使用行为进行研究，结果表明在期望确认理论模型中，相关性最强的为“期望确认程度-满意度”，而用户感知有用性对满意度存在着显著的影响，文化对期望确认理论模型中各变量之间的关系不存在调节效应。安琪和毕新华（2021）基于信息生态视角，对移动用户团购信息采纳行为进行了分析。刘百灵和夏惠敏（2020）从隐私反馈的内容与形式双重视角，聚焦隐私反馈应具备的技术特征，利用信号传递理论构建了移动商务用户隐私保护行为的影响机理模型，研究认为，隐私反馈的内容与形式对移动商务用户隐私担忧产生显著影响，而信息质量与可视性对隐私担忧存在负向交互作用。刘百灵等（2021）从社会认知视角，探究用户认知阶段中社会环境对移动商务平台用户隐私信息保护意愿的影响机理，研究结果显示，描述性规范和主观规范都对用户隐私信息保护意愿具有正向影响，感知危险对主观规范产生显著的正向影响。冯蛟等（2019）基于拓展的理性行为理论，构建了消费者移动支付系统使用意愿的理论模型，研究认为，用户情感态度和认知态度对移动支付系统使用意愿具有显著的正向影响。刘百灵等（2018b）利用公平理论和计划行为理论，构建了面向移动商务环境的用户隐私偏好设置及隐私反馈，探究了其对移动商务用户个人信息披露与移动商务使用意愿的影响。刘百灵等（2018a）基于创新扩散理论和技术接受模型，以心理舒适感为中介，从技术特征视角构建了隐私反馈对用户移动商务采纳意愿及个人信息披露意愿的影响机理。杨晶和袁曦（2022）基于期望确认理论，提出移动视觉用户情感体验作用机制的理论模型。

另一方面，Kim 等（2010）结合感知安全、感知信任、灵活性和技术保护等因素建立了电子支付使用行为模型。Lee 等（2012）从通用技术、特殊技术、使用者特征以及任务特征研究移动金融服务采纳用户影响因素。Kalinić 等（2021）利用神经网络模型探索了移动商务用户满意度的影响因素，研究认为流动性和信任是移动商务用户满意度的关键影响因素。Yang 等（2021）探索了移动商务情境下用户感知价值与冲动性购买行为之间的关系。研究认为环境激励显著影响用户感知价值，而用户感知价值显著影响用户的冲动性购买行为。通过融入变量品牌资产和网站质量，Chi（2018）利用技术接受模型（technology acceptance model，TAM）构建了移动商务用户满意度预测模型。Zhou 等（2021）研究了移动银行客户忠诚度的影响因素，研究认为界面设计、系统质量、安全保证和服务质量是移动银行用户忠诚度的重要影响变量。Kao 和 L'Huillier（2022）基于计划行为理论和社会距离研究了消费者对新型冠状病毒肺炎的态度与移动商务行为意愿的关系，研究认为，用户对社交距离的态度对其移动商务使用行为意愿产生负向的影响。

综上所述，国内外学者围绕移动商务和网络消费者行为开展了大量的先驱性研究，为本书在借鉴国际经验、总结国内实践的基础上进一步展开研究，提供了十分有价值的参考。可以看出，首先，当前针对移动商务消费者的研究视角主要体现在消费者信任、消费者决策和采纳行为，其研究方法主要集中在结构方程模型。其次，当前研究成果中很少提及一个基本的问题，即“移动商务和电子商务消费者行为是否存在重大区别”。此外，目前针对移动商务消费者信息行为和市场联动研究方面还有所欠缺，只有网络口碑研究成为桥接两者的研究热点，针对移动商务特殊应用的使用行为的研究才会更多。最后，在研究范式方面，目前的研究多是基于经典消费行为理论的再加工，虽然对移动商务行为的解释力不断上升，但研究的角度较单一，忽视了信息消费的内涵。

1.3　研究目标、内容与方法

1.3.1　研究目标

大数据背景下移动商务消费者信息具有很强的动态性、交叉性和复杂性，传统的网络消费者行为分析方法难以适用于对移动互联网环境下的消费者行为模式的分析。针对这一基本现实，本书根据产业界最新发展过程中所涌现出的新问题、新现象，以不同场景下移动商务消费者使用偏好、态度形成、购买决策、消费行为异质性及其影响因素等为切入点，结合移动商务客户关系管理理论与技术的最新进展，开展综合交叉研究，从而得到新兴互联网环境下用户使用行为的规律，由此为移动商务运营商提高经营管理水平提供科学的理论与方法，为其建设以用户为中心的现代信息技术决策平台提供应用层面的参考。

1.3.2 研究内容和研究方法与特色

1. 研究内容

国内外已有大量学者对移动商务进行了定义，但目前尚未达成共识。有学者认为，移动商务是指通过移动通信网络进行数据传输，并且利用移动终端开展各种商业经营活动的一种新的电子商务模式。也有学者认为移动商务是指利用移动智能终端通过移动通信网络在移动应用平台开展的移动购物、实时交易、金融业务、信息服务、娱乐社交等商务活动。本书紧紧围绕大数据背景下如何构建“移动商务消费者使用行为模型与管理策略”这一中心命题展开，重点研究近期本学科领域中值得关注的特定主题，以及近期移动商务产业发展过程中值得研究的特殊应用问题，并且围绕这些具体问题通过规范化的实证研究方法加以深入分析和探讨。本书共由 7 章构成，具体说明如下。

第 1 章，绪论。本章介绍了本书的研究背景，明确了本书的研究目标以及研究意义，确定了研究内容和研究方法。

第 2 章，城镇居民移动商务信息搜索行为研究。本章基于技术接受模型，通过融入网络效应、社会影响、渠道信任、技术接受能力和个人认知等因素，探讨了城镇居民移动商务消费者信息搜索行为的形成机理。

第 3 章，城镇居民移动广告使用行为研究。本章基于互联网广告态度模型、计划行为模型和动机理论，通过融入娱乐性、资讯性、可信性、隐私关注、外部动机、内部动机、主观规范、感知行为控制、用户习惯、用户态度、使用意愿和实际行为等因素，探讨了城镇居民移动广告消费者使用行为的形成机理。

第 4 章，城镇居民移动健康系统使用行为研究。本章基于健康信念模型、计划行为理论和技术接受模型，通过融入技术准备度、在线评价、从众行为和惯性等因素，探讨了城镇居民移动健康系统使用行为的形成机理。

第 5 章，城镇居民移动游戏使用行为研究。本章基于期望确认模型、流体验和社会临场感理论，通过融入人机互动、社会互动、技能与挑战三要素，探讨了城镇居民移动游戏使用行为的形成机理。

第 6 章，城镇居民移动阅读使用行为研究。本章基于信息系统持续使用模型和技术接受模型，通过融合感知愉悦性、感知货币价值和人机亲密程度与熟悉程度等动因，探讨了城镇居民移动阅读使用行为的形成机理。

第 7 章，城镇居民移动银行使用行为研究。本章以移动银行用户行为为研究对象，首先用回归分析研究不同消费者情绪对持续使用意愿的影响，在此基础上利用有限混合回归模型研究不可观测的异质性背景下移动银行用户的情绪体验对移动银行业务持续使用的影响，探讨了城镇居民移动银行使用行为的形成机理。

2. 研究方法与特色

根据研究目标和研究内容的需要，本书采用了理论研究与实证分析相结合、定性研究与定量分析相结合的研究方法。全书 7 章内容的铺展综合运用了文献研究法、深度访谈法、问卷调查法和结构方程模型等研究方法，基于 SPSS、Stata、WarpPLS 和 SmartPLS 等软件，以城镇居民移动商务使用行为的理论分析为核心，并将其放置在不同的需求背景和使用情境下展开实证研究。

本书的研究特色概括起来为以下三点。

（1）研究内涵的拓展。区别于现有研究，本书认为凡是用户借助移动互联网而从事的商务行为均应包含于用户移动商务使用行为的研究领域，并探讨了针对移动搜索行为、多场景下移动商务消费者使用行为等内容。这种研究思路对以往局限于情报科学领域内的信息行为研究进行了拓展，形成了信息科学领域、情报科学领域、计算机应用领域和移动营销领域等交叉学科领域研究的新视角，从而赋予了本书内涵的极大拓展。

（2）研究视角的多样化。本书主要聚焦于移动商务研究领域中学术界和产业界近期涌现出来的新问题，并聚焦于这些新问题形成的多样化和细分化的系列研究。如在针对移动互联网商务使用行为研究部分，就将其细分为移动广告使用行为、移动银行使用行为、移动健康系统使用行为、移动游戏使用行为等，这些研究是对产业领域新问题的有益探索。

（3）学术思想的外延。本书面向大数据背景下移动商务消费者行为已经或正在发生的一系列全局性、长期性的新现象、新变化和新特征，遵循企业利益与客户利益双赢的基本思想，借鉴国内外发达国家或地区的成功经验，构建科学合理的多场景下移动商务消费者行为营销策略，提出切实可行的具体对策和措施。

参 考 文 献

安琪, 毕新华, 2021. 移动网络社群用户团购信息采纳动因——基于信息生态视角的扎根理论分析[J]. 情报科学, 39(8): 164-172.

毕新华, 齐晓云, 段伟花, 2011. 基于 Trust-ECM 整合模型的移动商务用户持续使用研究[J]. 图书情报工作, 55(14): 139-143+87.

陈艳, 2010. 手机邮箱服务采纳行为模式研究[J]. 图书情报工作, 54(20): 135-138.

樊丽杰, 王素贞, 刘卫, 2012. 基于人类信任机制的移动电子商务信任评估方法[J]. 计算机科学, 39(1): 190-192+214.

冯蛟, 卢强, 李辉, 2019. 消费者移动支付工具使用意愿的模型构建与实证: 基于理性行为理论的拓展[J]. 宁夏社会科学, (3): 109-118.

顾桂兰，蔡柏良，2011. C2C 电子商务的消费者信任影响要素分析[J]. 技术经济与管理研究，(12): 60-63.

林家宝，鲁耀斌，2011. 移动证券用户的初始信任模型研究[J]. 管理评论，23(11): 59-68.

林家宝，鲁耀斌，卢云帆，2011. 移动商务环境下消费者信任动态演变研究[J]. 管理科学，24(6): 93-103.

刘百灵，夏惠敏，2020. 隐私反馈技术特征对用户隐私保护行为影响研究[J]. 科研管理，41(11): 182-192.

刘百灵，吴旋，徐阳，2021. 个体认知阶段中隐私信息保护意愿的影响因素研究[J]. 现代情报，41(3): 60-68.

刘百灵，夏惠敏，李延晖，2018a. 技术特征视角下隐私反馈对移动商务用户行为意愿的影响：以心理舒适感为中介[J]. 管理评论，30(12): 109-121.

刘百灵，杨世龙，李延晖，2018b. 隐私偏好设置与隐私反馈对移动商务用户行为意愿影响及交互作用的实证研究[J]. 中国管理科学，26(8): 164-178.

闵庆飞，季绍波，孟德才，2008. 移动商务采纳的信任因素研究[J]. 管理世界，(12): 184-185.

杨晶，袁曦，2022. 基于期望确认理论的移动视觉搜索用户情感体验形成机制研究[J]. 情报资料工作，43(1): 92-101.

叶艺勇，2018. 基于特定群体的移动商务消费者信任影响因素分析[J]. 经济数学，35(1): 67-73.

袁顺波，2022. 基于期望确认的移动商务用户持续使用行为元分析[J]. 情报杂志，41(3): 191-197.

周涛，鲁耀斌，2010. 隐私关注对移动商务用户采纳行为影响的实证分析[J]. 管理学报，7(7): 1046-1051.

Chi T, 2018. Understanding Chinese consumer adoption of apparel mobile commerce: An extended TAM approach [J]. Journal of Retailing and Consumer Services, 44(9): 274-284.

Gao L, Waechter K A, 2017. Examining the role of initial trust in user adoption of mobile payment services: An empirical investigation [J]. Information Systems Frontiers, 19: 525-548.

Hahn K H, Kim J, 2009. The effect of offline brand trust and perceived Internet confidence on online shopping intention in the integrated multi-channel context [J]. International Journal of Retail & Distribution Management, 37(2): 126-141.

Kalinić Z, Marinković V, Kalinić L, et al., 2021. Neural network modeling of consumer satisfaction in mobile commerce: An empirical analysis[J]. Expert Systems with Applications, 175(8): 114803.

Kao D T, 2009. The impact of transaction trust on consumers' intentions to adopt m-commerce: A cross-cultural investigation [J]. Cyberpsychology & Behavior, 12 (2): 225-229.

Kao W K, L'Huillier E A, 2022. The moderating role of social distancing in mobile commerce adoption [J]. Electronic Commerce Research and Applications. 52(3-4): 101116.

Kim C, Tao W, Shin N, et al., 2010. An empirical study of customers' perceptions of security and trust in e-payment systems [J]. Electronic Commerce Research and Applications, 9(1): 84-95.

Kim G, Shin B, Lee H G, 2009. Understanding dynamics between initial trust and usage intentions of mobile banking [J]. Information Systems Journal, 19(3): 283-311.

Lee M C, 2009. Factors influencing the adoption of Internet banking: An integration of TAM and TPB with perceived risk and perceived benefit [J]. Electronic Commerce Research and Applications, 8(3): 130-141.

Lee Y K, Park J H, Chung N, et al., 2012. A unified perspective on the factors influencing usage intention toward mobile financial services [J]. Journal of Business Research, 65(11): 1590-1599.

Leong L Y, Hew T S, Ooi K B, et al., 2021. Understanding trust in ms-commerce: The roles of reported experience, linguistic style, profile photo, emotional, and cognitive trust [J]. Information & Management, 58(2): 103416.

Li Y M, Yeh Y S, 2010. Increasing trust in mobile commerce through design aesthetics [J]. Computers in Human Behavior, 26(4): 673-684.

Sarkar S, Chauhan S, Khare A, 2020. A meta-analysis of antecedents and consequences of trust in mobile commerce [J]. International Journal of Information Management, 50: 286-301.

Yang F, Tang J, Men J, et al., 2021. Consumer perceived value and impulse buying behavior on mobile commerce: The moderating effect of social influence [J]. Journal of Retailing and Consumer Services, 63(11): 102683.

Zhou Q, Lim F J, Yu H, et al., 2021. A study on factors affecting service quality and loyalty intention in mobile banking [J]. Journal of Retailing and Consumer Services, 60(5): 102424.

第 2 章　城镇居民移动商务信息搜索行为研究

移动商务是通过社交网络媒介的传播途径，借助消费者之间的互动交流来辅助商品购买和销售行为的一种模式，是由电子商务结合社交网络演变发展而来的。这种以用户主动分享产品信息为基础，促使其他消费者对产品进行搜索或购买，比电子商务更具有人性化。移动商务是以消费者之间的交流互动为基础间接产生交易的，从而增强产品在消费群里的认知程度，提高产品影响力。人与人之间的关系强度对消费者的影响，使消费者自主对产品产生一定的印象，让潜在客户更容易理解并接受产品，也愿意在有需要时对产品进行信息搜索，从而尝试购买或直接购买。成功的社会商务会提升商品在消费者心中的形象，增强商品的网络口碑。消费者会主动地、不自觉地将自己喜欢的商品或者使用商品的经验分享给亲朋好友、同事以及社交平台上更多的人，使更多的消费者对商品进行搜索，这种行为是社会化平台主要的特色。因此消费者可能并没有明确或者强烈的消费需求甚至都不了解产品，只是在社会交往过程中受到商品信息的促发，被产品的某种性能或某个特征吸引，进而对产品的信息进行搜索甚至产生了消费需求。

2.1　移动搜索国内外研究现状

对消费者信息搜索行为研究的一个重要视角是基于流程的研究。根据对已有文献的总结，我们发现流程的研究主要包括消费者信息搜索和信息处理两个主题。

1. 信息搜索

现有针对消费者网络信息搜索过程的研究主要包括以下几个方面，如图 2-1 所示。对于信息来源而言，大多数研究都是从网络虚拟社区、网络口碑以及有关评论等角度进行研究。例如，Karakaya 和 Barnes（2010）认为消费者在社交网站上发表的对客户服务的看法会影响潜在消费者的看法和消费者涉入，从而会对消费者做出购买决策过程中品牌和公司的选择产生影响，而非社交网站对消费者看法没有影响。

Lu 和 Chen（2014）认为消费者在日常生活中得到产品信息源，比如地铁广告、新闻介绍、报纸杂志之类的媒体广告会引发消费者进行信息搜索，消费者喜欢同行和编辑推荐的赞助商广告。Mortimer 和 Pressey（2013）认为自己亲朋好友的意见、销售人员的推荐会引发消费者进行信息搜索，同时，研究发现消费者对于自己比较信任的同伴推荐的信息不仅会在最后的选择中采纳推荐，还会减少整个搜索过程中的努力程度。国内研究者翟羽佳（2013）也认为消费者更信任与自己关系亲近的人的建议与推荐。王婧等（2013）认为搜索引擎中关键字描述越准确越清晰，消费者进行信息搜索的可能性就越大。

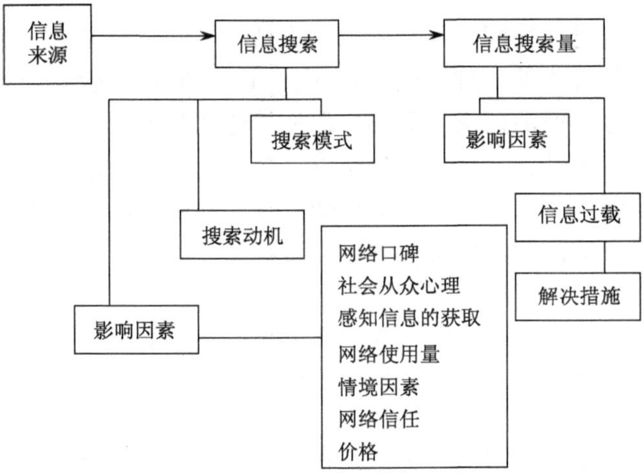

图 2-1　消费者信息搜索过程图

在信息搜索过程中，有多方面的因素影响着消费者信息搜索行为，如进行搜索所需花费的时间、精力和金钱，消费者拥有的外部条件，消费者所处的环境等。Kinley 等（2014）研究发现认知风格发挥重要的作用。认知风格影响着消费者进行信息搜索时的搜索策略、查询改写行为。而郭宁宁（2012）则认为认知类型对消费者信息搜索行为有重大影响。Bishop 和 Barber（2012）研究发现消费者本身的自我效能影响着他们的信息搜索行为，消费者自身对识别信息真假的能力不同，信息来源渠道很多，识别真正值得信任的信息源的能力不一样，也就影响了消费者进行下一步的信息搜索。

由于每个消费者的信息需求不同，所需产品的性能不一样，因此进行信息搜索的内容和重点也存在着一定的差异。国内研究者赵一鸣和李倩（2021）采用实验研究法，以搜索系统作为节点研究移动端用户搜索系统使用路径的多种特定模式。研究发现移动端用户在不同的任务主题下对搜索系统的偏好存在差异。金鑫（2012）认为信息需求分为六个类型，分别是发现与探索、事实与体验、比较与选择、交易、学习与积累及确认与再确认。吴丹等（2017）通过分析大学生的移动搜索会话、查询式与 APP 交互之间的关系，以及搜索时间、搜索主题与 APP 类型要素之间的关系，认为大学生在移动查询式提交过程中的跨设备应用特征明显。刘杰玲（2012）认为影响消费者信息搜索的四个主要因素为：网络涉入及信任程度，对需求的描述能力及对有用信息的识别能力，消费者进行搜索所耗费时间、精力、金钱与所得到的成果价值的比较，消费者对产品的了解程度。陈明红和黄涵慧（2021）以启发式-系统式模型为理论基础，利用结构方程模型和模糊集定性比较分析法研究移动搜索行为的影响因素及组态效应。研究发现启发式移动搜索行为的显著性前因变量为信源可信度、内容相关性与搜索容易度。吕露（2013）认为个性化搜索影响着消费者信息搜索行为。由于过多的信息扰乱消费者的视线，针对消费者的个性化专业搜索服务尚不全面，会让消费者在搜索过程中失去耐心，最后甚至放弃搜索。梁少博和吴丹（2021）利用公开的科学研究数据集，对移动搜索任务中的跨 APP 行为特征进行研究，研究发现用户的移动搜索活动和社交活动的关联较强，搜索主题是用户在移动搜索任务中跨设备行为的一个影响因素。袁红（2013）提出消费者需要能够按照自己需求设定提高搜索效率的工具和服务。消费者希望能够在繁杂的信息中快速找到自己所需的信息，让自己有耐心继续搜索。一旦输入需求信息后，一大堆无用信息显示出来，消费者就会失去继续搜索的耐心，最终放弃搜索。范哲和刘轶伦（2020）基于技术接受模型构建了移动视觉搜索行为模型，认为感知有用性与感知易用性对移动视觉搜索应用方式的行为意向均有显著的正向作用。齐伟杰（2013）认为消费者主观经验影响着消费者的信息搜索行为。当消费者感知到进行搜索时所遇到的风险对其搜索行为有很大影响时，消费者感知风险会间接影响消费者对产品外部信息的信任。此外，银引双（2013）认为感知价值对消费者满意度有正向影响作用，并且能加强消费者信息搜索行为。刘嫣等（2021）运用扎根理论构建了老年用户在线健康信息搜寻行为影响因素模型，认为网络环境因素、移动终端客观因素、社会支持因素、个体认知因素和个体特征因素是影响老年用户在线健康信息搜寻行为的关键因素。陈静等（2022）利用移动经验采样法、关键事件技术与日记法提炼了突发公共卫生事件中大学生健康信息搜索的 APP 交互行为模型。范哲和马梦烨（2019）从用户体验、查准率、用户满意度等方面对移动搜索与桌面搜索行为的有效性进行比较，认为用户移动搜索行为在内容准确性和内容直观性两方面均高于桌面搜索行为。

2. 信息处理

相对于信息搜索阶段问题全面且相对成熟的研究，学者们对于信息处理方面的研究就显得比较匮乏。王明明（2006）研究发现消费者进行信息搜索时由于信息反应拖延，消费者可能会放弃信息搜索，即虽然在搜索后信息会反馈在网页上，但是因为耗费时间过长，消费者可能会选择放弃显示出来的信息。Kinley 等（2014）认为由于消费者的认知方式不同，网页导航样式可能会影响消费者信息处理方式。李宗伟等（2021）利用刺激-反应理论和精细加工可能性模型，对移动端与 PC 端消费者的信息加工与购买决策行为进行比较研究。研究认为，由于移动端与 PC

端信息呈现方式存在差异，消费者会采取不同的信息加工路径，最终导致不同的行为反应。程振宇（2013）等认为社交网络下的网络互动会促进消费者的信息搜索行为。社交网络中的一个消费者将其认为好的产品与其他消费者进行互动分享，往往会促使其他消费者搜索相关产品的信息。郑春东和邹孟（2014）分析指出，虽然信息搜索成本大大下降了，并且出现了可以自动搜索包括价格信息的各种自动软件主体，但价格并不是消费者关注的唯一或最主要的变量，在线市场的价格离散是实际存在的。

刘丽（2014）从信息加工角度研究发现负面评价会改变消费者对一个产品的看法。多数网络消费者在购买产品前都会查看其他购买该产品的消费者对该产品的评价。在不完全熟知产品信息时，消费者需要负面评价的存在，而全部好评会使消费者对评价的真实性产生怀疑。当产品的负面评价信息占较大比例或者超过消费者接受范围时，消费者很大可能会放弃对该产品的信息搜索。

关于消费者对于信息可靠性的观点，O'Reilly 和 Marx（2011）指出，除了依赖于网络客户评论，消费者还通过网络口碑来提高自我价值、规避风险或者产生消极偏见。另外，网络口碑信用评估包括 4 个因素：网上评论的数量和极性（对立性、矛盾性），评论语言组织的清晰度和描述的准确性，发现确定来源的能力，消费者与特定卖家的交易经验。金慧涛（2011）研究认为，关系强度影响着消费者对于产品的认知，对于经验产品，无论是积极的还是消极的信息，只要是由有很近社会关系的人发布的，就视其为可信的信息。对于产品信任而言，当信息被感知为是由较近的社会关系人发布的，消费者根据得到的信息就会对产品形成对应的信任。此时，消费者觉得负面评论更可信。钟喆鸣和许正良（2019）研究发现在线评价信息源可信度对消费者在线评价可靠性感知具有显著的正向影响。

2.2　移动搜索使用行为的相关理论基础

2.2.1　不确定性理论

不确定性理论认为，当外界环境对于消费者而言是陌生的，但是要对陌生的事物进行选择时，消费者对最后未知的结果感到恐惧，这就是消费者对于事物发生之后的风险感知。换个角度讲就是人们预知到自己抉择之后所要承担的风险。人们对于相关知识了解得越多，所要承担的风险就越小。因此，增加对相关知识的涉入程度是降低风险最直接有效的办法，消费者需要通过社交平台等网络渠道获取相关产品的信息，增加个人对产品的全面认知来降低购买的不确定性。

2.2.2　认知学理论

心理学家奈瑟将认知解释为是个体对外界的刺激产生反应的过程，也就是说，个体将外界的刺激经过意识融合，产生新的概念或者将外界零散的信息变为具有逻辑性的知识。

认知的具体流程包括以下步骤：外界刺激的获得（新信息）—外界信息的内处理—存入记忆、化为“内知识”—“内知识”再次利用。

2.2.3　信息搜索因素理论

从消费者个人认知的角度来看，消费者之所以会对产品进行信息搜索是由于消费者在对产品产生了兴趣或者需求后，自己对产品的特性不了解或者相关产品广告给人感觉过于浮夸，使消费者难以置信，消费者可能觉得自己和商家之间的信息不对等，于是通过不同的渠道搜索相关产品的信息，尽量改善这种知识断层现象。但是多数情况下，消费者对自己缺少的是哪层知识难以判断，所以必须通过网络渠道对产品信息进行全面的搜索，试着缓解或者解决知识断层现象，而信息搜索的过程就是主要解决消费者知识断层现象的过程（图 2-2）。

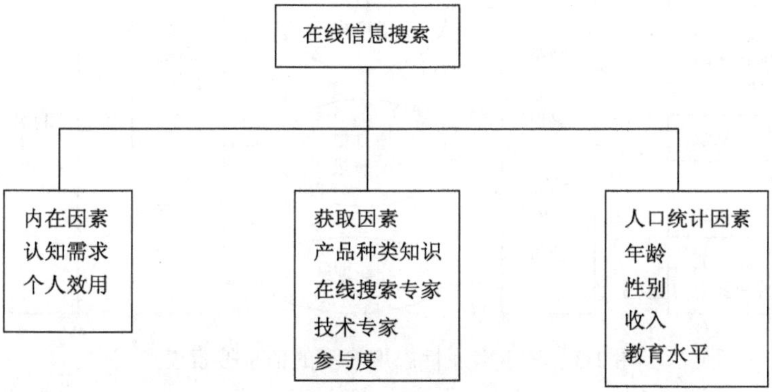

图 2-2　信息搜索影响因素

2.2.4　多属性态度理论

多属性态度模型也称为菲什宾模型，是心理学家菲什宾（Fishbein）在 1963 年提出的。菲什宾认为，人们对事物的态度由信念强度与信念好坏构成。消费者对事物的态度可进行量化处理，公式表述为：$A_O=\sum_{i-1}^{n}b_ie_i$。菲什宾认为公式里的 A_O 是消费者对于某一个产品的态度，b_i 代表消费者对产品某一属性的信任程度。

比如，某款面膜广告称其有祛斑效果，消费者对这款面膜有祛斑效果的信任程度用 b_i 来表示，一般研究中我们以–3，–2，–1，0，1，2，3 七点利克特量表来量化计算，表示消费者对于产品拥有某一属性的信任程度。0 表示既不相信也不反对，负值代表消费者不相信，负值的绝对值越大，说明不信任程度越深。相对地，正值表示消费者相信，数值越大，表示信任程度越深。总的来说，程度随着数字的绝对值相应地变化。e_i 是利益信念强度，即消费者对产品该属性好坏的判断，也就是在消费者心目中产品的该属性是否有益。同信任程度相似，菲什宾以–3，–2，–1，0，1，2，3 七点利克特量表来量化计算，负值代表的是消费者认为该属性对他来讲是无益的，正值代表消费者认为该产品属性对他是有益的，且随着数字绝对值的变化而变化。举例来讲，某个消费者希望买的是美白效果好的面膜，而此款面膜宣传的属性是祛斑，那么消费者经过网络信息获取后，对该面膜祛斑的利益信念评价就是+1。公式中 i 的意思是产品的 i 个属性，产品是有多个属性的，就像上面讲到的例子，面膜的主要属性是保湿祛斑，为了满足不同消费者的个性化需求，还有祛痘清洁等属性。但是 b_i 和 e_i 只是针对产品的某一个属性的信任程度和利益信念强度，因此消费者对于产品的最终态度是由其多个属性共同决定的，如图 2-3 所示。

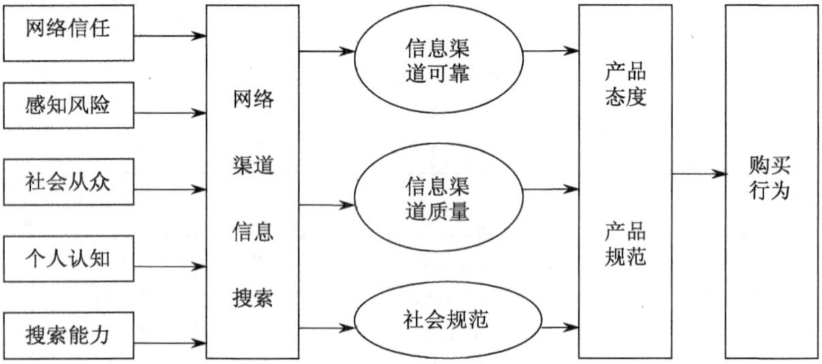

图 2-3　基于多属性态度模型的信息搜索模型

2.2.5　理性行为理论

理性行为理论（theory of reasoned action，TRA）是一种网络接受模型，主要研究影响“有意识行为”的决定性因素。TRA 模型认为，态度和主观规范共同决定消费者的行为意愿，消费者的行为意愿又决定了消费者最终执行某项行为，如图 2-4 所示。

从信息系统的角度来看，TRA 很重要的一个方面在于它认为态度和主观规范都是受外部变量间接影响的，并且 TRA 综合考虑了影响用户行为中不受控制的环境外部因素和能够进行控制的个体内部因素。

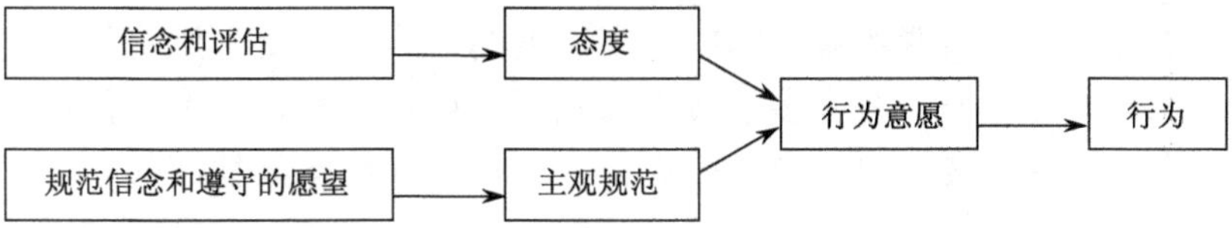

图 2-4　理性行为理论图

2.2.6　计划行为理论

计划行为理论（theory of planned behavior，TPB）是由 TRA 延伸而来的。TRA 是在"行为的发生是基于个人的意志力控制"的假设条件下，对个人的行为进行预测、解释，没有考虑行为意愿发展为实际行为过程中的一些行为约束因素的影响。但实际上，个人往往受到时间、金钱、能力等多方面的因素影响，对行为的意志控制程度深浅不一。因此 TRA 无法合理地解释对不完全由个人意志控制的行为。例如，一个有强烈在线购买意向的消费者可能由于不具备网络因素而无法实施在线购买行为。有研究者对 TRA 进行深层次拓展并提出了计划行为理论，其模式结构如图 2-5 所示。

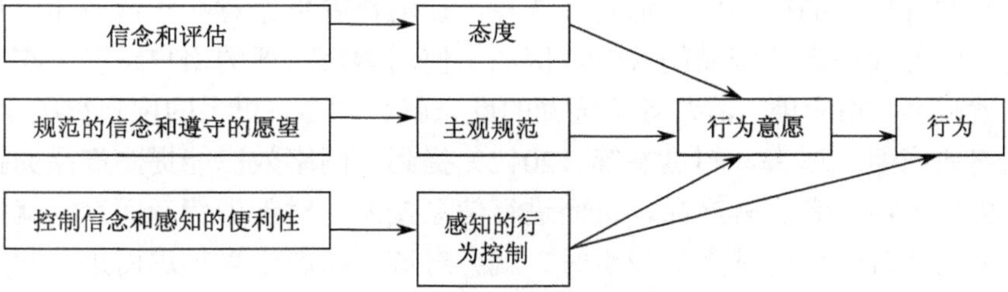

图 2-5　计划行为理论

TPB 与 TRA 的不同点在于对行为意愿的预测方面。TPB 增加感知的行为控制为第三个决定性因素。感知的行为控制是消费者感知到完成某一行为简单或困难的程度，反映出消费者感知到关于某一行为过去的经验和将来预期的阻碍。当消费者进行信息搜索所具备的外部条件越丰富，感知到未来遇到的风险越低，进行的搜索行为越受消费者自身控制。感知的行为控制能力由消费者自己对产品所有的认知、自己拥有的资源以及感知风险对信息搜索的影响程度决定。

2.2.7　消费者购买决策理论

消费者购买决策是指消费者通过谨慎地评价某一产品、品牌或服务的属性，并选择、购买能满足某一特定需要的产品的过程。消费者的购买态度主要受主观态度和主观规范的影响，在消费者做出最后购买决定前，消费者会权衡对产品的态度和产品的规范。消费者对产品的主观态度的形成主要受外生变量、情景因素等的影响，现实生活中，有许多消费者虽然想尝试新产品，但是即使他们很喜欢某款新产品，最后还是会放弃自己的选择，跟随大众选择其他产品。

2.3 研究假设与量表设计

2.3.1 研究假设

1. 网络效应

“网络效应”又被称为“网络外部性”，通常是指使用某产品的消费者数量决定某消费者从产品中获得的价值。当使用某产品或者同样性质产品的消费者增加时，该产品对某一消费者的效用也随之增加，这种现象称为正的网络效应。

网络效应有两种形式，一种为直接网络效应，就是一个用户对网络产品的使用吸引了更多的用户，从而使现有用户获益。例如，对于大众点评这样的团购网站来说，使用的用户越多，可能就会有越多的用户加入，直接网络效应就越大。另外一种是间接网络效应，如果随着使用一种产品的消费者数量增加，市场出现更多种类并且价廉的产品以供消费者选择，让消费者更愿意购买该产品，从而以这种间接的方式提高该产品的价值。例如，使用大众点评的用户越多，参与其中的商家就越多，相应地，消费者可选择的商家就会增多，更多的用户被吸引其中，间接网络效应随之增大。赵良杰等（2012）提到，网络效应能提高产品的扩散速度，使更多的消费者了解产品，进而进行信息搜索。对于消费者而言，就是当自己被其他消费者使用的某产品吸引时，就会对该产品产生兴趣进而进行相应的信息搜索或者使用该产品，因此，可以做出以下假设：

H1：网络效应与消费者信息搜索行为正相关。

2. 社会影响

消费者在信息搜索时经常会受到其所在社会环境下他人的影响，即在他人的作用下改变对某一产品的看法或者满意度。例如，一部电影上映，消费者可能对这部电影并不感兴趣，但是由于观看过此电影的其他消费者对该电影赞不绝口，消费者在自己的各类社交平台都会刷到该电影的信息，可能会因此对该电影产生兴趣而进行电影票的搜索。

张莹莹（2013）提出消费者的购买决策模式包括 5 个阶段，产生需求→收集信息→产品选择→购买决策→购后评价（分享信息），消费者产生需求，大部分原因在于其他消费者购买、使用产品后分享自己对于使用该产品的评价。每个消费者都身处一定的社会群体中，人作为社会成员在共同生活、交往的过程中存在着很大的交集，他们之间相互影响着彼此的生活。消费者信息搜索也一样不可避免地受群体的影响。社会上每一个群体的形成通常是因为组成成员之间有相近的观念和行为特征。为了使自己与其他群体成员没有区别，消费者会参照自己所在群体其他人的消费特征，甚至将该特征作为标准去搜索商品。因此，做出以下假设：

H2：社会影响与消费者信息搜索行为正相关。

3. 技术接受能力

移动搜索是消费者信息获取的重要渠道，是一种特定信息查询技术。作为解释用户接受行为最强有力的模型，Davis 等（1989）在理性行为理论的基础上提出了技术接受模型。技术接受模型中外部变量（即为 TAM 中的信念、态度、意向和个体差异、环境约束、可控制的干扰因素之间建立起的一种联系）决定感知易用性，感知易用性决定感知有用性，二者共同决定消费者的使用态度，使用态度决定着消费者最后是否使用系统。例如，消费者使用大众点评这个平台进行信息搜索，认为大众点评的信息分类比较清晰精准，搜索操作简单且搜索效率高，那么消费者就乐于用大众点评进行信息搜索。当用户感知移动搜索对其有用，就会产生使用该业务的意向，当移动搜索越容易使用，用户的感知有用性越强，特别是当一个网站平台操作越容易，操作效率越高，消费者就越愿意进行搜索。因此，提出以下假设：

H3：技术接受能力与消费者信息搜索行为正相关。

4. 渠道信任

当消费者对产品信息不了解时，他可以通过多种渠道去收集信息。但是，不同的渠道因为自身的利益所传播信息的侧重点不一样，例如商家侧重产品的优点，商家会大力宣传、放大产品的优点，而消费者可能对此信息来源渠道并不十分信任，对其的信息搜索并不多。王伟（2011）认为渠道信任对沟通、协作、满意度、购买意图与消费者进行进一步的信息搜索都有一定促进关系，消费者会选择自己相信的信息来源渠道去进行信息搜索。

首先，专业性的信息渠道会让消费者感觉到信任，在移动网络环境中专业网站是关于产品的新闻报道以及该产品领域的相关信息。在消费者看来，专业性网站提供的肯定是最专业的产品信息阐释，有助于消费者从专业角度认识和了解产品；商家提供的信息一般就是为了促销产品，缺乏一定的可信度，而专业的信息源态度一般是中立的，不会偏向商家或消费者任何一方。其次，强关系的信息渠道会让消费者感觉到信任，这点很类似于传统环境下的信息源。现实生活中消费者大多愿意相信来自亲朋好友的意见，同理，在虚拟网络环境下，信息来源方与自己关系越亲近，信息就更容易得到消费者的青睐。同时，消费者会相信来自第三方的信息。考虑到第三方信息源具有一定的公平公正性，对于消费者而言具有很高的可信度；另外很多第三方信息源具有一定的专业性，并且对产品的研究比消费者深入很多，弥补了消费者知识断层的不足，比如新闻官方报道、相关领域专业网站报道以及专业化点评平台中产品的综合排名等。消费者进行信息搜索时一般会参考或者采纳其建议。最后，消费者也相信自己亲友的推荐以及使用同样商品其他消费者对于商品的评价，如果自己的好友或其他消费者对于该商品的评价很低，消费者也十分信任他们，那么消费者可能放弃对该产品的搜索。因此，我们做出以下假设：

H4：渠道信任与消费者信息搜索行为正相关。

5. 个人认知

当消费者对某种产品十分感兴趣或者十分热爱时，消费者会自己通过各式各样的渠道去了解产品的信息，这样消费者自身就会对产品产生自己的观点和看法，这种观点和看法我们将其称为个人认知。随着互联网的不断发展，消费者和销售人员之间的相互沟通变少，更多的是消费者对产品进行信息搜索，从而进一步比较和评价，而不同的消费者对产品的认知不同，搜索时也是根据自己对产品认知的深度进行的，因此消费者信息搜索行为受个人认知因素的影响更大。当消费者认为某商品值得购买时，他就会去搜索该商品。例如，当一个消费者想购买某品牌手机时，他会通过各种渠道去了解这个手机，他了解到该手机耗电速度快、屏幕较脆弱且音量不大等几个弱点，而他想购买的是耗电慢、不容易损坏并且音量大的手机，他就可能放弃进一步搜索该品牌的手机。当消费者对某一产品的了解增多，他觉得该商品值得购买时，他就会去进行信息搜索。因此，提出以下假设：

H5：个人认知与消费者信息搜索行为正相关。

引发消费者去了解某商品的原因有很多，袁红（2013）提出，消费者对于产品的认知是需要引导的，大多数时候引导消费者进行信息搜索的源头为消费者所属的社会群体。例如，周围人都在使用该商品，或者该商品在网络上的评价很好，消费者意识到该商品的存在，从而逐渐形成对该商品的个人认知。因此，做出以下假设：

H6：社会影响与个人认知正相关。

虽然有很多信息来源，消费者往往会选择自己相信的信息渠道去做进一步的了解，例如，消费者很信任大众点评的信息，觉得大众点评的商品信息都是客观的，非商家主导的，排名很权威，评价也较客观，消费者就会愿意使用大众点评进行信息搜索。因此，做出以下假设：

H7：渠道信任与个人认知正相关。

2.3.2　量表设计

本章根据现有文献中网络效应、社会影响、渠道信任、技术接受能力、个人认知五个潜变量进行了总结，并对每一个潜变量及观测变量命名，如表 2-1 所示。

表 2-1　潜变量和观测变量表

潜变量及定义	观测变量	来源
网络效应（no1）：当消费同样产品的其他使用者的人数增加时，某一使用者消费该产品所获得的效用增量	会参考大众点评里同样产品消费者交流的信息和经验（V1）	傅亚平和赵晓飞（2011）、赵良杰等（2012）
	会在大众点评搜索产品时关注购买者数量（V2）	
	会在大众点评搜索产品时关注同样产品购买者对产品的评价（V3）	
	会去搜索一段时间内网络上很火的产品（V4）	
社会影响（no2）：每个消费者都处于特定的网络群体中，消费者很容易受社会中其他人、媒介报道、特殊时期的影响对于某样产品进行搜索或放弃搜索	会因为社会中其他人的观点改变对一个产品的看法（V5）	蒋素娟（2012）、钟雪爿（2013）
	会因为新闻媒介对某个产品的报道去搜索这件产品（V6）	
	会因为特殊时期进行或者放弃对某件产品的搜索（V7）	
信息搜索（no3）：消费者对于某产品进行信息搜索是因为消费者对于该产品有一定的信息需求，而采取怎样的平台进行信息搜索又取决于消费者对于自己所了解平台在大脑中的一个反馈	有信息需求时会使用大众点评进行信息搜索（V8）	张莹莹（2013）、杨水清（2012）
	需要进行信息搜索时我会很快地反应出使用大众点评（V9）	
	认为用大众点评进行信息搜索很好（V10）	
	会持续使用大众点评进行信息搜索（V11）	
技术接受能力（no4）：包括感知有用性和感知易用性，感知有用性就是操作系统易学习易操作，感知易用性就是操作效率高	大众点评搜索界面很直观（V12）	Davis 等（1989）
	大众点评操作很容易学习（V13）	
	大众点评搜索操作很简单（V14）	
	大众点评搜索效率很高（V15）	
个人认知（no5）：消费者对于每一个产品都有自己的看法，当消费者很认同某产品时，消费者就会放心地使用该产品	大众点评搜索价值高（V16）	杨菊霞（2014）
	我了解一个产品时可以很放心地用大众点评进行搜索（V17）	
	当我不了解产品时，我会通过大众点评去了解产品信息（V18）	
渠道信任（no6）：消费者可以从多种渠道了解产品的信息，对于不同的渠道来源消费者的信任程度是不同的，消费者一般都会采取信任度高的渠道进行产品了解	会信任大众点评的智能排序并根据自己的需要选择排序方式（V19）	王伟（2011）、张健（2013）
	在搜索产品时会参考大众点评的排名（V20）	
	会查看大众点评给产品的综合评分（V21）	

2.4 问卷设计及数据收集与处理

2.4.1 问卷设计

本次问卷设计的过程主要经历了两个阶段，过程如下：

第一阶段：首先，查阅与移动搜索行为各方面有关的研究文献，了解用户行为特征等信息；其次，着重查找与本章研究变量有关的文献，对相关理论进行梳理；再次，归纳整理有关文献中已经被论证的研究变量理论；最后，根据前期各项准备，设计调查问卷。

第二阶段：通过实地发放、问卷星和电子邮件等方式发放调查问卷。

2.4.2 数据收集与处理

1. 数据收集情况汇总

问卷共发放 300 份，回收 275 份，回收有效问卷 236 份，有效率为 78.7%。该有效问卷数量符合结构方程分析对于样本量的基本要求，总体情况比较理想。

2. 样本特征分布

在进行统计分析前，首先对有效问卷样本特征分布进行总结，如表 2-2 所示。

表 2-2 样本特征分布表

调查项目	选项	频次	百分比	众数特征
性别	男	89	37.71%	女性居多
	女	147	62.29%	
年龄	小于 20 岁	17	7.20%	20～30 岁人群居多
	20～30 岁	166	70.34%	
	30～40 岁	49	20.76%	
	大于 40 岁	4	1.70%	
工作性质	学生	137	58.05%	学生居多，职员次之
	普通公司职员	59	25.00%	
	个体户	24	10.17%	
	其他	16	6.78%	
教育程度	大专或以下	23	9.74%	本科居多，本科以上次之
	本科	125	52.97%	
	本科以上	88	37.29%	

续表

调查项目	选项	频次	百分比	众数特征
收入水平	小于 2000 元	11	4.66%	3500～5000 元较多，2000～3500 元次之
	2000～3500 元	65	27.54%	
	3500～5000 元	129	54.66%	
	大于 5000 元	31	13.14%	

3. 描述性统计

描述性统计如表 2-3 所示。由表 2-3 可知，关于潜变量的每一个观测变量，均有从极小值 1 到极大值 5 的分布，这说明对于每一个观测变量，样本用户对问项所包含的内容的主观感受存在着一定差异。此外，每一个观测变量样本均值均在 2 以上，则说明每一个观测变量基本上都得到用户的重视和认可。统计分析的结果证明，样本符合预期并且具有较高的有效性。

表 2-3　描述性统计表

问项	极小值	极大值	均值	标准差
V1	1	5	3.58	1.133
V2	1	5	3.55	1.057
V3	1	5	3.52	1.165
V4	1	5	3.51	1.062
V5	1	5	3.45	1.175
V6	1	5	3.35	1.121
V7	1	5	3.43	1.167
V8	1	5	3.49	1.150
V9	1	5	3.53	1.150
V10	1	5	3.39	1.200
V11	1	5	3.54	1.142
V12	1	5	3.43	1.220
V13	1	5	3.54	1.190
V14	1	5	3.47	1.211
V15	1	5	3.30	1.176
V16	1	5	2.47	1.073
V17	1	5	2.49	0.974
V18	1	5	2.37	1.021
V19	1	5	3.59	1.105
V20	1	5	3.53	1.157
V21	1	5	3.57	1.206

2.5　模型拟合与假设检验

2.5.1　测量模型

1. 信度检验

问卷质量高才能使后续研究得以继续进行。如果问卷质量不高，会严重影响分析结果。因此在进行问卷结果分析之前要对问卷的信度进行分析。通过对潜变量的 AVE（平均萃取变差）、Cronbach's α、CR 系数和 p 值四个指标进行分析，可知其中 Cronbach's α 和 CR 系数的值一般要求大于 0.7，p 值小于 0.01，AVE 值大于 0.5。

信度检验结果如表 2-4 所示。表 2-4 显示，本问卷的 Cronbach's α 系数和 CR 系数均在 0.7 以上，p 小于 0.001，符合检验标准。此外，潜变量的 AVE 值均大于 0.5。数据表明问卷具有较高信度，可以继续进行后续研究。

表 2-4　信度检验结果表

潜变量	观测变量	p 值	Cronbach's α	CR 系数	AVE
网络效应	V1	<0.001	0.734	0.834	0.557
	V2	<0.001			
	V3	<0.001			
	V4	<0.001			
社会影响	V5	<0.001	0.897	0.936	0.830
	V6	<0.001			
	V7	<0.001			
信息搜索	V8	<0.001	0.869	0.911	0.718
	V9	<0.001			
	V10	<0.001			
	V11	<0.001			
技术接受能力	V12	<0.001	0.764	0.851	0.592
	V13	<0.001			
	V14	<0.001			
	V15	<0.001			
个人认知	V16	<0.001	0.845	0.906	0.763
	V17	<0.001			
	V18	<0.001			
渠道信任	V19	<0.001	0.822	0.895	0.741
	V20	<0.001			
	V21	<0.001			

2. 效度检验

效度是量表能够测量出其所准备测量事物的真实程度。效度检验是建立在信度检验合格的基础之上的。结构效度是指测量结果体现出来的某种结构与测量值之间的对应程度，是效度分析中常用的方法。在 WarpPLS 软件计算中，对量表结构效度的检验必须同时从区分效度和收敛效度两个方面进行考验。

1）区分效度

区分效度用来证明研究观测变量本身不受其他变量的影响。我们通过两个步骤来检验这一效度。首先列出交叉载荷矩阵来验证观测变量在相应的潜变量中有较高因子载荷，如表 2-5 所示。

表 2-5　交叉载荷矩阵

问项	网络效应	社会影响	信息搜索	技术接受能力	个人认知	渠道信任
V1	**0.855**	0.161	0.290	0.356	0.174	0.041
V2	**0.849**	0.106	0.316	0.363	0.162	0.101
V3	**0.663**	0.422	0.491	0.374	–0.009	0.029
V4	**0.646**	0.471	0.483	0.351	0.018	0.059
V5	0.385	**0.794**	0.403	0.193	0.136	0.056
V6	0.342	**0.812**	0.390	0.212	0.157	0.046
V7	0.354	**0.804**	0.406	0.235	0.095	–0.010
V8	0.390	0.396	**0.696**	0.447	0.072	0.039
V9	0.405	0.407	**0.687**	0.443	0.024	0.019
V10	0.419	0.299	**0.703**	0.482	0.046	0.082
V11	0.375	0.273	**0.700**	0.524	0.100	0.100
V12	0.320	0.159	0.589	**0.709**	0.113	0.100
V13	0.388	0.259	0.513	**0.716**	0.016	0.079
V14	0.388	0.169	0.409	**0.780**	0.192	0.094
V15	0.332	0.176	0.459	**0.704**	0.388	0.044
V16	0.132	0.183	0.124	0.266	**0.928**	–0.033
V17	0.002	0.128	0.048	0.133	**0.980**	–0.055
V18	0.125	0.149	0.070	0.184	**0.959**	–0.063
V19	0.052	–0.003	0.014	0.081	–0.053	**0.994**
V20	0.097	0.061	0.123	0.123	–0.047	**0.977**
V21	0.062	0.059	0.115	0.140	–0.057	**0.978**

交叉载荷矩阵要求潜变量对应观测变量的值要大于其他潜变量对应观测变量的值。由表 2-5 可以看出，网络效应对应的 V1～V4 的值大于其他五个潜变量对应的 V5～V21 的值；社会影响对应的 V5～V7 的值大于 V1～V4、V8～V21 的值；信息搜索对应的 V8～V11 的值大于 V1～V7、V12～V21 的值；技术接受能力对应的 V12～V15 的值大于 V1～V11、V16～V21 的值；个人认知对应的 V16～V18 的值大于 V1～V15、V19～V21 的值；渠道信任对应的 V19～V21 的值大于 V1～V18 的值。由此可以看出，各潜变量所对应的观测变量的值都大于其他潜变量对应的观测变量的值，符合偏最小二乘路径分析的数据要求。

2）收敛效度

在 WarpPLS 软件中，结构效度采用平均萃取变差（AVE）对问卷预调查的效度进行检验。AVE 是用来衡量因子解释的方差与测量误差解释的方差之间比率关系的指标。一般要求所有因子的 AVE 大于 0.5（AVE 的平方根大于 0.707），并且所有因子的 AVE 平方根大于各因子间的相关系数，则认为问卷具有较好的收敛效度。调查问卷的效度检验结果如表 2-6 所示，其中对角线上的值（即括号里的值）为各潜变量平均方差抽取量的平方根，对角线以下数值为各潜变量间的相关系数。

表 2-6 收敛效度检验结果表

	网络效应	社会影响	信息搜索	技术接受能力	个人认知	渠道信任
网络效应	（0.747）					
社会影响	0.448	（0.911）				
信息搜索	0.571	0.498	（0.847）			
技术接受能力	0.494	0.265	0.679	（0.770）		
个人认知	0.092	0.161	0.085	0.205	（0.874）	
渠道信任	0.073	0.039	0.085	0.115	−0.053	（0.861）

从表 2-6 中可知，对角线上每一个潜变量 AVE 的平方根值均大于 0.707，表明调查问卷达到收敛效度检验标准，并且 AVE 的平方根值均显著大于其余潜变量的相关系数，说明该问卷具有很高的区分效度。因此，调查问卷的收敛效度和区分效度均达到检验标准，可以进行下一步的结构方程数据拟合。结构方程模型可以处理多指标测度的潜变量以及同时处理多组自变量和多组因变量之间的关系，并允许自变量和因变量包含测量误差。因此，结构方程模型的测量方法比传统回归分析更为简单和精确，广泛应用于管理学和行为科学等领域模型检验中。

2.5.2 结构模型分析

在使用 WarpPLS 软件进行路径分析时，分析过程由模型拟合度分析和模型路径分析两部分组成。拟合度分析是为了检验理论模型与数据计算出的模型是否符合，模型路径分析是为了检验变量间的显著性水平及关联系数。WarpPLS 软件主要通过平均路径系数（average path coefficient，APC）、平均解释度（average R-squared，ARS）、平均方差膨胀因子（average variance inflation factor，AVIF）等指标来判别模型整体拟合效果，拟合结果如表 2-7 所示。

表 2-7　模型拟合结果表

拟合优度指标	模型解释	模型估计
APC		0.211（p＜0.001）
ARS		0.340（p＜0.001）
AARS		0.331（p＜0.001）
AVIF	≤5 是可以接受的，≤3.3 是理想的	1.193
AFVIF	≤5 是可以接受的，≤3.3 是理想的	1.636
GOF	≥0.1 表示小，≥0.25 表示中等，≥0.36 表示大	0.488
SPR	≥0.700，越接近 1 越好	0.714
RSCR	≥0.900，越接近 1 越好	0.985
SSR	≥0.700 可接受	1.000
NLBCDR	≥0.700 可接受	0.857

如表 2-7 所示，APC、ARS、AARS 都在 p＜0.001 的水平上显著，AVIF、AFVIF 的观测值分别为 1.193 和 1.636，符合小于 3.3 的理想标准；GOF 的观测值为 0.488，表示拟合优度很高；SPR 的观测值为 0.714，大于 0.700，符合要求；RSCR 的观测值为 0.985，大于 0.900 且接近 1；SSR 的观测值为 1.000，大于 0.700，表示是可接受的；NLBCDR 的观测值为 0.857，大于 0.700，表示是可接受的。整体检验结果显示，模型与调查数据拟合度较高。

2.5.3　假设检验

假设检验结果如表 2-8 所示。数据表明：个人认知对移动商务消费者信息搜索行为影响路径系数为 0.04，p 为 0.27，表示个人认知对信息搜索影响不显著。即消费者在使用大众点评进行信息搜索时并不会在自己很了解某产品的情况下进行信息搜索。一方面，当消费者认为自己很了解某个产品时，他会自己判断该产品的性价比及购买价值，他不需要大众点评所提供的关于该产品的性能信息及他人对于该商品的评价，因此也不会使用大众点评对该商品进行信息搜索。另一方面，当消费者认为某个产品不好时，消费者可能会因为产品本身很畅销或者使用该商品的用户数量较多，自动忽略产品不好这个认知，从而去进行信息搜索，进而产生从众心理。所以个人认知对移动商务消费者信息搜索行为的影响不显著。

表 2-8　假设检验结果表

假设	路径	标准化路径系数	p 值	验证结果
H1	no1-no3	0.17	$p<0.1$	支持
H2	no2-no3	0.31	$p<0.1$	支持
H3	no4-no3	0.49	$p<0.1$	支持
H4	no6-no3	0.02	0.37	不支持
H5	no5-no3	0.04	0.27	不支持
H6	no2-no5	0.24	$p<0.1$	支持
H7	no6-no5	0.19	$p<0.1$	支持

同样，渠道信任这一影响因素对于移动商务消费者信息搜索行为的影响路径系数为 0.02，p 为 0.37，意味着渠道信任对信息搜索影响不显著。这并不是说消费者不信任大众点评，而是消费者使用大众点评进行信息搜索与信任大众点评的关系不大。当前，移动商务发展越来越深入消费者的生活，像大众点评这样的团购网站也日益增多。不同的团购网站与商家的合作不同，因此每个团购网站对于商品打折的力度也不一样。这样就很可能出现虽然消费者很信任大众点评对于产品的评价和排名，但是另外一个团购网站对于同样商品的打折力度比大众点评大，消费者就很有可能选择去另外一个平台消费。此外，现如今消费者进行信息搜索的平台越来越多样化，消费者本身可能也忽视对这些平台的信任程度，选择自己觉得最方便的渠道进行信息搜索，所以渠道信任对移动商务消费者信息搜索行为的影响也不显著。

2.6　结论与建议

2.6.1　研究结论

本章探讨了网络效应、社会影响、渠道信任、技术接受能力和个人认知这五个因素对移动商务消费者信息搜索行为的影响，以及社会影响、渠道信任对个人认知的影响，得出以下结论。

1. 网络效应与移动商务消费者信息搜索行为有显著的正相关关系

网络效应对消费者信息搜索行为影响路径系数为 0.17（$p<0.1$），表明网络效应会对消费者信息搜索行为产生影响。移动网络伴随着我们的生活，移动网络传播一项新事物的速度是极快的，消费者经常受到网络效应的影响，见证一件新产

品的诞生与传播。当消费者所在的网络团体中的其他用户纷纷推荐某件产品时，或者使用某物的人群越来越多时，消费者会产生加入他们的想法，这会诱发消费者对该事物的搜索行为。例如，大众点评这样的团购网站，使用的人越多，传播的范围就越广，就会有越多的消费者加入其中，从而带动更多的消费者加入。

2. 社会影响与移动商务消费者信息搜索行为有显著的正相关关系

社会影响对消费者信息搜索行为的影响路径系数为 0.31（$p<0.1$），说明消费者在进行信息搜索时受社会影响这一因素的影响较大。这对于商家来说是一个很好的启示。商家要想产品卖得好，可以选择提高社会影响这一途径。相反，社会风评差会对商家的发展产生很大阻碍。所以对于商家来说，一定要注重在社会上的影响，要积极创造良好的企业形象。

3. 技术接受能力与移动商务消费者信息搜索行为有显著的正相关关系

技术接受能力对消费者信息搜索行为的影响路径系数为 0.49（$p<0.1$），表明技术接受能力对消费者信息搜索行为有很大的影响。消费者都喜欢使用方便快捷的平台进行信息搜索。搜索平台的搜索操作越简易，搜索效率越高，消费者越愿意使用该搜索平台。网站平台分类越详细，描述越清晰，消费者的误解就越小，搜索效率就越高，消费者下次使用的概率就越大。对于搜索平台而言，需要在搜索界面上进行改善。例如，大众点评网中，美食、休闲等分类（包括类别、价格、环境等）比较清晰，使用大众点评进行信息搜索的消费者数量就很多。

4. 社会影响与个人认知有显著的正相关关系

社会影响对移动商务用户个人认知的影响路径系数为 0.24（$p<0.1$），表明社会影响会对个人认知产生一定的影响。一方面，消费者对一件事物的认知及评价往往受社会同伴影响的作用较大，甚至社会影响会改变消费者对一个产品的认知。另一方面，消费者对某一产品的认知可能来源于社会影响，消费者一开始可能并不知道该产品，但是在新闻对其进行报道或者周围好友口口相传，社会上其他消费者对其进行使用评价推广的过程中，产生了对该产品的消费认知。

5. 渠道信任与个人认知有显著的正相关关系

渠道信任对个人认知的影响路径系数为 0.19（$p<0.1$），表明渠道信任会对个人认知产生一定的影响。引发消费者去了解某一商品的原因有很多，例如周围人都在使用该商品，或者该商品在网络上的评价很好，虽然有很多信息来源，但是消费者往往会选择自己相信的信息渠道去进一步了解。例如，如果消费者信任大众点评的信息，觉得大众点评的商品信息都是客观的、非商家主导的、排名很有

权威、评价也比较客观，消费者就会愿意使用大众点评进行信息搜索。因此渠道信任会加强消费者对产品的个人认知。

2.6.2 对策与建议

根据以上研究结论和启示，为了进一步推动移动搜索系统在城镇地区的发展，提高用户对移动搜索系统的持续使用行为，提出以下几点建议：

（1）搜索服务提供商应不断完善搜索系统，提高查准率，努力提供符合用户需求的信息，准确地反馈搜索结果，剔除不相关、不准确的信息。因此，商家在品牌推广时，可以通过举办一些特色活动吸引部分人群，如在产品宣传广告牌上添加产品微信二维码、赠送小礼品等。对于商家而言，可以通过网络效应这个途径增加消费者的信息搜索，从而提高自身的知名度以及产品使用量。

（2）社会影响对于商家来讲，就是通过自身的社会影响力提高产品知名度以及消费者信息搜索。例如赞助慈善活动，这样新闻媒介会对此进行报道，商家的知名度也能得到提升，越来越多的消费者会了解、关注到商家。因此商家可以通过各种活动的举办或者参与，提高消费者对其的好感度与知名度。此外，对于商家而言，移动搜索服务商需要将搜索平台设计得易学易操作，致力于为用户提供便捷而有效的搜索服务，提供个性化的搜索服务，降低用户搜索难度。消费者进行信息搜索时的效率要能得到保证，否则消费者可能会放弃搜索。

（3）社会影响不仅对商家有提高知名度的作用，对消费者消费也有很大的推动作用。由于消费者容易受所属社会群体的影响，产生或者改变对某一产品的看法，但是这样容易使消费者产生跟风、从众心理，丧失自己的主观看法，因此对于消费者而言，如何对产品进行正确的选择，使自己对产品的个人认知得到有效的提高是很重要的。此外，消费者需要提高自身的判断力，他人的认知只是一种参考，不需要完全变成和他们一样的认知。当消费者确实对产品的认知不多而犹豫不决时，可以通过自己信任的渠道去了解搜集产品信息，只有对产品的信息有完善的了解，才能做出正确的决定。

参 考 文 献

陈静, 彭雪莹, 陆泉, 2022. 突发公共卫生事件中大学生健康信息搜索的 APP 交互行为研究[J]. 情报理论与实践, 45(1): 168-176.

陈明红, 黄涵慧, 2021. 基于 HSM 的移动搜索行为影响因素及组态效应研究[J]. 图书情报工作, 65(20): 68-80.

程云行, 李毅彩, 石功雨, 2010. 市场营销学[M]. 北京: 化学工业出版社.

程振宇, 2013. 社交网络下网络互动对购买意愿影响及信任保障机制研究[D]. 北京: 北京邮电大学.

范哲, 刘铁伦, 2020. 感知有用与易用对用户移动视觉搜索行为意向的影响分析[J]. 情报资料工作, 41(1): 79-86.

范哲, 马梦烨, 2019. 移动搜索与桌面搜索行为的有效性比较研究[J]. 图书馆学研究, (7): 41-49.

傅亚平, 赵晓飞, 2011. 基于网络效应的 SNS 网站用户参与动机和参与强度研究[J]. 财贸研究, 22(6): 107-116.

郭宁宁, 2012. 认知类型对网络消费者购物的信息搜索行为影响的研究[J]. 企业导报, (19): 108.

蒋素娟, 2012. 减少网络团购中消费者感知的不确定性[D]. 成都: 西南财经大学.

金慧涛, 2011. 虚拟社区中关系强度对口碑影响效果的实证研究[D]. 成都: 西南财经大学.

金鑫, 2012. 数字化背景下的消费者信息获取: 对社会信息资源的选择和反思[D]. 上海: 复旦大学.

李宗伟, 张艳辉, 张春凯, 2021. 信息加工视角下移动端与 PC 端的促销效果差异研究[J]. 管理学报, 18(10): 1533-1542.

梁少博, 吴丹, 2021. 移动搜索任务中的跨 APP 行为特征初探[J]. 情报理论与实践, 44(8): 125-130.

刘杰玲, 2012. 新生代消费者网络信息搜寻行为研究[D]. 广州: 暨南大学.

刘丽, 2014. 负面在线评论对消费者购买意愿的影响研究[D]. 重庆: 重庆工商大学.

刘嫣, 张海涛, 李佳玮, 等, 2021. 移动终端视角下的老年用户在线健康信息搜寻行为影响因素研究[J]. 图书情报工作, 65(11): 46-54.

吕露, 2013. 个性化搜索服务对网购者信息搜寻行为的影响研究[D]. 重庆: 西南大学.

齐伟杰, 2013. 基于感知风险的消费者主观知识对外部信息搜索行为的影响研究[D]. 沈阳: 东北大学.

王婧, 宋培建, 周耿, 等, 2013. 搜索引擎营销中关键词广告研究综述——基于用户行为的视角[J]. 南大商学评论, 9(1): 121-140.

王明明, 2006. 在线市场的价格离散现象研究[J]. 商业研究, (15) : 35-37.

王伟, 2011. 渠道关系、渠道行为与渠道绩效的相关性研究[D]. 保定: 河北大学.

吴丹, 梁少博, 唐源, 2017. APP 交互视角下的大学生移动搜索行为研究[J]. 中国图书馆学报, 43(3): 72-86.

杨菊霞, 2014. 网络环境下消费者信息搜寻行为研究[D]. 保定: 河北大学.

杨水清, 2012. 基于消费者视角的渠道扩展与选择行为研究[D]. 武汉: 华中科技大学.

银引双, 2013. 交互信息、顾客感知价值与满意度传导机制研究[D]. 天津: 天津财经大学.

袁红, 2013. 社会化媒体环境下的消费者信息搜寻行为研究述评[J]. 情报杂志, 32(4): 91-96.

翟羽佳, 2013. 基于社交网站的用户信息行为研究[D]. 淄博: 山东理工大学.

张健, 2013. 制造商渠道权力对经销商满意度影响研究——以我国白酒行业为例[D]. 重庆: 重庆工商大学.

张莹莹, 2013. 基于社会资本理论的虚拟社区信息传播对消费者购买决策行为影响研究[D]. 北京: 北京邮电大学.

赵良杰, 武邦涛, 段文奇, 等, 2012. 消费者交互作用对网络效应产品扩散的影响——基于产品生命周期的视角[J]. 系统工程理论与实践, 32(1): 67-75.

赵一鸣, 李倩, 2021. 用户移动搜索系统使用路径的提取与评价研究[J]. 图书情报工作, 65(11): 89-100.

郑春东, 邹孟, 2014. 网购消费者信息搜索模式研究[J]. 科技管理研究, 34(15): 177-181.

钟雪爿, 2013. 消费者在社交购物网站中的光顾及购买意愿研究[D]. 合肥: 中国科学技术大学.

钟喆鸣, 许正良, 2019. 在线评价中的信息隐私披露对消费者在线评价可靠性感知的影响研究[J]. 情报科学, 37(9): 159-163.

Bishop M, Barber N, 2012. A market segmentation approach to esteem and efficacy in information search [J]. Journal of Consumer Marketing, 29(1): 13-21.

Davis F D, Bagozzi R P, Warshaw P R, 1989. User acceptance of computer technology: A comparison of two theoretical models [J]. Management Science, 35(8): 982-1003.

Karakaya F, Barnes N G, 2010. Impact of online reviews of customer care experience on brand or company selection [J]. Journal of Consumer Marketing, 27 (5) : 447-457.

Kinley K, Tjondronegoro D, Partridge H, et al., 2014. Modeling users' web search behavior and their cognitive styles[J]. Journal of the Association for Information Science and Technology, 65(6): 1107-1123.

Lu A C C, Chen B T, 2014. Information search behavior of independent travelers: A cross-cultural comparison between Chinese, Japanese, and American travelers[J]. Journal of Hospitality Marketing & Management, 23(8): 865-884.

Mortimer K, Pressey A, 2013. Consumer information search and credence services: Implications for service providers [J]. Journal of Services Marketing, 27(1): 49-58.

O'Reilly K, Marx S, 2011. How young, technical consumers assess online WOM credibility [J]. Qualitative Market Research, 14(4): 330-359.

第 3 章　城镇居民移动广告使用行为研究

移动技术的高速发展改变了传统的营销界，使消费者与广告运营商之间的交流变得更加容易且迅速。广告商越来越依赖移动设备去推销产品和服务。越来越多的公司在广告和客户关系管理以及营销中开始使用移动广告服务，而潜在客户迄今为止还不能通过他们的移动设备来表达他们对营销活动的理解，因此哪些因素影响消费者移动广告的使用态度也无从知晓，现有文献通过传统的广告媒介或网络广告探讨了广告活动效果受到消费者对广告态度的影响。企业需要了解移动消费者对移动广告的感知和态度，来设计更有效的方式促销产品或服务。故此，本章将对城镇居民移动广告持续使用行为形成机理进行研究，以便为移动广告运营商设计营销策略提供决策支持。

3.1　移动广告国内外研究动态

虽然现在绝大多数公司都采用了移动广告方式发布商品信息，但往往都是投入多，回报少。消费者通常对移动广告持有负面态度，不愿意接受移动广告。营销和广告研究人员应用多种理论来试图解释这一现象，包括技术接受模型、使用和满足理论等，其中包括娱乐性、信誉、刺激、信息化、个性化、本地化等影响因素。然而，现有的文献广泛忽视了一个关键问题：什么因素会促使用户接受和使用移动广告？

对于营销人员或广告商来说，研究消费者使用行为的动机和影响因素能够为消费者提供更好、更个性化的服务，从而利用差异化这一优势将自身与竞争对手区别开来，进一步提升核心竞争力；而对消费者来说，不仅能够获得更好的消费体验，还能进一步了解自己的使用动机，以便未来选择更好的商品和服务，这就避免了时间和金钱的浪费。因此不论是广告商还是移动运营商都对移动广告的发展投入了极大的兴趣与热情，在移动业务的推广和应用过程中，国内外学者对其中相关的一些问题进行了研究。

移动广告属于移动商务的一部分，其作为一种特殊的服务形式而存在，两者的主要理论基础大致类似，因此许多研究者在对用户的移动广告使用行为进行研究时往往会参考移动商务。因为移动广告的预期成本低、收益高，移动服务运营商和广告商都对该项目的发展抱以很高的期望并付诸了相当大的努力。在对消费者早期的调查中发现，消费者对广告一般抱有积极的态度，因为广告中含有丰富的信息，所以绝大多数受访者是喜欢广告的，而在 1970 年以后，这种趋势发生了变化。从长期来看，消费者对广告的态度呈现负面反应。Fishbein 和 Ajzen（1975）提出了理性行为理论，该理论认为人的某些特定行为表现是取决于人的行为意愿的，个人行为态度和主观规范又共同影响着行为意愿，它是主观标准和态度两者的加权之和。此后，Ajzen（1991）在理性行为理论的基础上提出了计划行为理论。计划行为理论克服了理性行为理论所提出的个人实际行为只受到内在行为意愿影响的局限性，将开展行为所需的资源与机会考虑到模型中，加入感知行为控制变量，认为在理性行为理论前提下，感知行为控制变量也会对用户的使用行为意愿产生显著影响，从而决定实际使用行为。随后，部分学者针对移动广告的研究建立在理性行为理论以及计划行为理论的基础之上。Blanco 等（2010）构建了移动广告使用动机模型，借以研究娱乐性、信息性对用户态度以及使用动机的影响。他们通过利用 429 个来自不同国家的用户数据进行分析，最终发现用户对移动广告的态度很大程度上取决于广告的娱乐性和信息性，而态度又直接决定了用户使用动机。Cosmo 等（2021）利用调节中介模型探索了用户对聊天机器人的态度和隐私关注对手机广告的使用态度与行为意愿之间的关系。研究认为用户对手机广告的态度并不直接被使用聊天机器人的行为意愿影响，而是通过一个人对聊天机器人的态度来调节。Kurtz 等（2021）基于理性行为理论和隐私关注理论研究了基于位置的移动广告（location based advertising，LBA）影响因素、成功因素及其调节效应。研究认为用户对 LBA 的态度和个人信息披露影响用户移动广告使用意愿。Nasution 等（2021b）基于理性行为理论和个人相关性构建了移动广告采纳模型。通过对 18～25 岁的印度尼西亚万隆大学生（年轻千禧一代）的调查，发现印度尼西亚千禧一代被移动广告的社会趋势吸引，个人相关性在最终评估移动广告时表现出独立性。Boateng 等（2016）针对个人创新对刺激与对手机广告态度之间关系的调节作用进行了研究，结果表明用户愤怒与对移动广告的使用态度之间存在负相关。

此外，Noguti 和 Waller（2020）研究使用社交媒体的动机对付费移动广告的信息感知、娱乐和侵入性的影响。研究认为用户总体行动目标的特定动机（即寻求信息、寻求刺激和寻求情感支持）与广告娱乐的感知呈正相关。Adekannbi 和 Abiokuta（2020）通过对尼日利亚伊巴丹大学 311 名大学生的调查，探讨了大学生对移动应用中的侵入性广告反应的决定因素。研究显示语境信息的利用和感知牺牲是侵入性广告感知价值的最强决定因素，而感知控制和隐私担忧是购买和避免广告产品的最强决定因素。Nasution 等（2021a）基于技术接受模型和技术准备度，利用消费者态度准备度和行为准备度，探讨了移动广告的数字化与用户移动广告的准备与接受。研究认为数字准备度对印度尼西亚千禧一代移动广告采纳行为具有显著的影响。Alwreikat 和 Rjoub（2020）利用偏最小二乘结构方程模型分析了移动广告磨损对消费者刺激、感知侵入、消费者涉入和忠诚的影响机理。研究认为用户移动广告的疲惫不堪是消费者感知刺激和消费者涉入增加的一个重要决定因素，而感知侵入性导致消费者参与度降低。Ganesh 和 Fattakhova（2021）对马来西亚吉隆坡“Y 一代”消费者的手机广告使用态度进行分析，结果认为移动广告的娱乐性和信息性与消费者态度有关。Iqbal 等（2021）利用元分析考察了移动广告使用意向的前因与态度之间的关联。研究发现，个性化、娱乐性、信任和信息性与顾客对接受手机广告的态度呈正相关，而愤怒性则与之呈负相关。此外，用户态度与接受移动广告的意向有正向关系。Liu 等（2019）对比分析了澳大利亚和中国年轻消费者的感知价值对广告采纳影响机理，研究认为感知功能价值对手机广告接受度的影响最大，其次是可信度和互动价值。

同样，我国学者在移动广告上也有很多的实践探索。周欣燕（2012）在梳理了创新扩散理论、技术接受模型、感知风险理论等的基础上提出了电子商务消费者使用移动广告意愿的整合模型，然后通过采用理论逻辑分析与实证研究相结合的方法对收集的数据进行了处理，结果表明感知有用性、感知易用性和兼容性对用户使用态度有显著影响，使用态度则能很好地预测用户的使用意愿。不仅如此，在研究过程中还发现，部分人口统计变量（如年龄、受教育水平等）会在移动电子商务广告使用意愿及影响因素上有差异。魏红硕（2014）则重点研究了在互联网环境下影响用户隐私关注度的因素以及隐私关注对用户实际行为的影响，调查结果显示隐私关注程度对用户的行为意愿是负向影响的。马小龙等（2021）基于 UTAUT 模型构建了移动社交平台广告用户采纳模型。研究认为促成条件、用户消费体验、感知信度、努力期望、广告创新、广告精准、个人创新、社会影响以及绩效期望影响显著。Le 和 Wang（2020）通过针对越南 459 名移动广告用户的调查，利用结构方程模型探讨了用户感知价值对消费者移动定位广告的态度和行为反应的影响机理。研究认为情景因素、社会便利和广告价值观对移动广告用户态度有显著的正向影响。Wei 等（2021）探索了感知广告价值是否会缓解移动社交媒体中的广告规避行为，研究认为，用户感知到的侵入性和隐私问题增加了使用移动社交媒体时的愤怒情绪。汪涛等（2019）基于 2004～2019 年间的 60 篇现有移动广告研究文献，采用 Meta 分析的方法探索了移动广告的内容特征对消费者态度的影响，结果表明移动广告的信息性和娱乐性显著正向影响消费者态度。Feng 等（2016）基于动机理论探讨了移动广告用户使用态度。研究结果显示，广告信息特征通过非内在动机和外在动机对手机广告用户态度产生影响。Lu 等（2019）从情感和认知视角，探索了通过移动广告使用对顾客产品忠诚度的影响。Wang 等（2022）基于技术接受模型，利用结构方程模型和神经网络，探讨了影响消费者接受行为定向广告的前因变量。郭少丹（2018）从视觉、信息、情感等视角研究了插画类 H5 移动广告的体验价值。王麒（2021）研究移动广告浏览姿势对消费者使用意愿的影响机理。

除了上述所提及的理性行为理论以及计划行为理论等，动机理论也是备受学者青睐的。傅胜蓝（2015）就以自我决定理论为理论基础，从内部动机和外部动机两个方面建立了用户使用移动广告的行为动机模型，其先后利用 SPSS 22.0 软件和 AMOS 21.0 软件对收集的样本数据进行了分析以及假设检验，最终他认为内部动机和外部动机都会显著地影响消费者的移动广告态度，但两者的影响作用不存在显著差异。

3.2 移动广告使用行为的相关理论基础

3.2.1 互联网广告态度模型

在报纸、广播、电视等新闻媒介之后，互联网被誉为是第四媒体。移动广告属于移动商务的范畴。随着互联网用户数量的快速增长以及互联网产业的成熟，互联网营销已成为当下一个流行趋势，其中以互联网广告发展势头最为强劲。

互联网广告起源于美国著名的 *Wired* 杂志，该杂志于 1994 年在推出的网络版 Hotwired 上刊登了企业横幅式广告。Brackett 和 Carr（2001）在总结了其他学者研究的基础上，提出了互联网广告态度模型，如图 3-1 所示。

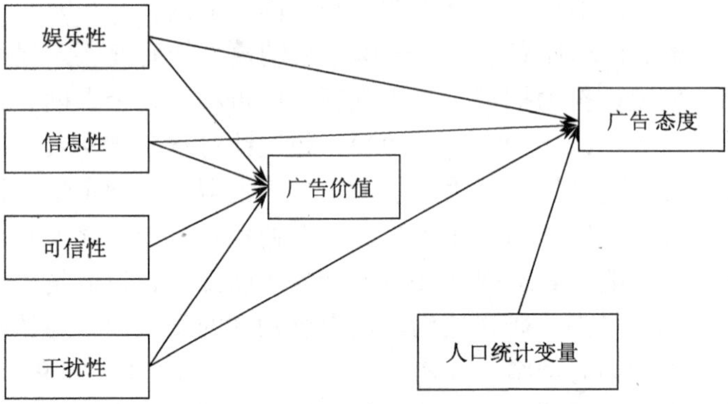

图 3-1 互联网广告态度模型图

互联网广告态度模型认为，消费者从互联网广告中所感受到的广告自身所具备的信息性、娱乐性、可信性以及干扰性会对广告价值的评估产生影响，在此基础上加入人口统计变量因素就决定了消费者对广告最终的态度。娱乐性是指有趣或是令人愉快、喜欢的广告被认为对于品牌态度有正面的影响；信息性表达的是广告最主要的功能是其所扮演的提供信息的角色。

3.2.2　多维隐私发展理论

美国 Laufer 和 Wolfe（1977）提出了多维隐私发展理论。多维隐私发展理论认为人的隐私观念与行为和日常生活中的具体情况相关，这些情况可以从三个相互关联的维度来加以描述，包括自我发展、环境影响和人际交往。其中，自我发展维度包括自主和自尊，环境影响维度则包括生命周期、社会文化、物质环境，而人际交往维度由交互管理和信息管理两个方面组成。经过多年的研究发现，多维隐私发展理论是一种理解个人隐私及隐私认知和行为的有效框架，也是一种历经时间检验且被广泛援引的经典理论。

3.2.3　传播隐私管理理论

借用边界的隐喻，美国 Petronio（2002）提出了传播隐私管理理论。传播隐私管理理论是用于解释处于交往状态中的个人如何通过平衡和协调隐私信息的披露和保密之间的动态关系而进行隐私管理的有效框架。该理论包括三个假设，首先，驱动隐私管理的是与他人联系的社交需要和与他人分开的独处需要之间的辩证张力；其次，他者的存在是我们需要进行隐私管理的最重要原因；最后，关于隐私信息，个体有不同的方式来定义哪些信息对他们而言是可以公开披露的，哪些是私人的。换句话说，对隐私的认定取决于个人对其是否归属于私人的判定。

3.2.4　消费者惯性理论

惯性概念最早由 Verplanken 和 Aarts（1999）提出，是指用户因为过往行为频繁发生而逐渐形成一种比较固定的行为模式，进而在任何相似情境下，用户会自觉从事某种行为。惯性是个体现状偏见的一种外化，是维持当前选择的一种态度倾向，具体表现在个体喜欢不断地去重复现有的行为模式并且难以改变，即使出现了更好的选择或者改变的激励也是如此。在消费语境中，消费者惯性指的是消费者基于以往的购物经验习惯性地重复进行某种购物决策的行为倾向。用户在系统使用时，会经历接触采纳、经深入认知后考虑持续使用、有意识发展为无意识持续使用这三个阶段，习惯的养成是无意识行为的前提，进而会引发长期的持续使用行为（张朋柱和王钰莹，2020）。

3.2.5　动机理论

罗宾斯和库尔特（2004）认为动机就是行为产生的原因，是刺激和激发行为反应并为这种反应指明具体方向的内在力量。动机理论认为消费者一切行为都受各种各样动机的影响。学者们试图从理性和情感两方面来研究用户使用移动广告的动机，进而挖掘出用户的潜在需求和消费观。本章也会基于动机理论着手研究用户对移动广告的使用行为。动机理论模型如图 3-2 所示。

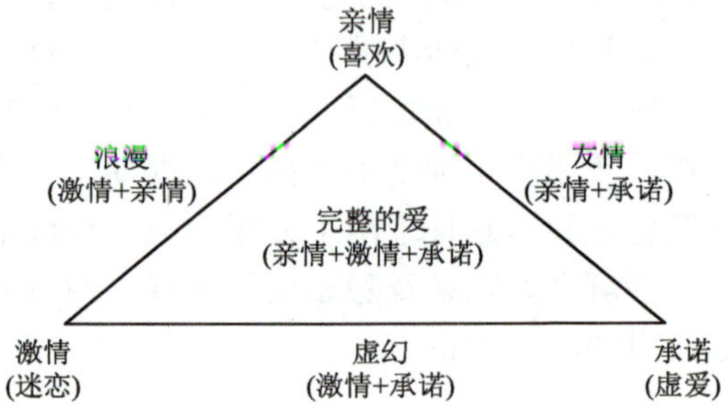

图 3-2　动机理论模型图

3.3　研究假设与量表设计

3.3.1　研究假设

在现有国内外学者对移动广告使用行为研究相关文献资料的基础上，本章通过将互联网广告态度模型、理性行为理论、计划行为理论以及动机理论等进行整合，在对城镇居民使用移动广告的现状进行调查与分析基础上构建了符合中国国情的城镇居民移动广告使用行为动机模型，如图 3-3 所示。

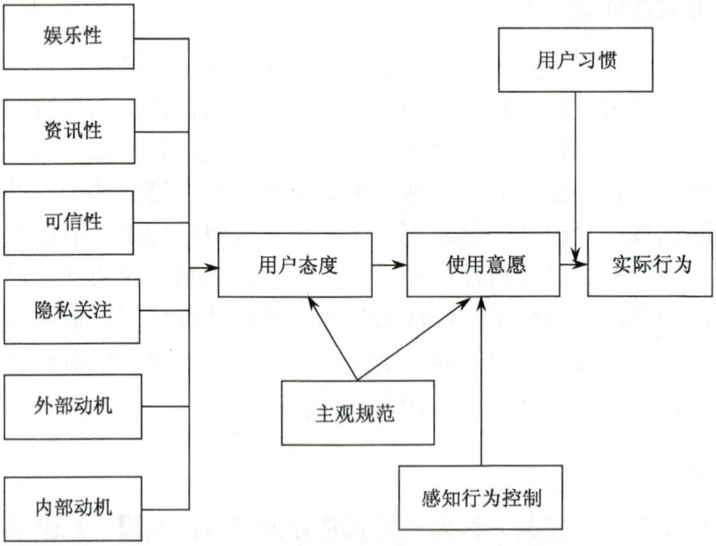

图 3-3　城镇居民移动广告使用行为动机模型图

该模型图主要包含 12 个潜变量，主要考察移动广告影响用户的态度、使用意愿的相关因素，以及各构成因素相互之间的关系。以下是对各变量以及假设的具体解释。

1. 娱乐性

移动终端将不仅仅是一个实时语音或者文本通信设备，也是一款功能丰富的娱乐工具。追求娱乐性以及趣味性是消费者的天性，移动广告可以通过文字、声音、图像、动画等不同的形式展现出来，它们拥有精心设计的界面、基于触摸和声控等技术有趣的互动特性，可以使消费者在使用时产生好奇、兴奋、专注的情绪和状态。Cialdini 等（1981）研究认为，从广告设计层面来看，广告信息内容简洁明了，虽然能够有效突出重点，但是相关研究表明赋予广告娱乐性可在原来的基础上进一步传达产品功能，增加个人对产品涉入的感受，进而影响消费者对该产品品牌态度的形成。Razzaque（2014）也认为消费者在通过移动设备浏览广告期间需要的是交互式的沟通，这种沟通过程中的高度偏好和参与会导致其对广告商的积极看法。因此，为了增强广告的有效性，广告内容应该是有趣且简洁的，具体体现在对娱乐性的图片、音频和视频的应用上。我国研究者傅胜蓝（2015）同样指出消费者更愿意接受那些在使用过程中能够体验到快感的新技术。当前，随着移动网络技术高速发展，手机等移动设备已成为人们生活不可或缺的一部分，收到移动广告也成了家常便饭。不难发现，现在移动广告娱乐性趋势愈加明显。传统广告更多的是直接传达产品功能，即所说的“硬广告”，而互联网时代则更注重内容营销，广告商往往希望用娱乐性的广告来达到广为传播的目的。

综上所述，用户对娱乐性的广告较敏感。当用户收到的移动广告具有很强的娱乐性时，往往其对广告的态度会偏向于积极的一面；反之，如果移动广告的内容缺乏趣味性，无法给用户带来快乐，用户则会对广告有一定的排斥心理。因此，本章提出假设：

H1：移动广告内容的娱乐性对于用户对移动广告的态度有显著的正向影响。

2. 资讯性

Irfan（2012）认为广告的本质就是提供关于新产品、新功能以及其价格变动的信息，最主要的目的就是满足消费者的认识需求并且将其与同行业中的产品或服务区别开来，打造属于自身的核心竞争优势。从消费者自身观点来看，只有快速获得符合需求的个性化信息，消费者在整个过程中才能得到最大满足。Almossawi（2014）在其研究中就指出，只有当手机用户认为发件人提供的信息与自身相关时，他们往往才会有积极的态度和表现。在当今这个智能化时代，消费者的需求在很多情况下都能得到满足。在移动互联网高速发展背景下，无论何时何地，只要有要求，手机等移动设备都可以为消费者推送他（她）们感兴趣的东西。相反地，如果信息过度也会给消费者造成很大的困扰。Cho（2004）认为若移动广告提供大量的或超出用户需求的资讯，则会分散用户注意力，用户极有可能产生厌烦心理。就以现在移动广告市场实际情况来看，垃圾广告、邮件之类的事情早已屡见不鲜。消费者处在一个信息泛滥的社会，每天收到几十甚至几百条广告都是常事，这些已经给消费者带来了严重的困扰。

综上所述，移动广告的信息质量就是对企业产品或者企业本身形象最直接的反映。广告商在向用户发送移动广告时要注意资讯提供的几个重要点：一方面要以用户为中心，提供真正对其有价值的资讯；另一方面也要考虑到用户的心理，避免提供过多的资讯，让用户产生阅读上的压力。基于以上分析，提出以下假设：

H2：移动广告的资讯性对于用户对移动广告的态度有显著的正向影响。

3. 可信性

可信性被认为是消费者对广告真实性的看法。广告的可信度受到多方面因素的影响，如广告传播媒介、企业的可信性等。Sigurdsson 等（2017）也指出不同广告媒体的可信度是不相同的。在一项对消费者的调查研究中，Sigurdsson 等（2017）指出大多数参与者认为报纸上的广告具有最高的可信度，而互联网广告被认为是最不可信的，除非该消息来源于强大的品牌。这点与我们日常生活中的情况是一致的。例如，刊登在不同平台上的同一个广告，广告信息分别来源于不同的广告商和消费者，其最终的宣传效果也会有差别。除了宣传媒介，企业的形象也决定了企业的可信性，而企业的可信性又是决定广告可信性非常重要的一个因素。现在的许多企业都热衷于公益事业，背后的原因也不外乎树立良好的企业社会形象，从而增加企业的可信性，达到产品推销的目的。肖爽（2014）在其研究中就承认了移动广告的可信性对用户态度的重要性，Salem（2016）在对巴勒斯坦地区的研究中也发现，信誉会以一种积极的方式影响用户对手机短信广告的态度。

综上所述，移动广告主利用移动设备将广告信息发送给消费者，若消费者认为移动广告是值得信赖的，就有机会引发后续的消费者涉入及消费决策，进而达到提升产品或服务销售业绩的目的；反之若消费者认为该广告的可信度较低，那么他们一般就会忽略这条广告。目前，很少有关于移动广告的可信性影响用户态度的实证研究，因此，本章提出如下假设：

H3：移动广告的可信性对于用户对移动广告的态度有显著的正向影响。

4. 隐私关注

随着人们对隐私问题逐渐重视，国内外学者对其的研究也上升到一个更高的层次。Lin 等（2016）认为消费者隐私问题主要涉及三项内容，即消费者被动接收未经许可的广告信息，广告商出于营销目的收集未经授权的个人数据以及蓄意盗窃个人信息，而这三种方式恰恰是当前广告商进行市场营销的常用手段。以移动电子商务为例，现如今通过社交媒体收集和跟踪消费者在互联网上的行为（如购买历史），并使用数据为其提供定制化广告信息已经成为广告商获得消费者关注的一种比较成功的方式，但这种方式也有其隐藏的风险。Jung（2017）就认为该方式会引起潜在的个人信息侵权问题。当消费者接收到个性化的广告信息时，他们会意识到某人知道他们的个人信息并将其用于营销，这使人们自发抵制广告信息。

综上所述，本章认为随着城镇居民的生活水平逐渐提高，其对隐私的关注程度会愈加提升，而这一变量与移动广告推广的影响呈负相关。对个人隐私高度关注的群体对移动广告的态度是拒绝的，而这种态度又会最终影响使用意愿。因此，本章提出如下假设：

H4：用户的隐私关注对于用户对移动广告的态度有显著的负向影响。

5. 外部动机

外部动机指不是由活动本身引起而是由与活动没有内在联系的外部刺激或原因诱发出来的动机，如为了获得奖励、获得一定的积分等。在移动广告层面，Feng 等（2016）认为外部动机主要来自三个方面，分别为及时性（高效及时的移动广告为消费者带来的价值）、本地化（广告商为消费者提供基于特定位置的广告服务）以及个性化（广告商基于消费者的偏好、需求、心态、生活方式以及具体的文化和地理特征为其提供定制化的广告）。

但是随着移动广告的快速发展，一些发展中的问题也逐渐显现出来，如垃圾短信、消费者个人信息泄露、诈骗短信等。首先，Wong 和 Tang（2008）的研究都证明了消费者对移动广告是抱着消极、否定的态度的，他们并不愿意接受移动广告。然而随着技术的进步，移动设备所具有的空间和时间上的机动性使得移动广告更容易被用户接受。例如，移动设备的全球定位系统使得营销专业人员能够及时获得客户位置信息，当消费者到达某家店前，他就可以收到店里相关促销信息的广告，并且研究人员已经对移动广告中的地理位置定位的重要性进行了检验，结果表明地理位置定位可以提高客户对广告的响应度。其次，Hui 等（2013）提出移动技术可以依据时间进行设置，这使得营销人员能够在最优时刻发送消息与消费者进行沟通。

综上所述，外部动机对消费者使用移动广告的态度是具有诱导作用的。当消费者对外部动机的敏感度较强时，他对移动广告的态度趋向于积极的一面，这种积极的态度往往使其更愿意使用移动广告。因此，提出以下假设：

H5：外部动机对于用户对移动广告的态度有显著的正向影响。

6. 内部动机

内部动机是人类与生俱来的一种追求新奇和挑战新鲜事物，发展和锻炼自我能力，敢于探索和学习的倾向，消费者由于内部动机的激励而采取某种行为不是为了物质奖励等好处，而是为了追求行为的乐趣或者挑战。在这里主要考虑两个内在的动机因素：一个因素是消费者创新，消费者创新是指消费者接受新产品、新服务的程度，这是决定新产品推广过程能否成功的重要因素。寻求新奇事物是人类的一个心理倾向，当产品刚推出市场时，创新型的消费者是乐于接受并且会去购买的。然而对于缺乏创新的消费者而言，因为对产品缺乏了解，所以对新产品或新服务是持怀疑态度的，进而使用意愿也不会很强烈。另一个因素就是感知到的享受，追求享受是人类的天生欲望，如果消费者认为参与某项活动预期会给自己带来内在的享受与愉悦，那么在其内心就会对该项活动予以认可。

在移动商务环境下，移动广告是比较新鲜的信息技术，消费者也许会觉得移动广告是一种新颖的广告形式，从而他们就会本能地形成使用移动广告的态度。另外，如果移动广告的使用预期会给消费者带来享受，那么消费者对它的态度也将是积极正面的。因此针对上述分析，提出以下假设：

H6：内部动机对于用户对移动广告的态度有显著的正向影响。

7. 计划行为理论

1）用户态度

计划行为理论指出态度就是个人对事物形成的积极或消极的评价或感受，特定行为的评价经过概念化后就形成了行为态度。行为态度又是认知、情感、行动三个因素综合作用的结果，其中认知因素与主观情感无关，单纯地是指个人对事物客观的认识；情感因素指个人对事物带有的含有主观情绪的看法；行动因素指对事物产生行动的倾向，三种因素共同展现层层递进的关系。Daştan 和 Gürler（2016）指出态度是行为的一个指标，它是在行为之前形成的，态度也揭示了这种行为，出于这个原因，可以说用户态度和使用意图之间存在着积极的关系。

综上，当用户对发送至移动设备终端的广告抱有积极的态度时，相应地他会更愿意去使用移动广告，从而他最终购买产品的可能性就会越大；而相反地，如果用户本身对移动广告缺乏了解或者较反感，那么其就不太可能接受并使用移动广告。因此，针对以上分析，本章提出如下假设：

H7：用户对移动广告的态度显著正向影响用户对移动广告的使用意愿。

2）使用意愿

Harrison 等（1997）将个人使用意愿定义为“从事特定行为的自发性计划的强度”，也称作个人从事某件事情的概率。计划行为理论认为在没有特殊因素影响时，个人的使用意愿越强，那么其产生实际行为的可能性越大。Salem（2016）的研究也证实，有意愿接收广告信息的消费者在未来产生实际购买行为的可能性相对而言较大。该观点在营销学中得到充分的体现。研究表明，当消费者对某件商品的偏爱程度较高，并有一定的购买意愿时，即使商品价格超出预期，最终也会产生实际的购买行为，商家正因为看穿消费者的这一心理，总能成功以高价卖出商品。然而，也有相关研究显示现在存在“意愿与行为相背离”的现象。

综上所述，当移动广告对用户有足够的吸引力并且用户本身有很强的使用意愿时，其在现实情况下就越可能去购买移动广告中的产品；反之，如果用户自身就缺乏对广告商品的兴趣而导致购买意愿不强烈，这种情况下，几乎不会产生实际的购买行为。基于以上分析，本章提出如下假设：

H8：用户对移动广告的使用意愿正向影响用户实际行为。

3）主观规范

主观规范是指个人在决策过程中所感受到的来自朋友、家人、工作环境及同事等的社会压力，也就是说带来的是一种非独立性的决策。在这种社会压力中某些具有感染力和号召力的个人或组织对于自身采取某项特定行为所发挥出来的影响效果明显。在如今的信息智能化时代，凭借微博、微信、QQ 等传播媒体，只靠手指轻轻点击，任何事都能实现广泛传播。因此，不管是移动广告正面还是负面的影响，商品信息都会在消费者的社会关系网络中广泛传播。消费者对某件事物的看法很大程度上会受到身边人的影响，许多人使用移动广告是因为他们身边的朋友也在使用，若他们的亲戚朋友对移动广告的态度是非常积极的，那么消费者自身所持有的态度也会是非常正面的。当前移动端电子商务广告占据了移动广告中很大的一部分，当消费者接收到商品广告时，查看评论已成为其衡量商品的主要方式，当发现其他用户对该商品的评价趋向于正面时，那么他自己对移动广告也会产生积极的态度；相反地，如果评论都是对该商品的贬低，那么消费者自身也会产生认同感，默认商品的劣质性。除了对用户态度造成影响外，主观规范还会影响用户的使用意愿。

基于以上分析，来自朋友、家人、同事、领导等的评价和意见会影响用户自身对移动广告的态度以及改变个体的使用意愿。因此，本章提出下列假设：

H9：主观规范对于用户对移动广告的态度有显著的正向影响。

H10：主观规范对于用户对移动广告的使用意愿有显著的正向影响。

4）感知行为控制

计划行为理论认为感知行为控制是个体感受到的可以控制的程度，当个人拥有的资源与机会越多，并且个体认识到在实际情况中可以有效控制这些资源，即对行为的感知控制越强时，用户采取某项特定行为的意愿也会越大。移动广告的载体就是手机、平板电脑等移动设备，而这些又属于用户的私人物品，通常情况下用户希望对私人物品有较强的控制权。在移动广告的传播过程中，用户如果能够自己掌握主动权，自己决定是否接收、何时何地接收以及接收什么样的广告，他也许才会乐于去使用。然而现实是当前绝大多数广告运营商都在没有征求用户同意的情况下发送大量的广告至移动终端，一天几十甚至上百条的垃圾邮件、短信给用户造成了严重的困扰，不仅没有达到广告宣传目的，还引起了用户的反感。

综上所述，现如今越来越多的用户希望成为信息的主动创造者而非信息的被动接收者，当他们能够更多地参与广告传播的环节，能够对移动广告使用过程中的资源与条件具有较大的控制力时，往往他就越可能去接受并使用移动广告；反之，用户如受资源及能力限制越大，就越不愿意去使用移动广告。因此，基于以上分析，本章提出如下假设：

H11：感知行为控制对于用户对移动广告使用意愿有显著的正向影响。

现如今随着移动互联网的发展进程逐渐加快，国内外对其的研究也多了起来，如移动商务、移动支付、移动政务等，然而不难发现，绝大多数研究都是以事物本身的性质为出发点，很少考虑用户自身的特点因素。因此，基于本章的研究内容，本章将用户习惯考虑到模型中去，将其作为调节变量来分析该变量在用户态度、使用意愿与实际行为三者之间的作用关系。

习惯产生于过去的经历，通常会无意识地影响个体的行为。当个人按照习惯去处理问题时，他趋向于利用过去的思维方式以及经验进行思考和价值评判，而不是通过重新认知来对问题进行衡量，简单来说就是思维形成了定式。近年来，该变量也逐渐被学者用于对某些项目的研究，获得了一些创新性成果。例如，Limayem 等（2007）就将用户习惯用来研究信息系统持续使用模型，研究发现习惯对信息系统使用意愿与实际行为之间的关系具有调节作用。在对社交网络消费者的研究中，曹欢欢等（2015）研究认为消费者习惯会降低感知有用性和满意度对持续使用意愿的影响。因此在移动广告这个研究范畴中，用户习惯在移动广告使用行为模型中有巨大的作用。以 3C 产品为例，当广告宣传电子产品（如智能手机）大降价，价格优惠额度大时，纵使潜在用户有意愿在网上购买，但由于对网络购物感知风险的不确定性，即便要花费更大成本，他们也会习惯性地到实体店去购买。故提出如下假设：

H12：用户习惯对使用意愿和实际行为之间的关系具有负向调节作用。

3.3.2 量表设计

本章潜变量包括娱乐性、资讯性、可信性、隐私关注、外部动机、内部动机、主观规范、感知行为控制、用户习惯、用户态度、使用意愿和实际行为，各潜变量定义如表 3-1 所示。

表 3-1　潜变量定义表

潜变量	缩写	定义
娱乐性	ENT	感知到的移动广告的趣味性和愉悦度
资讯性	INF	移动广告有效提供相关信息的能力
可信性	CRE	感知到的移动广告的可信程度
隐私关注	PC	用户对移动广告中涉及的个人隐私的关注程度
外部动机	EXTR	外部刺激所诱发的动机
内部动机	INTR	个人出于提高内在能力或实现价值而诱发的动机
主观规范	SN	用户使用移动广告受到的社会压力
感知行为控制	PBC	用户感知对自身行为的控制程度
用户习惯	HAB	对特定环境线索回应的一系列自动目标导向的行为
用户态度	ATT	用户对于使用移动广告的整体偏好和倾向
使用意愿	INT	愿意使用移动广告的程度
实际行为	BEH	个体实际执行的动作

为了保证变量测量项的内容效度，本章中所有潜变量的观测变量均来源于现有文献，每个观测变量均采用利克特五级量表进行测量，并以数字 1～5 来衡量认可程度，“1”代表非常不同意，“2”代表不同意，“3”代表不同意也不反对，“4”代表同意，“5”代表非常同意。调查对象根据自身实际情况，对问卷的测量指标进行打分评价。因采用多个测量项来测量变量比采用单一测量项更可靠，因此本章中每个潜变量的观测变量数目都不少于 2 项，其中用户习惯有 2 个测量项，娱乐性、资讯性和感知行为控制有 3 个测量项，隐私关注、内部动机、外部动机、主观规范、使用意愿和实际行为有 4 个测量项，可信性和用户态度则有 5 个测量项，各潜变量的测量项设计如表 3-2 所示。

表 3-2　测量项设计量表

潜变量	测量项内容	指标来源
娱乐性（ENT）	ENT1：我觉得接收到移动广告是令人愉悦的 ENT2：我觉得移动广告是有趣的 ENT3：我觉得接收到移动广告是令人享受的	沈祥（2008）
资讯性（INF）	INF1：移动广告是一个很好的即时信息来源 INF2：移动广告提供的信息都是我所需要的 INF3：移动广告可帮助我更新我所需要的产品的信息	沈祥（2008）

续表

潜变量	测量项内容	指标来源
可信性（CRE）	CRE1：我喜欢收到家人、同事、朋友发送的移动广告 CRE2：我喜欢接收著名的且可信的公司发送的移动广告 CRE3：移动广告提供的信息内容是可信的 CRE4：移动广告可作为我消费的参考 CRE5：我信任移动广告	Jelassi 和 Enders（2004）、Wiedemann 等（2008）、Goldsmith 等（2000）、Choi 和 Rifon（2002）、Tsang 等（2004）
隐私关注（PC）	PC1：当广告商要我提供个人信息时，我会谨慎思考 PC2：当接收到未经自己许可而发送的移动广告，我会非常反感 PC3：移动服务商应该采取措施来保证个人信息的完整与安全性，避免用户受非法访问 PC4：除非经过本人授权，否则广告商不应将个人信息用于其他目的	Stewart 和 Segars（2002）
外部动机（EXTR）	EXTR1：我接受移动广告是因为其他人都在使用 EXTR2：我接受移动广告是因为它能给我带来益处 EXTR3：我接受移动广告是因为它能满足我的个性化需求 EXTR4：我接受移动广告是因为它能节约我的时间和费用	Carlson 和 Pelletier（1995）
内部动机（INTR）	INTR1：我接受移动广告是因为它好玩有趣 INTR2：率先接受移动广告能让我很有满足感 INTR3：我接受移动广告是因为它能让我了解很多新兴事物 INTR4：我接受移动广告是因为它能带给我成就感	Carlson 和 Pelletier（1995）
主观规范（SN）	SN1：朋友对移动广告的看法会影响你的选择 SN2：家人或朋友分享的移动广告你会接受 SN3：大家觉得合理的事情你也会接受 SN4：如果你的朋友或家人有人推荐你使用移动广告，你会试着去使用它	Taylor 和 Todd （1995）
感知行为控制（PBC）	PBC1：手机是私密性产品，自己应该具有控制移动广告的权利，如是否接受广告内容等 PBC2：能自由选择想要浏览的移动广告内容 PBC3：移动广告发布的时间、地点十分重要，不希望自己在个人时间被打扰	Taylor 和 Todd （1995）
用户态度（ATT）	ATT1：使用移动广告服务是个好主意 ATT2：我喜欢使用移动广告来收集信息 ATT3：使用移动广告是一种令人愉快的体验 ATT4：移动广告能够吸引我的注意 ATT5：移动广告影响着我的购物行为	Dutta-Bergman（2006）、Soroa-Koury 和 Yang（2010）、Lee 等（2006）、Xu（2006）、Durvasula 等（1993）、Tsang 等（2004）

续表

潜变量	测量项内容	指标来源
使用意愿（INT）	INT1：我每天愿意接收不多于一个移动广告 INT2：我每天愿意接收两个及以上的移动广告 INT3：我可能在近期使用移动广告 INT4：只要有机会我就会使用移动广告	Tsang 等（2004）
实际行为（BEH）	BEH1：当收到移动广告时，我会完全忽视它 BEH2：当收到移动广告时，我偶尔会打开看 BEH3：在积累到一定量时，我会阅读它 BEH4：当收到移动广告时，我会立即阅读它	Tsang 等（2004）
用户习惯（HAB）	HAB1：我使用移动广告已成为习惯 HAB2：使用移动广告对我来说是很自然的事	Hsu 等（2015）

3.4　问卷设计及数据收集与处理

3.4.1　问卷设计

本章调查问卷通过线上以及线下两种方式发放。问卷主要由两部分组成。第一部分是基本信息情况的了解，主要包括调查对象的性别、年龄、教育背景以及使用移动广告的基本情况等；第二部分涉及测量模型的主要观测变量，其中用 1～5 不同数字表示调查对象对题项的同意程度，1 代表非常不同意，2 代表不同意，3 代表不同意也不反对，4 代表同意，5 代表非常同意。

3.4.2　数据收集与处理

本次研究于 2019 年 10 月 20 日至 12 月 20 日进行数据收集，问卷通过网络以及实地发放两种形式共发放了 230 份问卷，剔除无效问卷 30 份，因此共回收有效问卷 200 份，经整理，样本基本特征信息如表 3-3 所示。其中问卷是否有效主要从以下几点判定：

表 3-3　样本基本特征信息

基本信息	特征	数量	所占比例
性别	女	86	43%
	男	114	57%
年龄段	24 岁及以下	70	35%
	25～35 岁	54	27%

续表

基本信息	特征	数量	所占比例
年龄段	36～45 岁	50	25%
	45 岁以上	26	13%
教育背景	高中及以下	47	23.5%
	专科	37	18.5%
	本科	92	46%
	硕士及以上	24	12%
户口所在地	城镇	200	100%

（1）个人户口所在地是否为城镇；

（2）问卷是否填写完整，无遗漏项；

（3）问卷是否认真填写，有无从头到尾都填写同样选项的现象。

由表 3-3 可以看出，本次调查的对象涉及不同性别、年龄段、教育背景的城镇居民，调查范围广，因此数据具有一定的真实性与可靠性。其中，根据具体的调查结果，汇总相关资料如表 3-4 所示。根据表 3-4 可以看出，针对移动广告娱乐性的调查，调查的结果主要集中在 3（不同意也不反对）和 4（同意）两个选项上，这说明用户对具有娱乐性的移动广告关注程度是非常高的，他们更倾向于收到娱乐性强的广告。

表 3-4　娱乐性变量数据调查结果

题项	1	2	3	4	5	总计
我觉得接收到移动广告是令人愉悦的	0.5%	3.5%	29.5%	44.5%	22.0%	100%
我觉得移动广告是有趣的	1.5%	5.5%	27.0%	43.5%	22.5%	100%
我觉得接收到移动广告是令人享受的	0.5%	3.5%	30.0%	41.0%	25.0%	100%

根据表 3-5 的结果可以看出，对于资讯性相关问题的调查，调查结果主要集中在 3（不同意也不反对）和 4（同意）两个选项上，5（非常同意）其次。由此可以看出随着移动技术的发展，大多数人已经不是被动地去接收移动广告，而是趋向于主动利用移动广告去获得自己想要了解的信息。

表 3-5　资讯性变量数据调查结果

题项	1	2	3	4	5	总计
移动广告是一个很好的即时信息来源	1.5%	7.5%	29.5%	42.0%	19.5%	100%
移动广告提供的信息都是我所需要的	0.0%	10.0%	27.0%	40.0%	23.0%	100%
移动广告可帮助我更新我所需要的产品的信息	1.0%	8.0%	33.0%	43.0%	15.0%	100%

表 3-6 统计消费者对于移动广告可信性的调查数据，数据显示各测量题项反馈数据主要集中在 4（同意）选项上，这说明用户十分看重移动广告的可信度，这往往决定了其对移动广告的态度等。

表 3-6　可信性变量数据调查结果

题项	1	2	3	4	5	总计
我喜欢收到家人、同事、朋友发送的移动广告	1.0%	5.5%	27.0%	40.0%	26.5%	100%
我喜欢接收著名的且可信的公司发送的移动广告	0.5%	4.5%	20.0%	38.5%	36.5%	100%
移动广告提供的信息内容是可信的	2.0%	5.0%	32.0%	40.0%	21.0%	100%
移动广告可作为我消费的参考	1.5%	8.5%	26.0%	38.5%	25.5%	100%
我信任移动广告	2.0%	4.5%	27.5%	43.0%	23.0%	100%

表 3-7 反映了消费者对于隐私关注的测量题目的调查情况，调查结果显示消费者对于移动广告隐私关注主要集中在 3（不同意也不反对）和 4（同意）两个选项上，其中大多数是 3（不同意也不反对）。这说明在涉及移动广告的事情上，人们的隐私关注意识在逐渐提高，但总体来说，绝大多数人还没有充分认识到隐私问题的重要性。

表 3-7　隐私关注变量数据调查结果

题项	1	2	3	4	5	总计
当广告商要我提供个人信息时，我会谨慎思考	0.0%	29.0%	44.0%	22.0%	5.0%	100%
当接收到未经自己许可而发送的移动广告，我会非常反感	0.0%	20.0%	45.0%	29.5%	5.5%	100%
移动服务商应该采取措施来保证个人信息的完整与安全性，避免用户受非法访问	0.0%	25.5%	42.0%	26.0%	6.5%	100%
除非经过本人授权，否则广告商不应将个人信息用于其他目的	0.0%	17.0%	49.0%	26.5%	7.5%	100%

表 3-8 统计了消费者对于外部动机相关测量题目的调查结果，结果主要集中在 3（不同意也不反对）以及 4（同意）两个选项上，其中 4 占大多数。这说明外部动机对于用户对移动广告的接受度影响非常大，例如，移动广告给其带来时间和费用上的节约等。

表 3-8　外部动机变量数据调查结果

题项	1	2	3	4	5	总计
我接受移动广告是因为其他人都在使用	0.5%	8.0%	29.5%	36.0%	26.0%	100%
我接受移动广告是因为它能给我带来益处	0.0%	4.5%	32.0%	41.0%	22.5%	100%
我接受移动广告是因为它能满足我的个性化需求	1.0%	8.0%	26.0%	39.5%	25.5%	100%
我接受移动广告是因为它能节约我的时间和费用	0.5%	5.0%	26.0%	45.5%	23.0%	100%

表 3-9 是关于内部动机问题的用户调查结果，可以看到选项主要集中在 3（不同意也不反对）和 4（同意）上，其中 4 所占比例较高。这说明用户对移动广告的接受度很大程度上也受内部动机的影响，包括移动广告给个人带来的成就感、满足感的提升等。

表 3-9　内部动机变量数据调查结果

题项	1	2	3	4	5	总计
我接受移动广告是因为它好玩有趣	0.5%	5.5%	27.5%	42.0%	24.5%	100%
率先接受移动广告能让我很有满足感	0.0%	8.0%	29.5%	43.5%	19.0%	100%
我接受移动广告是因为它能让我了解很多新兴事物	0.0%	5.5%	32.0%	44.0%	18.5%	100%
我接受移动广告是因为它能带给我成就感	0.0%	6.5%	30.0%	40.0%	23.5%	100%

通过表 3-10 可以看出对于主观规范问题的调查，消费者反馈信息主要集中在 3（不同意也不反对）和 4（同意）上，这说明在实际生活中，人们对于移动广告的态度很大程度上会受身边人的影响，而不仅仅依据自身做出决策。

表 3-10　主观规范变量数据调查结果

题项	1	2	3	4	5	总计
朋友对移动广告的看法会影响你的选择	0.5%	6.0%	30.0%	44.0%	19.5%	100%
家人或朋友分享的移动广告你会接受	0.5%	5.5%	41.0%	40.5%	12.5%	100%
大家觉得合理的事情你也会接受	0.5%	4.0%	36.0%	44.5%	15.0%	100%
如果你的朋友或家人有人推荐你使用移动广告，你会试着去使用它	0.5%	12.0%	44.5%	31.0%	12.0%	100%

由表 3-11 对感知行为控制相关问题的调查结果可以看出，消费者反馈信息主要集中在 3（不同意也不反对）和 4（同意）上，其中 4 的占比更高。这说明人们非常看重在一项活动中自己是否占据主导地位。在移动广告层面，消费者关注自身是否能够自由决定对移动广告的接受、接受的时间、地点和内容等。

表 3-11　感知行为控制变量数据调查结果

题项	1	2	3	4	5	总计
手机是私密性产品，自己应该具有控制移动广告的权利，如是否接受广告内容等	1.5%	8.5%	38.5%	37.5%	14.0%	100%
能自由选择想要浏览的移动广告内容	1.5%	10.5%	27.0%	41.0%	20.0%	100%
移动广告发布的时间、地点十分重要，不希望自己在个人时间被打扰	2.0%	4.5%	30.5%	40.5%	22.5%	100%

从表 3-12 的用户态度数据统计可以看到，用户态度相关调查结果主要集中在 4（同意）以及 5（非常同意）两个选项上，其中 5 占绝大多数。这说明如今越来越多的人认识到移动广告的好处，对其态度也变得更为积极。

表 3-12　用户态度变量数据调查结果

题项	1	2	3	4	5	总计
使用移动广告服务是个好主意	3.5%	4.5%	24.5%	28.0%	39.5%	100%
我喜欢使用移动广告来收集信息	2.5%	9.0%	17.5%	27.5%	43.5%	100%
使用移动广告是一种令人愉快的体验	1.5%	8.5%	24.0%	26.5%	39.5%	100%
移动广告能够吸引我的注意	1.5%	6.0%	20.5%	26.0%	46.0%	100%
移动广告影响着我的购物行为	2.0%	8.0%	17.5%	27.5%	45.0%	100%

从表 3-13 的数据分析结果可以看到，对于使用意愿相关问题的调查，结果主要集中在 4（同意）以及 5（非常同意）两个选项上，其中 5 占比更多。虽然有的用户对移动广告的接收意愿不是很强烈，但是可以看到绝大多数已经在逐渐接受移动广告并且乐意去使用它。

表 3-13　使用意愿变量数据调查结果

题项	1	2	3	4	5	总计
我每天愿意接收不多于一个移动广告	3.0%	9.0%	20.0%	26.5%	41.5%	100%
我每天愿意接收两个及以上的移动广告	2.5%	13.5%	26.0%	26.5%	31.5%	100%
我可能在近期使用移动广告	1.5%	9.5%	16.0%	31.5%	41.5%	100%
只要有机会我就会使用移动广告	1.0%	9.0%	21.0%	27.0%	42.0%	100%

表 3-14 反映了移动广告用户的实际使用行为。数据显示，消费者对提问项的看法各有不同，大部分用户集中于 4（同意）和 5（非常同意），表明被调查样本对提问项的集中意见趋于正向肯定态度。然而，部分用户选择完全忽视，也有人选择点击阅读，说明当下用户对于移动广告态度的两极化，移动广告有待进一步发展。

表 3-14　实际行为变量数据调查结果

题项	1	2	3	4	5	总计
当收到移动广告时，我会完全忽视它	2.5%	5.0%	27.0%	29.5%	36.0%	100%
当收到移动广告时，我偶尔会打开看	0.5%	7.5%	27.0%	30.0%	35.0%	100%
在积累到一定量时，我会阅读它	1.0%	6.5%	26.5%	33.0%	33.0%	100%
当收到移动广告时，我会立即阅读它	1.0%	3.5%	28.0%	31.5%	36.0%	100%

从表 3-15 的数据分析结果可以看到，对于用户习惯相关问题的调查，结果主要集中在 3（不同意也不反对）以及 4（同意）两个选项上，其中 4 占比相对较大。这说明用户自身的习惯对用户在使用移动广告的实际行为上有很大的影响。

表 3-15　用户习惯变量数据调查结果

题项	1	2	3	4	5	总计
我使用移动广告已成为习惯	1.0%	8.5%	30.0%	40.0%	20.5%	100%
使用移动广告对我来说是很自然的事	0.0%	5.5%	21.5%	46.0%	27.0%	100%

3.5　模型拟合与假设检验

3.5.1　测量模型

PLS 对于测量模型中指标的测度是基于个别项目的信度、建构信度、收敛效度以及判别效度而进行的。当项目的因子载荷超过 0.7 时，就可以认为个别项目的信度是足够的。将本次收集到的问卷数据导入 WarpPLS 5.0 软件，得到测量模型交叉载荷系数如表 3-16 所示。

表 3-16 是测量模型的交叉载荷系数表，可以看出表中每个因子的载荷系数（即表中加括号的数据）都超过了 0.7，并且每个项目与其对应的测量项的相关系数高于其他潜变量的相关系数。因此可以认为表中的项目具有足够的信度。此外，表 3-17 显示了各项指标的因子载荷、Cronbach's α、CR、AVE 值。

由表 3-17 可以看出，CR 指标和 Cronbach's α 指标均大于 0.7，且 AVE 的值也都大于 0.5，数据说明本问卷的建构信度和收敛效度都符合条件。此外，判别效度如表 3-18 所示。

由表 3-18 可以看出，对角线上的 AVE 平方根全部大于因子间的相关系数，说明问卷的判别效度达到要求。至此，该问卷的信度和效度都符合要求，可以进行结构方程的拟合。

3.5.2　结构模型分析

首先要对模型的拟合程度进行分析，该步骤是为了检验理论模型与实际模型是否具有一致性。如果分析出的 APC（平均路径系数）以及 ARS（平均解释度）的 p 值均低于 0.05，且 AVIF（平均方差膨胀因子）低于 5，可以认为模型具有良好的拟合程度。表 3-19 为结构模型拟合结果。

表 3-16　测量模型的交叉载荷系数

	ENT	INF	CRE	PC	EXTR	INTR	ATT	INT	BEH	SN	PBC	HAB	HAB*INT
ENT1	(0.815)	0.015	0.119	–0.063	0.030	0.017	–0.065	–0.138	0.033	0.048	0.123	0.050	0.030
ENT2	(0.827)	0.001	–0.045	0.011	–0.039	–0.026	0.002	0.092	–0.012	–0.040	–0.086	–0.068	–0.055
ENT3	(0.802)	–0.017	–0.075	0.053	0.009	0.009	0.064	0.045	–0.021	–0.007	–0.036	0.020	0.027
INF1	0.005	(0.834)	0.018	0.008	0.017	0.017	–0.022	–0.043	0.044	–0.004	0.087	–0.055	0.108
INF2	–0.045	(0.827)	–0.053	0.087	0.020	–0.096	0.111	0.119	–0.097	0.020	–0.020	0.071	–0.063
INF3	0.038	(0.864)	0.033	–0.091	–0.036	0.076	–0.085	–0.072	0.050	–0.015	–0.064	–0.015	–0.043
CRE1	–0.085	0.050	(0.797)	–0.105	0.023	–0.027	–0.011	–0.140	0.092	0.027	–0.001	–0.030	0.040
CRE2	0.084	–0.050	(0.815)	0.006	0.028	0.085	–0.119	0.133	–0.064	0.048	–0.096	–0.006	0.028
CRE3	0.083	–0.057	(0.840)	0.028	–0.108	0.028	0.027	–0.029	–0.035	0.005	0.071	–0.008	–0.014
CRE4	0.053	–0.069	(0.807)	0.117	0.011	–0.045	0.176	–0.062	0.055	–0.041	0.003	0.061	–0.102
CRE5	–0.141	0.129	(0.807)	–0.048	0.050	–0.043	–0.074	0.097	–0.045	–0.040	0.020	–0.017	0.049
PC1	0.101	0.071	–0.045	(0.795)	–0.029	–0.051	0.042	–0.066	0.064	0.034	0.029	0.011	0.011
PC2	–0.048	–0.099	–0.063	(0.803)	–0.006	0.038	0.027	0.106	–0.027	–0.003	–0.031	0.042	0.033
PC3	–0.144	–0.049	0.077	(0.831)	0.032	–0.019	–0.084	0.023	0.019	–0.055	0.061	–0.033	–0.022
PC4	0.097	0.078	0.028	(0.809)	0.002	0.031	0.018	–0.064	–0.056	0.026	–0.060	–0.018	–0.021
EXTR1	–0.011	–0.013	0.015	–0.049	(0.825)	0.041	–0.028	–0.003	–0.141	0.001	0.138	0.050	–0.015
EXTR2	–0.010	–0.075	0.065	0.080	(0.794)	–0.042	–0.017	–0.071	0.019	–0.018	0.068	–0.027	–0.084
EXTR3	–0.010	0.121	–0.070	–0.030	(0.816)	–0.028	0.046	0.006	0.040	0.015	–0.076	0.039	0.051
EXTR4	0.029	–0.034	–0.008	0.002	(0.850)	0.027	–0.002	0.064	0.081	0.002	–0.125	–0.060	0.043

续表

	ENT	INF	CRE	PC	EXTR	INTR	ATT	INT	BEH	SN	PBC	HAB	HAB*INT
INTR1	0.055	−0.117	−0.040	−0.118	−0.018	（0.817）	−0.010	0.128	−0.092	0.014	−0.019	−0.108	0.065
INTR2	−0.039	0.047	0.040	−0.074	−0.107	（0.817）	−0.002	0.018	−0.033	−0.075	−0.065	0.109	−0.031
INTR3	−0.042	0.003	0.048	0.013	0.026	（0.881）	−0.038	−0.011	−0.005	0.025	0.013	0.010	−0.055
INTR4	0.028	0.064	−0.049	0.170	0.093	（0.853）	0.050	−0.128	0.125	0.033	0.067	−0.011	0.024
ATT1	0.032	−0.073	−0.080	0.062	−0.061	−0.091	（0.844）	−0.030	−0.031	−0.025	0.018	0.036	0.038
ATT2	−0.101	0.067	0.000	0.059	0.062	−0.054	（0.892）	−0.010	0.079	−0.113	−0.062	−0.069	−0.012
ATT3	−0.041	−0.026	0.009	−0.025	0.004	0.134	（0.894）	0.002	0.036	−0.010	−0.052	−0.011	−0.007
ATT4	−0.018	−0.036	0.024	−0.037	−0.012	−0.008	（0.893）	0.059	−0.073	0.082	0.056	0.030	0.030
ATT5	0.137	0.068	0.045	−0.059	0.005	0.016	（0.851）	−0.024	−0.014	0.068	0.043	0.017	−0.050
INT1	−0.039	−0.003	0.015	−0.016	0.048	−0.034	0.050	（0.901）	−0.029	0.067	−0.002	0.000	0.022
INT2	−0.017	−0.015	−0.067	0.008	−0.036	−0.028	0.081	（0.871）	−0.015	−0.003	0.042	−0.033	−0.017
INT3	0.077	−0.016	0.036	0.011	0.033	0.048	−0.078	（0.891）	0.051	0.026	0.032	−0.044	0.046
INT4	−0.020	0.033	0.015	−0.002	−0.046	0.013	−0.052	（0.903）	−0.007	−0.090	−0.070	0.074	−0.051
BEH1	−0.068	0.020	−0.017	−0.004	0.039	0.000	0.007	−0.005	（0.889）	−0.012	−0.008	−0.073	0.048
BEH2	−0.042	0.000	−0.062	−0.047	−0.035	0.003	0.035	−0.006	（0.866）	0.041	−0.055	0.047	−0.014
BEH3	0.064	0.032	0.113	−0.051	0.005	0.040	−0.149	0.018	（0.883）	0.003	0.065	0.033	−0.042
BEH4	0.047	−0.052	−0.036	0.102	−0.010	−0.044	0.110	−0.007	（0.870）	−0.031	−0.002	−0.006	0.008
SN1	0.031	−0.143	−0.083	0.083	0.034	0.043	0.141	0.079	−0.074	（0.757）	−0.006	0.005	−0.036
SN2	−0.033	0.112	0.122	−0.142	0.020	0.062	−0.202	0.090	−0.014	（0.807）	0.003	−0.011	−0.089
SN3	0.032	0.093	0.028	−0.034	0.036	−0.067	−0.109	−0.158	0.111	（0.799）	0.047	−0.031	0.166
SN4	−0.027	−0.068	−0.068	0.094	−0.085	−0.035	0.172	−0.008	−0.025	（0.835）	−0.043	0.035	−0.040

续表

	ENT	INF	CRE	PC	EXTR	INTR	ATT	INT	BEH	SN	PBC	HAB	HAB*INT
PBC1	0.089	0.087	–0.020	0.064	–0.077	0.104	0.004	–0.086	0.010	–0.072	（0.846）	0.033	–0.023
PBC2	–0.108	–0.015	0.021	–0.035	0.040	–0.115	–0.043	0.051	–0.001	0.114	（0.877）	–0.070	0.047
PBC3	0.023	–0.069	–0.002	–0.028	0.034	0.015	0.040	0.032	–0.009	–0.045	（0.864）	0.039	–0.025
HAB1	–0.009	0.038	0.018	0.028	–0.048	0.044	–0.026	0.002	–0.031	0.035	–0.024	（0.889）	–0.039
HAB2	0.009	–0.038	–0.018	–0.028	0.048	–0.044	0.026	–0.002	0.031	–0.035	0.024	（0.889）	0.039
HAB1*INT1	–0.110	0.005	0.076	–0.018	0.005	–0.020	0.038	–0.043	0.014	0.048	0.030	0.010	（0.828）
HAB1*INT2	–0.042	0.091	0.016	0.034	0.068	0.023	–0.068	–0.021	–0.032	–0.032	0.044	–0.066	（0.839）
HAB1*INT3	–0.110	–0.067	0.048	–0.051	0.043	0.037	0.079	–0.028	–0.037	0.003	0.002	–0.002	（0.838）
HAB1*INT4	0.031	–0.042	0.054	0.093	0.005	–0.045	0.074	–0.021	–0.071	–0.080	0.010	–0.047	（0.842）
HAB2*INT1	0.068	0.050	–0.037	–0.030	–0.062	–0.055	–0.123	–0.020	0.141	0.088	0.028	0.045	（0.825）
HAB2*INT2	–0.009	0.048	–0.052	0.015	0.001	0.028	0.005	0.003	–0.016	0.017	–0.022	–0.005	（0.833）
HAB2*INT3	0.073	–0.069	–0.071	–0.082	–0.006	0.047	0.031	0.043	0.000	0.013	–0.034	0.076	（0.820）
HAB2*INT4	0.099	–0.015	–0.035	0.035	–0.055	–0.014	–0.036	0.087	0.003	–0.054	–0.056	–0.008	（0.849）

表 3-17　测量指标的因子载荷、Cronbach's α、CR、AVE 值

潜变量	测量指标	CR	Cronbach's α	AVE	因子载荷
ENT	ENT1	0.856	0.747	0.664	0.815
	ENT2				0.827
	ENT3				0.802
INF	INF1	0.879	0.794	0.709	0.834
	INF2				0.827
	INF3				0.864
CRE	CRE1	0.907	0.872	0.661	0.797
	CRE2				0.815
	CRE3				0.840
	CRE4				0.807
	CRE5				0.807
PC	PC1	0.884	0.825	0.656	0.795
	PC2				0.803
	PC3				0.831
	PC4				0.809
EXTR	EXTR1	0.892	0.839	0.675	0.825
	EXTR2				0.794
	EXTR3				0.816
	EXTR4				0.850
INTR	INTR1	0.907	0.863	0.710	0.817
	INTR2				0.817
	INTR3				0.881
	INTR4				0.853
ATT	ATT1	0.942	0.923	0.766	0.844
	ATT2				0.892
	ATT3				0.894
	ATT4				0.893
	ATT5				0.851
INT	INT1	0.939	0.914	0.795	0.901
	INT2				0.871
	INT3				0.891
	INT4				0.903

续表

潜变量	测量指标	CR	Cronbach's α	AVE	因子载荷
BEH	BEH1	0.930	0.900	0.770	0.889
	BEH2				0.866
	BEH3				0.883
	BEH4				0.870
SN	SN1	0.876	0.812	0.640	0.757
	SN2				0.807
	SN3				0.799
	SN4				0.835
PBC	PBC1	0.897	0.827	0.743	0.846
	PBC2				0.877
	PBC3				0.864
HAB	HAB1	0.883	0.736	0.791	0.889
	HAB2				0.889

表 3-18　判别效度

	ENT	INF	CRE	PC	EXTR	INTR	ATT	INT	BEH	SN	PBC	HAB
ENT	（0.815）											
INF	0.260	（0.842）										
CRE	0.204	0.273	（0.813）									
PC	−0.273	−0.255	−0.152	（0.810）								
EXTR	0.302	0.267	0.241	−0.199	（0.822）							
INTR	0.245	0.125	0.110	−0.063	0.202	（0.842）						
ATT	0.478	0.399	0.461	−0.431	0.411	0.371	（0.875）					
INT	0.351	0.362	0.374	−0.257	0.335	0.273	0.642	（0.891）				
BEH	0.260	0.159	0.281	−0.197	0.214	0.216	0.422	0.549	（0.877）			
SN	0.202	0.088	0.215	−0.146	0.167	0.239	0.413	0.455	0.306	（0.800）		
PBC	0.165	0.169	0.085	−0.158	0.146	0.192	0.246	0.356	0.335	0.148	（0.862）	
HAB	0.020	−0.010	−0.008	−0.028	0.102	−0.019	0.003	0.013	0.093	0.014	−0.018	（0.889）

表 3-19　结构模型拟合结果

拟合度指标	结果
平均路径系数（APC）	APC=0.250, p<0.001
平均解释度（ARS）	ARS=0.488, p<0.001
平均方差膨胀因子（AVIF）	1.169

根据表 3-19 中的结果可知，APC 以及 ARS 均在 $p<0.001$ 的水平上显著，说明本章提出的理论模型拟合度较高。并且 AVIF 的值是小于 5 的，说明本章测量变量之间不存在严重的多重共线性关系。表 3-20 是结构模型分析结果。

表 3-20　结构模型分析结果

研究假设	路径系数 β	p 值	研究结论
H1：移动广告内容的娱乐性对于用户对移动广告的态度有显著的正向影响	0.19	$p\leqslant 0.01$	成立
H2：移动广告的资讯性对于用户对移动广告的态度有显著的正向影响	0.16	$p\leqslant 0.01$	成立
H3：移动广告的可信性对于用户对移动广告的态度有显著的正向影响	0.23	$p\leqslant 0.01$	成立
H4：用户的隐私关注对于用户对移动广告的态度有显著的负向影响	–0.23	$p\leqslant 0.01$	成立
H5：外部动机对于用户对移动广告的态度有显著的正向影响	0.15	$p\leqslant 0.05$	成立
H6：内部动机对于用户对移动广告的态度有显著的正向影响	0.19	$p\leqslant 0.01$	成立
H7：用户对移动广告的态度显著正向影响用户对移动广告的使用意愿	0.50	$p\leqslant 0.01$	成立
H8：用户对移动广告的使用意愿正向影响用户实际行为	0.55	$p\leqslant 0.01$	成立
H9：主观规范对于用户对移动广告的态度有显著的正向影响	0.23	$p\leqslant 0.01$	成立
H10：主观规范对于用户对移动广告的使用意愿有显著的正向影响	0.23	$p\leqslant 0.01$	成立
H11：感知行为控制对于用户对移动广告使用意愿有显著的正向影响	0.21	$p\leqslant 0.01$	成立
H12：用户习惯对使用意愿和实际行为之间的关系具有负向调节作用	–0.14	$p\leqslant 0.05$	成立

表中的 p 值代表显著性水平，β 为路径系数，它代表了自变量和因变量之间的关系强弱程度。

3.5.3　假设检验

1. 娱乐性

娱乐性是移动广告所表现出来的一种基本特征。由表 3-20 可知，娱乐性与用户态度之间的路径系数为 0.19（β=0.19），且该路径系数在 $p\leqslant 0.01$（p=0.003）的水平下显著，可以认为移动广告内容的娱乐性对用户移动广告态度有显著的正向影响。图 3-4 展示了移动广告娱乐性和用户态度之间的关系，可以看到两者之间的关系首先是非线性的，随着移动广告娱乐性的增加，用户对移动广告的好感度起初也在不断提升，之后增幅越来越小，在到达指标 1.67 前后，呈现下降的趋势。一般而言，最初人们对移动广告缺乏了解，对其的接受也一直处于被动状态，随着移动广告娱乐性的增加，人们渐渐地从中感受到了乐趣，满意度也在不断提升；但当移动广告所含的娱乐性突破了某一限度，甚至趋向于恶俗层次，处于大众可接受的范围之外，这时人们对移动广告的态度就会变得消极。以往学者的研究中大多只提到了广告的娱乐性对用户态度的积极作用，却忽略了过度娱乐化带来的弊端，而这一阶段恰恰是移动广告发展到特定阶段所必经的一个过程。考虑到我国当前移动广告在城镇地区的发展仍然处于初期不成熟的阶段，各方面有待完善，因此，可以认为，移动广告内容的娱乐性对于用户对移动广告的态度是有显著的正向影响。

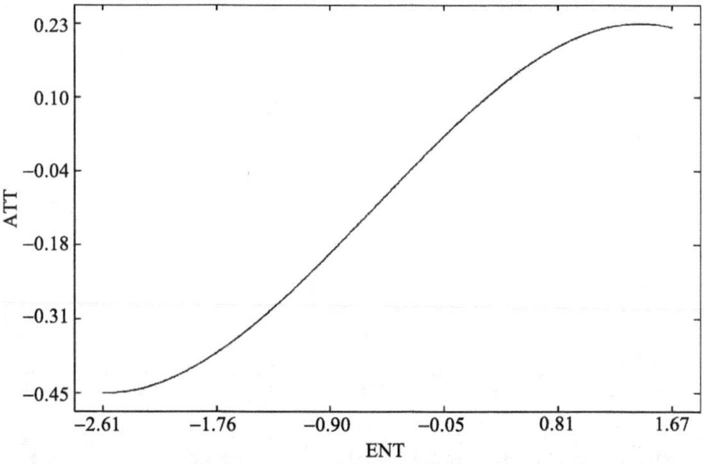

图 3-4　移动广告的娱乐性（ENT）与用户态度（ATT）关系图

2. 资讯性

资讯性是指移动广告有效地提供相关信息的能力。由表 3-20 可以看到，移动广告资讯性对用户态度的作用路径系数为 0.16（β=0.16），并且该路径系数在 $p\leqslant0.01$ 的水平下显著，所以可认为移动广告的资讯性对用户态度具有显著的正向影响，且其在影响用户态度的三种特征因素（娱乐性、资讯性、可信性）中正向作用是最小的。

图 3-5 描述了移动广告的资讯性与用户态度之间的非线性关系。由图 3-5 可知，在前期（–2.66～–0.91）时，资讯性对用户态度的正向影响比较明显，随着移动广告的资讯性逐渐增加，用户态度显著提升。移动广告的出现创新性地增加了人们获取信息的途径，人们可以借由移动广告轻而易举地了解到相关信息，因此相应地人们对移动广告的态度是趋向积极的一面；但当到了一定时期（–0.91～0.84）时，两者的关系相对平稳，资讯性对用户态度的影响不是特别显著，这是信息过度导致的这种现象。随着移动广告的发展逐渐步入正轨，为了争夺有限的市场份额，广告商们往往会选择对用户进行信息的狂轰滥炸，广告提供的资讯一旦超出了用户的需求，用户态度就不会随着资讯的增加而显著提升，这与 Cho（2004）所提出的观点是一致的；到了后期，资讯性对用户态度的正向影响又显著

增强，这是广告市场得到规范整治的结果，广告商充分认识到了提供基于用户需求的信息的重要性，因此随着移动广告资讯性的增加，用户的态度也往正向发展。整体而言，移动广告的资讯性对用户态度有显著正向影响。

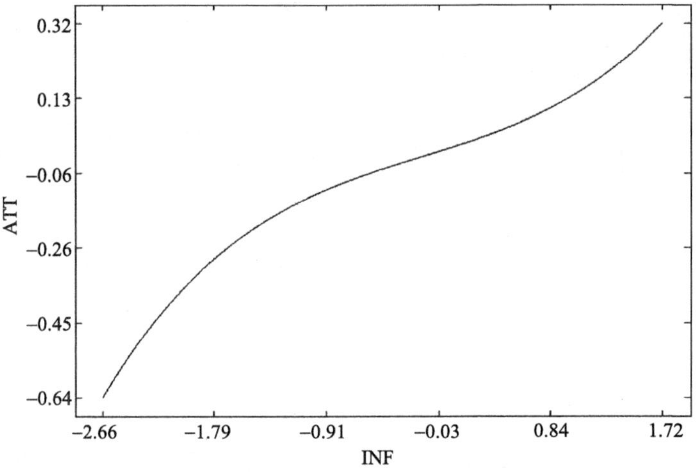

图 3-5　移动广告的资讯性（INF）与用户态度（ATT）关系图

3. 可信性

可信性是指用户所感知到的移动广告的可信程度。由表 3-20 可知，移动广告的可信性对用户的影响是最大的，该条路径系数达到了 0.23（β=0.23），并且在 $p \leqslant 0.01$ 的水平下显著，由此可认为移动广告的可信性对于用户对移动广告的态度有显著的正向影响。此外，图 3-6 显示移动广告的可信性与用户态度之间的非线性关系。与其他影响因素相同的是，移动广告的可信性与用户态度之间的关系也是非线性的，不同的是该条曲线呈现不断上升的趋势，并没有明显接近于平稳或减弱的迹象，这说明当前用户在面对移动广告时非常看重其是否具有可信性，可信性在所有影响用户态度的因素中有相当大的权重。这种可信性可从多个方面来衡量，如广告来源、广告主的知名度等。只有当用户认为移动广告是值得信赖的而不是虚假宣传时才有可能引发后续的涉入及消费决策；反之当用户认为移动广告的可信度较低时，他往往会选择忽略该广告。整体而言，移动广告的可信性对移动广告用户态度有显著的正向影响。

4. 隐私关注

隐私关注即用户对移动广告中涉及的个人隐私的关注程度。由表 3-20 可知，隐私关注对用户态度的作用路径系数为–0.23（β=–0.23），这说明该变量对用户态度的影响首先是负向的，并且由于 $p \leqslant 0.01$，所以可认为用户的隐私关注对于用户对移动广告的态度有显著的负向影响。

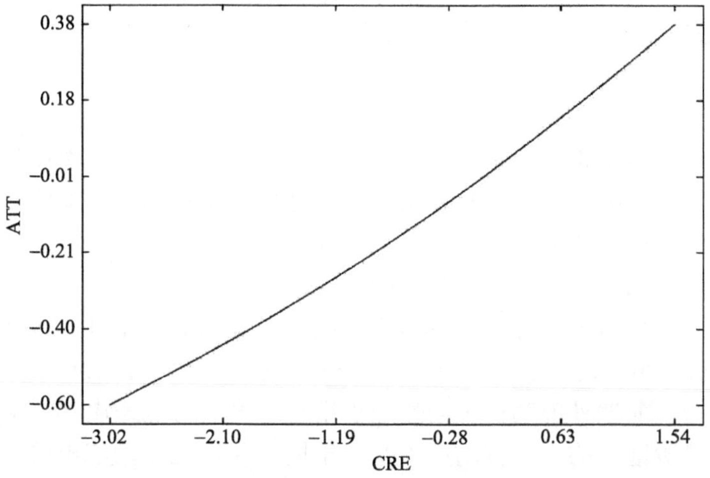

图 3-6　移动广告的可信性（CRE）与用户态度（ATT）关系图

图 3-7 显示隐私关注和用户态度两个潜变量之间存在着非线性关系，并且曲线呈现不断下降的趋势。这说明随着用户对隐私的关注程度越高，其对移动广告的态度越趋向于保守。一方面，随着生活水平的提高，用户能选择的学习通道也增多了，行为趋向理性，也更关注个人隐私。在这种对隐私高度关注的前提下，

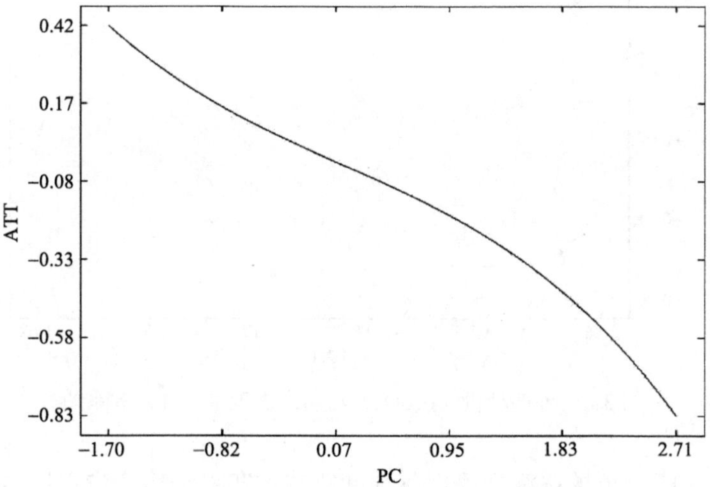

图 3-7　隐私关注（PC）与用户态度（ATT）关系图

用户对移动广告的态度显然会趋于保守。另一方面，出于对未知风险（如财务风险、信息泄露风险等）的考虑，他们往往会拒绝向广告商提供个人信息，更不会接受并使用移动广告。总体而言，用户的隐私关注对于用户对移动广告的态度有显著的负向影响。

5. 外部动机

所谓外部动机是指不是由活动本身引起而是由与活动没有内在联系的外部刺激或原因诱发出来的动机。由表 3-20 可知，外部动机对用户态度的作用路径系数为 0.15（β=0.15），并且在 $p\leqslant 0.05$（p=0.016）的水平下显著，因此外部动机对于用户对移动广告的态度有显著的正向影响。

此外，图 3-8 显示外部动机和用户态度两者之间的关系是非线性的。随着外部动机的增强，用户态度首先呈现一个减弱的过程，在经过–1.97 后，曲线才有明显的上升趋势。前期外部动机负向作用于用户态度，可能是由起初用户对移动广告的了解有限所造成的。在移动广告发展早期，人们对移动广告缺乏了解，加之绝大多数移动广告商广告投放没有针对性，甚至无节制地发送垃圾广告给消费者，导致其对移动广告的误会很深。在这种情况下，即使广告商承诺给消费者丰厚的物质奖励作为回报，那也只会获得用户的反感。

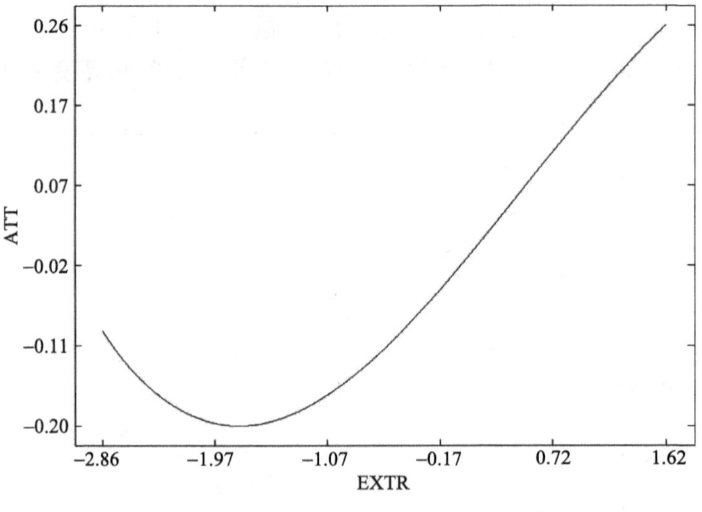

图 3-8　外部动机（EXTR）与用户态度（ATT）关系图

随着移动广告市场逐渐规范，各种创新技术在移动广告中得以运用，以定位技术为例，当消费者外出购物时，商家如果能够利用基于时间、位置等定位技术来为其提供及时且具有针对性的优惠信息的话，那么消费者就可以因此节约更多的时间和金钱。消费者在这之中切切实实地感受到了移动广告所带来的好处，从而会慢慢接受并且去使用移动广告。总体而言，消费者外部动机对用户使用态度有显著的正向影响。这恰恰验证了我国学者傅胜蓝（2015）的观点。

6. 内部动机

消费者内部动机是指消费者采取某种行为不是为了物质奖励等好处，而是为了追求行为的乐趣或者挑战。由表 3-20 可知，内部动机对用户态度的作用路径系数为 0.19（β=0.19），并且该路径系数在 $p\leqslant 0.01$（p=0.003）的水平下显著。此外，图 3-9 显示内部动机和用户态度两个变量之间是非线性关系。该曲线呈现不断上升的趋势，没有明显接近平稳或减弱的迹象。

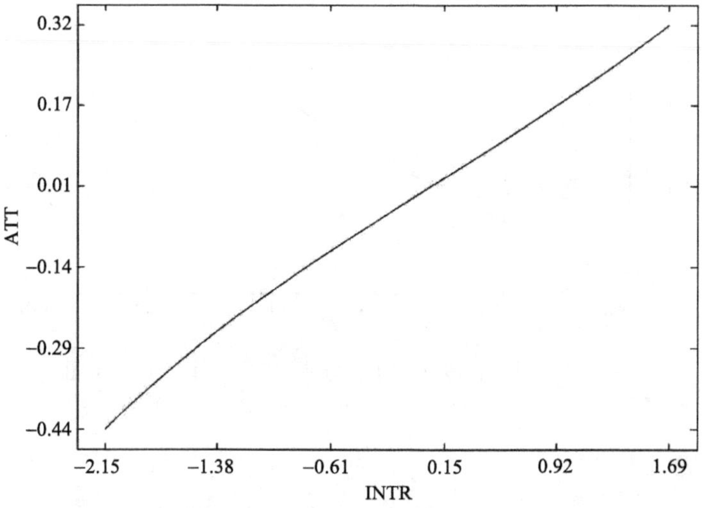

图 3-9　内部动机（INTR）与用户态度（ATT）关系图

随着内部动机的逐渐增强，用户态度也会相应地往积极的一方发展。一方面，消费者向来有着猎奇心理，对于创新型的消费者来说，当收到移动广告时，在自身好奇心的驱动下，往往更可能会接受并且去使用该广告，且这种意愿随着好奇心的增强而变得更加强烈，这类特征在年轻群体中尤为明显。另一方面，当消费者预期参与该移动广告活动能够给自己带来内在的享受与愉悦感，那么他也会对移动广告表示认同，两者的结合很好地佐证了内部动机对用户态度的影响。相关广告商可以从用户心理出发来制定自己的营销策略，从而扩大产品的市场份额。

7. 用户态度

由表 3-20 可知，用户态度与使用意愿之间的路径系数为 0.5（β=0.5），且该路径系数在 $p \leqslant 0.01$ 的水平下显著。此外，图 3-10 显示用户态度与使用意愿之间的关系是非线性的，随着用户态度的逐渐增强，用户对移动广告的使用意愿也在不断增加，且这种正向影响的作用越来越明显。

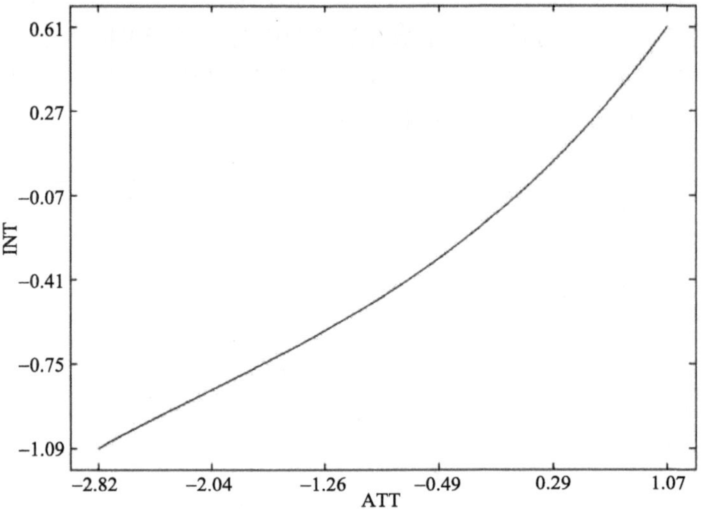

图 3-10　用户态度（ATT）与使用意愿（INT）关系图

8. 使用意愿

使用意愿在这里指的是用户愿意使用移动广告的程度。由表 3-20 可知，使用意愿与实际行为之间的路径系数为 0.55（β=0.55），且该路径系数在 $p \leqslant 0.01$ 的水平下显著，由此可认为用户对移动广告的使用意愿是能很好地预测用户实际使用行为的。此外，图 3-11 显示消费者移动广告使用意愿与实际行为之间呈现正向非线性结构关系。由图 3-11 可以看到，移动广告用户前期对移动广告的使用意愿对实际行为的影响比较显著；当到达−1.21～0.34 这个阶段时，两者的关系趋于平稳，这说明当使用意愿达到某个水平以后，用户的实际行为受使用意愿的影响就不太显著，这可能是受某些调节因素的影响；当过了这个阶段，两者关系又呈现递增趋势。整体而言，移动广告用户的使用意愿正向影响消费者实际使用行为。

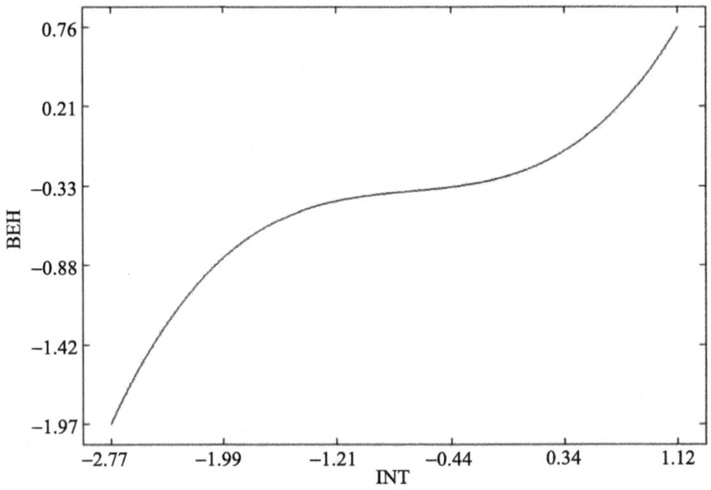

图 3-11　使用意愿（INT）与实际行为（BEH）关系图

9. 主观规范

主观规范是指个人在做决策的过程中所感受到的来自朋友、家人、工作环境及同事等的社会压力。由表 3-20 所示，主观规范和用户态度、使用意愿两者之间的路径系数相同，都为 0.23（β=0.23），这说明该因素对两个潜变量具有同等的正向影响，且两条路径系数都在 $p\leqslant 0.01$ 的水平下显著。

此外，图 3-12 和图 3-13 分别显示主观规范与用户态度和使用意愿之间的非线性结构关系。由图可以看出，在–2.91～–1.91 这个阶段，随着消费者主观规范的增强，用户态度和使用意愿都处于一个不断下降的过程；在经过–1.91 这个最低点之后，曲线又呈递增趋势。初期，主观规范负向作用于用户对移动广告的态度和使用意愿可能是由个体特性所造成的。作为一个独立的个体，人们往往趋向于凭借自己的想法做出独立决策，所以在前期，主观规范的影响反而是负向的，这是用户必经的对移动广告逐渐理解的一个过程。当用户身边的亲戚、朋友等对移动广告的态度逐渐形成一个规模效应的时候，这种负向作用的状态就会改变，例如，多个个体对某移动广告的推荐往往会使用户对移动广告产生积极的态度和使用意愿；反之这些个体对移动广告的贬低也会使用户对其产生消极的态度并且降低使用意愿。整体来说，数据拟合结果表明，针对移动金融领域中对主观规范的研究在移动广告使用行为研究中也具有普适性，即消费者主观规范对用户的移动广告态度以及使用意愿都有显著的正向影响。

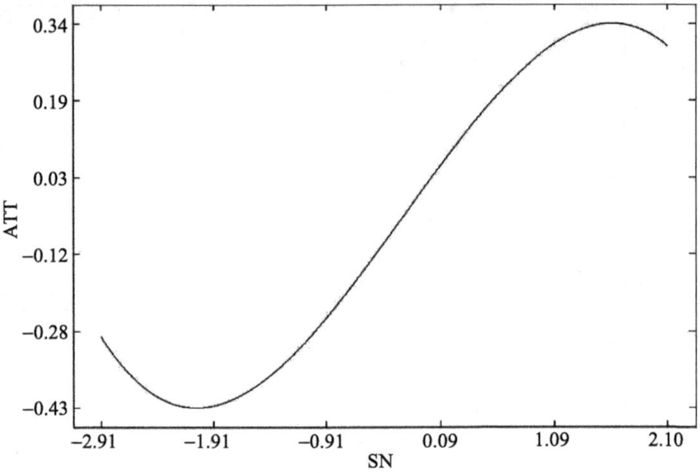

图 3-12　主观规范（SN）与用户态度（ATT）关系图

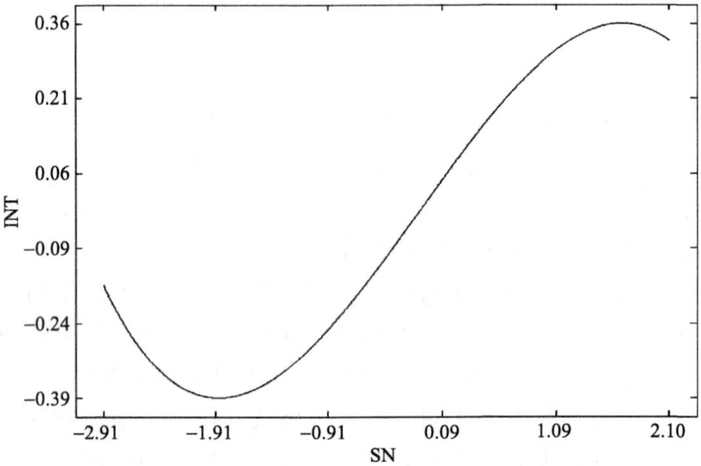

图 3-13　主观规范（SN）与使用意愿（INT）关系图

10. 感知行为控制

感知行为控制是指用户能够拥有自主选择是否接收广告、广告内容、广告发布的时间以及地点等的权利。如表 3-20 所示，感知行为控制与使用意愿间的路径系数为 0.21（β=0.21），且该路径系数在 $p\leqslant 0.01$（p=0.001）水平下显著，由此可认为感知行为控制对用户移动广告使用意愿有显著的正向影响。

图 3-14 描述了用户的感知行为控制与使用意愿之间的非线性关系，前者对后者的正向影响呈现不断增强的趋势。当用户在整个过程中能够自主选择是否接收

广告、广告内容、广告发布的时间以及地点等信息，而不是被动地去妥协时，他往往会更乐意去使用移动广告。可以看出，实证结果与计划行为理论的观点是一致的。当消费者对使用行为的感知控制越强时，他们采取某项特定行为的意愿也会越强。如今越来越多的用户希望成为信息的主动创造者而非被动接受者，他们非常看重自己在整个服务中是否处于主导地位，因此移动运营商可以通过深度激发用户参与感来提高用户的黏性，从而扩大产品市场份额。

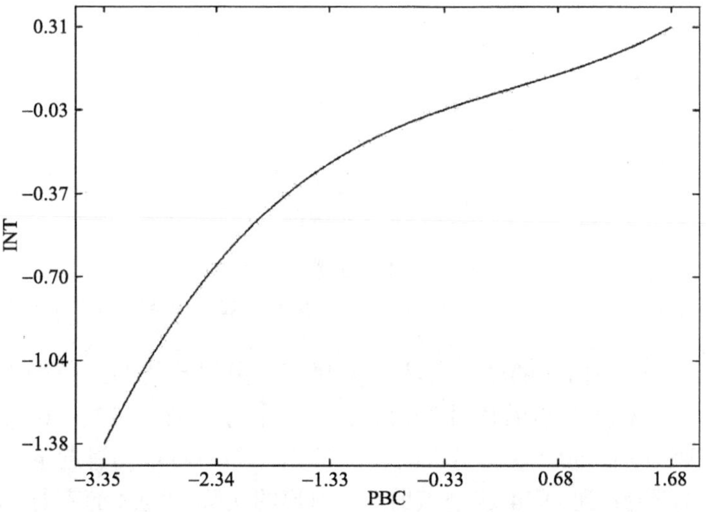

图 3-14 感知行为控制（PBC）与使用意愿（INT）关系图

11. 用户习惯的调节效应

国内外对习惯的调节作用的研究非常有限，虽然 Limayem 等（2007）曾将用户习惯用来研究信息系统持续使用模型，我国研究者曹欢欢等（2015）也在对社交网络的研究中运用到了这一变量，但是在移动广告层面几乎没有对其进行分析。由表 3-20 可知，用户习惯的调节路径系数为–0.14（β=–0.14），且该路径系数在 $p \leqslant 0.05$（p=0.02）上显著，由此可认为用户习惯在使用意愿和实际行为之间起负向调节作用。此外，图 3-15 展示了用户习惯对用户使用意愿与消费者实际行为之间关系的调节效应。当用户处于低水平习惯时，在前期（–2.77～–1.21），伴随着行为意愿的增加，用户的实际行为也呈现增强的效果；到–1.21～–0.44 这个区间的时候，两个变量处于一种相对稳定的状态；当过了–0.44 时，用户的实际行为又随着使用意愿的增强而增强。

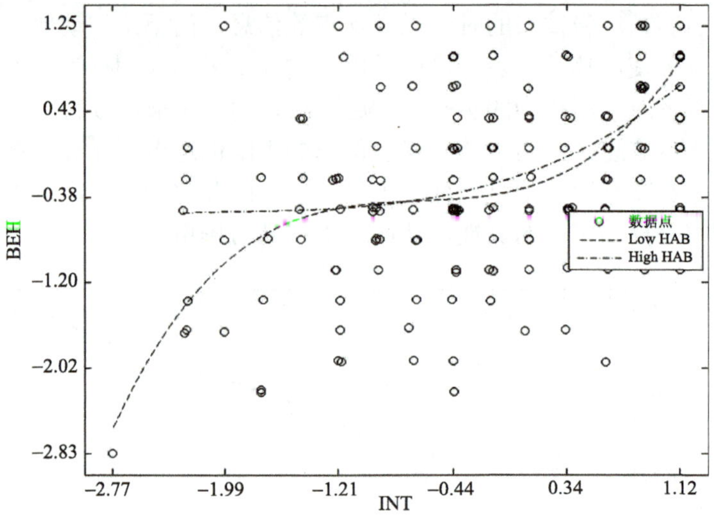

图 3-15　用户习惯的调节效应

INT. 使用意愿；BEH. 实际行为；Low HAB. 低水平习惯；High HAB. 高水平习惯

总体来说，整条曲线的波动较大，是呈正向发展趋势的。而当用户处于高水平习惯时，由图 3-15 可以看出曲线总体的波动较小，在–2.77～–0.44 这个阶段，曲线处于一种很平稳的状态，用户的实际行为并不随着行为意愿的增强而增强，而是基本保持不变；到–0.44 这个点前后，用户的实际行为才随着行为意愿的增强而有一定程度的提升。上述差异是由习惯的负向调节作用所导致的，也就是说当用户对移动广告的实际行为受到某种特定习惯的影响，此时使用意愿对实际行为的正向作用就减弱了。

3.6　结论与建议

3.6.1　研究结论

本次研究首先通过查阅大量文献资料梳理了当下国内外学者在移动商务领域的相关理论，进而结合移动广告这一研究主题提出了适合本章的用户移动广告使用行为模型。在该模型下对影响用户移动广告使用动机等因素进行了研究，提出了相关假设，并且引入了用户习惯作为调节变量来补充分析，得出了以下几点结论：

（1）用户对移动广告的态度受到移动广告自身的娱乐性、资讯性以及可信性的影响，在这三者中，可信性（β=0.23，p<0.001）的正向影响程度最大，其次是娱乐性（β=0.19，p=0.003），资讯性（β=0.16，p<0.01）的正向影响程度最小。分

析结果表明，当移动广告的可信度提升，并且其能够提供娱乐化且对用户切身实用的信息时，用户对其的态度将趋于正向。

（2）用户对隐私的关注程度决定了其对移动广告的态度。对个人隐私高度关注的用户对移动广告往往呈现拒绝态度，不会轻易接受并使用它，即隐私关注（β=–0.23，p<0.001）显著负向影响用户态度。

（3）外部动机（β=0.15，p=0.016）和内部动机（β=0.19，p=0.003）显著正向影响用户对移动广告的态度。在理性层面，用户能够真切感受到移动广告为其带来的价值；在感性层面，使用移动广告能够为其带来乐趣。当移动广告能够从这两个层面激发用户的行为动机，那么用户很容易对移动广告产生积极的态度。

（4）在影响用户使用意愿的所有因素中，用户态度（β=0.5，p<0.001）对其的影响是最为显著的，而使用意愿（β=0.55，p<0.001）又能很好地预测用户的实际行为。通过分析可知消费者主观规范、感知行为控制对用户态度以及使用意愿也有着一定的正向影响。

（5）用户习惯（β=–0.14，p=0.02）在用户使用意愿与实际行为之间具有显著的负向调节作用。当用户的实际行为很大程度上依赖于以往习惯时，使用意愿对实际行为的正向影响作用就会减弱。

3.6.2　对策与建议

根据以上研究结论和启示，为了进一步推动移动广告系统在城镇地区的发展，提高用户对移动广告系统的持续使用行为，提出以下几点建议。

（1）政府部门、平台企业和消费者自身要积极相互协作。例如，政府部门可通过给予移动运营商、广告提供商补贴等财税政策推动其开发符合城镇居民需求的移动广告内容，加强宣传力度；移动广告运营商设计移动广告营销策略时，需充分考虑移动广告推送内容的定制性、情境性和及时性，从而降低消费者对广告推送信息的感知风险和干扰。只有真正做到在正确的时间和地点，把正确的信息传播给需要的消费者，企业才能吸引消费者，并快速拓展市场份额。此外，城镇居民也要自觉提高应用现代信息技术的素质和能力。

（2）移动广告运营商可以通过生动形象的图片和诙谐的广告语等方式来达到宣扬产品的目的。移动广告运营商需关注早期消费者，在移动广告设计过程中需注重广告的创新性和娱乐性，巧妙地将产品、服务、营销活动等融入广告之中，坚持真实原则的同时加上一些感性的刺激。例如，段子式广告就是一种很成功的新型广告形式，更容易吸引消费者的注意，为疲于工作的消费者带来情感上的消遣。

（3）移动广告服务商要注重消费者移动广告使用习惯的培养。对移动广告服务的活跃消费者，广告服务商可以提供相应的奖励以激励他们持续使用，培养消费习惯，并且完善广告服务内容，构建竞争优势，以增强消费者黏性。

参 考 文 献

曹欢欢, 姜锦虎, 胡立斌, 2015. 社交网络持续使用: 从众行为和习惯调节作用[J]. 华东经济管理, 29(4): 156-162.

傅胜蓝, 2015. 消费者对移动广告态度的实证研究 [D]. 合肥: 中国科学技术大学.

郭少丹, 2018. 视觉、信息、情感: 插画类 H5 移动广告的体验价值[J]. 齐齐哈尔大学学报(哲学社会科学版), (12): 137-140+148.

罗宾斯, 库尔特, 2004. 管理学[M]. 7 版. 孙健敏, 等译. 北京: 中国人民大学出版社.

马小龙, 方红尹, 金颖, 2021. 基于 UTAUT 的移动社交平台互联网广告用户采纳影响因素研究[J]. 集宁师范学院学报, 43(5): 78-82.

沈祥, 2008. 国内用户使用移动广告行为意向的实证研究[D]. 合肥: 中国科学技术大学.

汪涛, 吴得远, 崔楠, 2019. 移动广告内容特征对消费者态度的影响——基于 Meta 分析[J]. 营销科学学报, 15(4): 107-127.

王麒, 2021. 移动广告浏览姿势对消费者购买意愿的影响研究[D]. 哈尔滨: 哈尔滨工业大学.

魏红硕, 2014. 移动互联网用户隐私关注与采纳行为研究[D]. 北京: 北京邮电大学.

肖爽, 2014. 用户对移动广告的态度模型及实证研究[J]. 武汉理工大学学报(信息与管理工程版), 36(2): 237-241.

张朋柱, 王钰莹, 2020. 智能健康设备的间歇性中止行为影响因素实证研究[J]. 信息系统学报, (1): 13-25.

周欣燕, 2012. 基于技术接受模型的移动电子商务使用意愿实证研究 [D]. 广州: 华南理工大学.

Adekannbi J O, Abiokuta E, 2020. Determinants of response to intrusive advertisement on mobile applications by undergraduate students [J]. International Journal of Interactive Communication Systems and Technologies, 10(2) : 26-38.

Ajzen I, 1991. The theory of planned behavior, organizational behavior and human decision processes [J]. Journal of Leisure Research, 50(2): 179-211.

Almossawi M, 2014. Effectiveness of SMS advertising (a study of young customers in Bahrain)[J]. Global Journal of Management and Business Research, 14(4): 45-59.

Alwreikat A, Rjoub H, 2020. Impact of mobile advertising wearout on consumer irritation, perceived intrusiveness, engagement and loyalty: A partial least squares structural equation modelling analysis [J]. South African Journal of Business Management, 51(1): 1-11.

Blanco C F, Blasco M G, Azorín I I, 2010. Entertainment and informativeness as precursory factors of successful mobile advertising messages [J]. Communications of the IBIMA, 130147.

Boateng H, Okoe A F, Omane A B, 2016. Does personal innovativeness moderate the effect of irritation on consumers' attitudes towards mobile advertising? [J]. Journal of Direct, Data and Digital Marketing Practice, 17(3): 201-210.

Brackett L K, Carr B N, 2001. Cyberspace advertising vs. other media: Consumer vs. mature student attitudes [J]. Journal of Advertising Research, 41(5): 23-32.

Carlson G N, Pelletier F J, 1995. The Generic Book [M]. Chicago: University of Chicago Press.

Cho C H, 2004. Why do people avoid advertising on the internet? [J]. Journal of Advertising, 33(4): 89-97.

Choi S M, Rifon N J, 2002. Antecedents and consequences of web advertising credibility [J]. Journal of Interactive Advertising, 3(1): 12-24.

Cialdini R B, Petty R E, Cacioppo J T, 1981. Attitude and attitude change [J]. Annual Review of Psychology, 32(1): 357-404.

Cosmo L M, Piper L, Vittorio A, 2021. The role of attitude toward chatbots and privacy concern on the relationship between attitude toward mobile advertising and behavioral intent to use chatbots [J]. Italian Journal of Marketing, (1): 83-102.

Daştan İ, Gürler C, 2016. Factors affecting the adoption of mobile payment systems: An empirical analysis [J]. Emerging Markets Journal, 6(1): 17-24.

Durvasula S, Andrews J C, Lysonski S, et al., 1993. Assessing the cross-national applicability of consumer behavior models: A model of attitude toward advertising in general [J]. Journal of Consumer Research, 19(4): 626-636.

Dutta-Bergman M J, 2006. Community participation and internet use after September 11: Complementarity in channel consumption [J]. Journal of Computer - Mediated Communication, 11(2): 469-484.

Feng X, Fu S, Qin J, 2016. Determinants of consumers' attitudes toward mobile advertising: The mediating roles of intrinsic and extrinsic motivations [J]. Computers in Human Behavior, 63(10): 334-341.

Fishbein M, Ajzen I, 1975. Belief, Attitude, Intention and Behaviour: An Introduction to Theory and Research[M]. Reading MA: Addison-Wesley.

Ganesh R, Fattakhova L, 2021. Consumer attitude of ‘Y’ generation towards mobile advertising in Kuala Lumpur, Malaysia [J]. International Journal of Electronic Business, 16(2): 186-209.

Goldsmith R E, Lafferty B A, Newell S J, 2000. The impact of corporate credibility and celebrity credibility on consumer reaction to advertisements and brands [J]. Journal of Advertising, 29(3): 43-54.

Harrison D A, Mykytyn P P, Riemenschneider C K, 1997. Executive decisions about adoption of information technology in small business: Theory and empirical tests [J]. Information Systems Research, 8(2): 107-211.

Hsu M, Chang C, Chuang L, 2015. Understanding the determinants of online repeat purchase intention and moderating role of habit: The case of online group-buying in Taiwan [J]. International Journal of Information Management, 35(1): 45-56.

Hui S K, Inman J J, Huang Y, et al., 2013. The effect of in-store travel distance on unplanned spending: Applications to mobile promotion strategies [J]. Journal of Marketing, 77(2): 1-16.

Iqbal M H, Charles J, Robin P, et al., 2021. A meta-analytic review of mobile advertising research [J]. Journal of Business Research, 136: 33-51.

Irfan H, 2012. Prioritization of factors affecting consumer attitude towards mobile advertisement: A study of Pakistani youth [J]. International Journal of Science and Research, 3(5): 751-758.

Jelassi T, Enders A, 2004. Leveraging wireless technology for mobile advertising [C]// Proceedings of the 13th European Conference on Information Systems, the European IS Profession in the Global Networking Environment, Turku, Finland, 836-846.

Jung A, 2017. The influence of perceived ad relevance on social media advertising: An empirical examination of a mediating role of privacy concern [J]. Computers in Human Behavior, 70: 303-309.

Kurtz O T, Wirtz B W, Langer P F, 2021. An empirical analysis of location-based mobile advertising — determinants, success factors, and moderating effects [J]. Journal of Interactive Marketing, 54: 69-85.

Laufer R S, Wolfe M, 1977. Privacy as a concept and a social issue: A multidimensional developmental theory [J]. Journal of Social Issues, 33(3): 22-42.

Le C X, Wang H, 2020. Integrative perceived values influencing consumers' attitude and behavioral responses toward mobile location-based advertising: An empirical study in Vietnam[J]. Asia Pacific Journal of Marketing and Logistics, 33(1): 275-295.

Lee H, Fiore A M, Kim J, 2006. The role of the technology acceptance model in explaining effects of image interactivity technology on consumer responses [J]. International Journal of Retail & Distribution Management, 34(8): 621-644.

Limayem M, Hirt S G, Cheung C M K, 2007. How habit limits the predictive power of intention: The case of information systems continuance [J]. MIS Quarterly, 31(4): 705-737.

Lin T T C, Paragas F, Goh D, et al., 2016. Developing location-based mobile advertising in Singapore: A socio-technical perspective [J]. Technological Forecasting and Social Change, 103: 334-349.

Liu F, Kanso A, Zhang Y, et al., 2019. Culture, perceived value, and advertising acceptance: A cross-cultural study on mobile advertising[J]. Journal of Promotion Management, 25(7): 1028-1058.

Lu C C, Wu I L, Hsiao W H, 2019. Developing customer product loyalty through mobile advertising: Affective and cognitive perspectives [J]. International Journal of Information Management, 47(8): 101-111.

Nasution R A, Arnita D, Azzahra D F, 2021a. Digital readiness and acceptance of mobile advertising[J]. Australasian Marketing Journal (AMJ), 29(1): 95-103.

Nasution R A, Arnita D, Aghniadi N A, 2021b. The acceptance of mobile advertising: A social or personal matter?[J]. International Journal of Internet Marketing and Advertising, 15(1): 84-103.

Noguti V, Waller D S, 2020. Motivations to use social media: Effects on the perceived informativeness, entertainment, and intrusiveness of paid mobile advertising [J]. Journal of Marketing Management, 36(3): 1-29.

Petronio S, 2002. Boundaries of Privacy: Dialectics of Disclosure [M]. New York: State University of New York Press.

Razzaque M A, 2014. Attitude toward advertising: An exploratory study of the new generation consumers in bangladesh [M]. Switzerland: Springer International.

Salem M, 2016. Factors affecting consumer attitudes, intentions and behaviors toward SMS advertising in Palestine [J]. Indian Journal of Science & Technology, 9(4): 974-980.

Sigurdsson V, Menon R G V, Hallgrímsson A G, et al., 2017. Factors affecting attitudes and behavioral intentions toward in-app mobile advertisements [J]. Journal of Promotion Management, (3): 1-21.

Soroa-Koury S, Yang K, 2010. Factors affecting consumers' responses to mobile advertising from a social norm theoretical perspective [J]. Telematics and Informatics, 27(1): 103-113.

Stewart K A, Segars A H, 2002. An empirical examination of the concern for information privacy instrument [J]. Information Systems Research, 13(1): 36-49.

Taylor S, Todd P A, 1995. Understanding information technology usage: A test of competing models [J]. Information Systems Research, 6(2): 144-176.

Tsang M M, Ho S, Liang T, 2004. Consumer attitudes toward mobile advertising: An empirical study [J]. International Journal of Electronic Commerce, 8(3): 65-78.

Verplanken B, Aarts H, 1999. Habit, attitude, and planned behavior: Is habit an empty construct or an interesting case of goal-directed automaticity? [J]. European Review of Social Psychology, 10(1): 101-134.

Wang G, Tan G W, Yuan Y, et al., 2022. Revisiting TAM2 in behavioral targeting advertising: A deep learning-based dual-stage SEM-ANN analysis [J]. Technological Forecasting and Social Change, 175: 121345.

Wei X L, Ko I, Pearce A, 2021. Does perceived advertising value alleviate advertising avoidance in mobile social media? Exploring its moderated mediation effects [J]. Sustainability, 14(1): 253.

Wiedemann D G, Haunstetter T, Pousttchi K, 2008. Analyzing the basic elements of mobile viral marketing-an empirical study [C]//IEEE International Conference on Mobile Business, 75-85.

Wong M M T, Tang E P Y, 2008. Consumers attitudes towards mobile advertising: The role of permission [J]. Review of Business Research, 8(3): 181-187.

Xu D J J, 2006. The influence of personalization in affecting consumer attitudes toward mobile advertising in China [J]. Journal of Computer Information Systems, 47(2): 9-19.

第 4 章　城镇居民移动健康系统使用行为研究

移动医疗服务是一种新型的医疗保健模式，是一种以电子技术方式将健康资源和护理加以转化的服务。移动健康系统主要使用短信息、视频、语音、图片传递和移动健康管理类 APP 为患者提供健康管理服务以及相关的信息，进而对医疗和公共卫生服务提供支持。目前移动健康系统主要应用于患者沟通、监测与教育、临床诊断、服务改善、治疗依从性提高以及慢性病系统等方面。移动健康管理技术具有移动性、即时访问性和直接通信特性。然而，在当前的国内市场中，对移动医疗服务的采纳率和接受度相对较低。虽然关于移动医疗服务的研究受到了国内外学者越来越多的关注，但主要集中在对其概念、服务以及设计等方面的探究，研究成果较为零散，欠缺一个较为系统的、完整的研究体系。因此，促使居民使用移动健康系统成为推行移动健康系统最需要解决的问题，深入研究江苏城镇居民使用移动健康系统的影响因素，可为政府和企业供应商推广移动健康系统提供可靠依据。

4.1　移动健康国内外研究现状

国外对移动健康研究较早，Venkatesh 等（2012）基于拓展的整合技术接受模型分析了用户对电子病历系统的接受程度，研究发现绩效期望、努力期望、社会影响、促成因素等对用户的使用意愿有显著的正向影响。Handayani 等（2021）从用户技术准备度视角探索印度尼西亚移动健康应用使用行为，研究结果认为技术准备度和动机准备度显著影响用户移动健康准备度。Maiga 和 Namagembe（2014）研究了医护人员对移动医疗技术接受度，研究发现绩效期望、努力期望等对医护人员使用移动医疗技术使用意愿有显著影响。Yan 等（2021）从社会因素和个体因素两个视角构建了健康 APP 持续使用模型，研究认为用户健康意识正向调节感知有用性和用户满意度之间的关系，但却弱化了感知易用性对用户满意度的影响。Cajita 等（2017）研究了影响老年心力衰竭患者使用移动医疗技术意愿的因素，调查了 129 名心力衰竭患者，结果发现社会影响、感知易用性和感知有用性显著影响移动健康使用意愿。Hussein 等（2017）研究了消费者使用移动健康技术意向的影响因素，使用 SPSS 21.0 进行数据分析，结果发现态度与使用意愿呈正相关。Duarte 和 Pinho（2019）利用整合型科技接受模式评估移动健康采纳行为。Ndayizigamiye 和 Maharaj（2017）基于 UTAUT 模型研究了布隆迪移动医疗采纳情况，研究认为努力期望、绩效期望和便利条件能显著影响卫生专业人员对移动医疗的接受行为。Saheb（2020）利用大数据和社交媒体服务，基于创新扩散理论、隐私计算理论和信息系统成功模型，构建了移动健康系统采纳模型。Quaosar 等（2017）基于 UTAUT 模型研究了影响发展中国家老年人使用移动医疗服务意愿的因素。结果发现性能期望、社会影响和可信度对老年人使用移动医疗服务的意愿没有显著影响。

国内移动健康处于快速发展的初期，移动健康的应用还处在示范阶段，不够成熟，所以学者对移动健康服务的研究还相对较少，大多数相关研究也主要是宏观上的概述。崔洪成（2022）在技术准备度与技术接受模型基础上，通过引入健康意识构建了用户移动健身应用程序使用意愿模型。杨子仪等（2014）研究了移动健康的应用分类。还有一部分学者对移动健康使用行为做出了研究，刘嫣等（2021）采用半结构化访谈的方法，运用扎根理论，提炼出老年用户在线健康信息搜寻行为的影响因素，研究认为网络环境、个体因素、社会因素、移动终端和个体认知影响老年用户在线健康信息搜寻行为。Yuan 等（2015）基于 UTAUT2 模型研究了美国中西部地区用户对健康程序使用意愿影响因素，结果发现绩效期望、享乐动机、价格价值和习惯是用户持续使用健康应用程序的重要影响因素。然而，并没有发现努力期望、社会影响和促进条件能影响用户的使用意愿。蒋知义等（2020）在技术采纳与利用整合模型的基础上引入自变量隐私关注、中介变量信任、调节变量健康水平与服务提供商种类，进而构建移动电子健康服务用户使用意愿模型，研究认为隐私关注与社会影响通过信任对用户使用意愿产生影响，而努力期望显著正向影响用户使用意愿。顾忠伟等（2015）基于 UTAUT2 模型研究了可穿戴商务消费者的初始信任和采纳意愿问题，研究发现人们对娱乐性、隐私性和个性化关注度较高。刘蕤等（2020）从健康素养视角构建了移动医疗 APP 用户体验模型，研究认为视觉吸引力和需求满足对用户体验存在显著正向影响。张博文等（2017）实证研究了移动健康服务用户行为意愿，结果发现感知有用性、感知易用性、感知风险和用户健康素养四个方面对用户行为意愿有显著影响。张敏等（2017）基于信息生态理论构建了健康穿戴技术使用者消费行为，研究认为用户的创新性和健康知识素养正向影响感知易用性。张泰瑞和陈渝（2019）结合社会认同理论，利用文本分析构建了健康信息用户转移行为模型。马骋宇和刘乾坤（2020）基于内容分析法分析文本内容，并构建了综合评价指标体系对隐私政策的内容进行系统评价。Guo 等（2013）基于技术接受模型，研究了拒绝改变和技术焦虑对老年人使用移动健康服务的影响，结果发现拒绝改变影响感知有用性，但不影响感知易用性和使用意愿；技术焦虑和感知易用性呈现负相关，与拒绝改变呈正相关。金晓玲等（2018）采用结构方程模型和 K-Means 聚类分析等方法，从健康信息采纳视角分析了移动社交媒体中健康信息采纳意图的影响因素。

综上所述，国内外大多数文献都是基于 UTAUT 模型和 TAM 模型来研究用户移动健康使用意愿。研究基本探讨了感知有用性、感知易用性、绩效期望、付出期望、社会影响、促进因素对用户行为的影响。而本章基于 TAM、TPB 模型和 HBM 模型，加入了技术准备度这一新影响因素，研究了江苏城镇居民移动健康系统使用行为。

4.2　移动健康使用行为的相关理论基础

4.2.1　健康信念模型

健康信念模型（health belief model, HBM）最早由 Rosenstock 等（1959）提出，该模型运用社会心理学的方法来研究影响人们健康行为的感知、信念等方面的因素，是公共卫生领域应用最广泛的健康行为研究理论之一。近年来随着智慧医疗的发展，该模型也被用于分析虚拟医疗社区中用户的行为特征。

健康信念模型认为人们愿意接受劝导、采纳健康促进行为而改变不良行为的基础和关键在于健康信念，它从人们健康信念形成的角度出发，运用社会心理学方法来解释影响人们采取健康行为的因素。健康信念模型认为人们必须满足以下 5 个条件才会采取预防性的健康行为：①人们必须具备一定的健康动机和知识；②人们认为自己比其他人更容易患病；③人们认为疾病对自身健康具有威胁性；④人们相信医疗会有效果；⑤人们认为自己可以没有困难地采取行动。然而这些因素会因受到人口统计和社会心理学的影响而发生改变，同时也会因受到媒体的宣传、朋友的建议、他人的疾病等暗示性因素的影响而发生改变。Rosenstock（1974）提出的健康信念模型如图 4-1 所示。

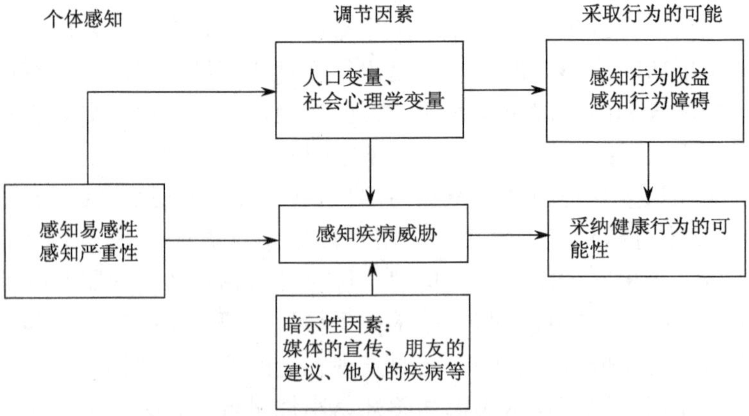

图 4-1　健康信念模型（HBM）图

4.2.2 技术接受模型

技术接受模型（technology acceptance model，TAM）是 Davis 等（1989）在运用理性行为理论研究用户对信息系统接受时所提出的一个模型，术语“技术接受”指的是个人在采用某项技术方面拥有优势。技术接受模型源于理性行为理论。技术接受模型主要用于用户对技术接受前因的理解。TAM 模型用来解释一定的外部因素通过对人们的感知有用性和感知易用性产生影响，进而对信息技术的采纳意愿产生影响，最后影响到实际采纳行为。在 TAM 模型中，信息系统采纳行为是直接由使用意愿所决定的，采纳意向是由用户使用态度和感知有用性共同决定，而用户使用态度则由感知易用性和感知有用性共同决定，同时，感知易用性会在特定情况下强化感知有用性。技术接受模型结构图如图 4-2 所示。

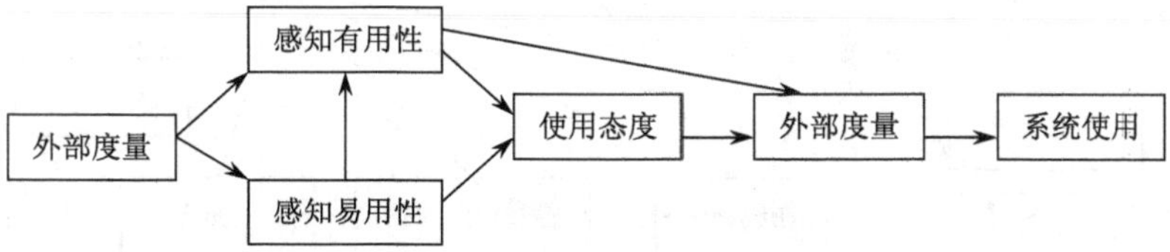

图 4-2　技术接受模型结构图

4.3 研究假设与变量设计

4.3.1 研究假设

通过整合技术接受模型、计划行为理论和健康信念模型，加入了技术准备度、在线评价、从众行为三个因素和惯性作为调节变量，并在对城镇居民使用移动健康系统现状进行调查与分析的基础上构建了符合城镇用户移动健康使用行为的结构模型，在分析了各影响因素之间的关系后提出了一系列相关假设。

结构模型如图 4-3 所示。由图 4-3 可知，移动健康系统消费者行为结构模型图中主要包含 15 个因子和 1 个调节变量，主要是考察影响用户的移动健康态度、使用意愿的相关因素，以及各构成因素相互之间的关系。

1. 技术准备度

随着现代科技的飞速发展，倘若消费者还没有做好心理准备，他们就不能接受和使用新技术。美国著名营销学学者 Parasuraman（2000）定义了技术准备度，他认为人们是否具有尝试新技术以完成日常生活或工作目标的倾向，是识别消费者是否具有创新精神和行为的有效工具。他将技术准备度分为乐观主义、创新精神、不适感和不安全感四个维度。乐观主义是指人们相信新技术能为他们的生活带来便利性和灵活性；创新精神是指人们尝试新技术的意愿；不适感是指人们对技术的感知缺乏和来自技术的压迫感，换句话说就是人们认为技术过于复杂、并不是为普通人设计的；不安全感是指人们对新技术的不信任以及对其正常工作能力的质疑。

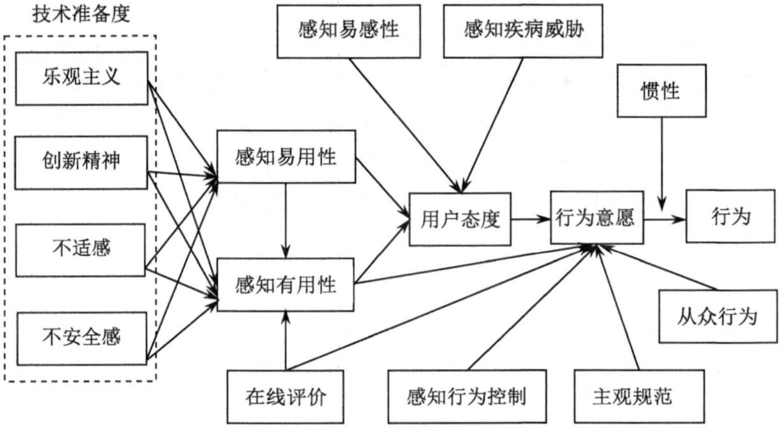

图 4-3　结构模型图

目前，将技术准备度变量融入移动健康领域的研究较少。Kuo 等（2013）将技术准备度整合到移动电子病历的使用研究中，采用自填式问卷，利用结构方程模型对搜集到的数据进行分析，结果发现技术准备度中的四个维度：乐观主义、创新精神、不适感和不安全感对感知易用性都有显著的影响，而只有乐观主义对感知有用性有显著影响。Hallikainen 和 Laukkanen（2016）将技术准备度变量加入 TAM 模型中，研究了 B2B 医疗行业数字服务的接受和满意度，并对芬兰医疗保健服务公司客户进行测试，结果表明技术准备度解释了对医疗数字服务的接受度低于预期，但年龄和性别似乎会缓和这些关系，感知有用性和易用性能显著提高用户满意度。随着零售环境中自我扫描技术应用的激增，Elliott 等（2013）研究了技术准备度对消费者使用自我扫描技术的意图的影响，结果发现技术准备度对感知可靠性和感知乐趣有显著正面影响，感知可靠性和感知乐趣直接影响自我扫描技术的使用意愿。我国学者赵庆等（2015）研究了技术准备度对图书馆服务质量的影响机制，结果发现乐观主义对感知有用性和感知易用性有显著的正向影响；创新精神对感知易用性有正向影响，但对感知有用性影响不显著；不适感对感知易用性有正向影响而对感知有用性影响不显著；最后，不安全感对感知有用性和感知易用性均有负向影响。Rani（2016）将技术准备度整合到技术接受模型中，研究了马来西亚客户使用移动银行意愿的影响因素，结果发现乐观主义和创新精神对马来西亚客户感知有用性有积极影响，而不适感和不安全感对感知有用性有微弱的影响。在电子商务环境下，已有大量研究将技术准备度融入 TAM 模型中。Acheampong 等（2017）研究了加纳消费者电子支付使用情况，结果发现技术准备度中的乐观主义、创新精神对感知有用性和感知易用性有积极和显著的影响，这对电子支付的消费者持续使用产生了积极的影响，而不适感和不安全感对感知有用性和感知易用性有负向影响。

在移动健康服务的环境下，较高的乐观主义和创新精神更易于强化用户对移动健康系统的感知有用性和感知易用性的认知，从而提升他们的使用意愿。反之用户较高的不适感和不安全感会弱化对移动健康系统感知有用性和感知易用性的认知，从而抑制他们的使用意愿。因此，提出如下假设：

H1：乐观主义对用户感知移动健康系统易用性有正向影响。

H2：乐观主义对用户感知移动健康系统有用性有正向影响。

H3：创新精神对用户感知移动健康系统易用性有正向影响。

H4：创新精神对用户感知移动健康系统有用性有正向影响。

H5：不适感对用户感知移动健康系统易用性有负向影响。

H6：不适感对用户感知移动健康系统有用性有负向影响。

H7：不安全感对用户感知移动健康系统易用性有负向影响。

H8：不安全感对用户感知移动健康系统有用性有负向影响。

2. *感知疾病威胁*

在健康信念模型中，感知疾病威胁指的是个体感觉某种疾病对自身健康的威胁，是对危险后果的预期。当人们感受到疾病的威胁时，他们便会有采纳健康管理的积极态度，进而产生使用意愿，即感知疾病威胁能正向影响用户采纳健康行为。感知疾病威胁是人们的一种自我保护心理，健康信念模型认为感知疾病威胁能直接使用户采纳健康行为。任聪和邓朝华（2014）基于 TAM 模型，研究了移动健康用户的使用意愿并进行了实证研究，结果发现感知疾病威胁和自我效能对用户使用意愿都不显著。他认为这可能是移动健康个性化服务还不够，所以即使用户在感受到疾病威胁时，他们还不能够将之与移动健康联系起来。还有一些学者整合了计划行为理论和保护动机理论，研究了移动健康服务行为意愿，结果发现感知疾病易感性和感知疾病严重性都显著影响移动健康服务的用户行为意愿（王莉，2016）。此外，卫艳利等（2018）研究人员基于技术接受模型研究了慢性疾病远程监护服务用户使用意愿的影响因素，结果发现感知疾病威胁不仅能通过感知有用性影响患者的使用意愿，而且对使用意愿有直接的显著影响。

随着我国现代化的快速发展，环境污染也越来越严重，居民对自身的健康也是越来越关注。比如说 $PM_{2.5}$ 的超标，就会使居民自然而然地感受到呼吸道疾病对自己健康的威胁。当人们感知到疾病较为严重时，就会有较强的无助感和失落感，此时他们会希望得到心理和社会的支持，因此他们会调整好态度，去寻求医生或移动健康设备的帮助。因此，本章提出如下假设：

H9：感知疾病威胁对用户使用移动健康系统态度有正向影响。

3. 感知易感性

在健康信念模型中，感知易感性是指个体对自己罹患某疾病或陷入某种疾病状态的可能性的认识，包括对医务人员所做的判断的接受程度及自己对疾病发生、复发可能性的判断等。当人们感知到易感性越大，则他们采用移动健康系统的态度就会越积极，采取健康行为的可能性就越大。反之，如果患者对移动健康系统诊断结论缺乏信心，又或者拥有错误的健康信念，个体有可能会拒绝接受移动健康系统诊断结论，从而保持一种错误的对自身疾病易感性的观点。

显而易见，居民对疾病感知易感性的提高能大大提高人们对疾病的筛查和预防意识。国外很多研究都证实了此观点，Hodge 等（2014）为了调查大肠癌的死亡率，以加利福尼亚印第安人为调查对象，研究结果发现居民低感知易感性导致大肠癌筛查行为较差，从而提高了大肠癌的死亡率。

在快速发展的中国，城市化越来越明显，城镇居民的生活更是越来越富裕，人们不再只关注温饱问题，而是越来越关心自己的健康。面对工业发展带来的环境污染，居民就会担心自己身体健康，就容易感觉自己会得病，于是他们便会有采取健康行为的积极态度，从而从事健康行为管理；或者当看到自己身边的亲朋好友患病去世，自己便会陷入恐慌，感觉自己也会患同样的病，于是会有积极提高自身健康的态度，进而去使用移动健康系统。因此，本章提出如下假设：

H10：感知易感性对用户使用移动健康系统态度有正面影响。

4. 在线评价

随着互联网的飞速发展，“在线评价”这一新鲜概念出现了。在线评价是指消费者通过互联网平台，为满足自身的目的和需求，以文字、图片、视频的形式，将产品或服务的质量、性能、自身体验等评价信息与大众共享。在线评价这一概念，最初是出现在电子商务中一些 B2B、B2C 等平台。移动健康系统就是利用互联网通信技术来提供体检、保健、疾病评估、医疗、康复等的健康服务系统。用户在用过移动健康系统后，可能会对一些设备、主治医生做出一些评价，而这些评价往往会决定其他用户的使用行为。对于移动医疗系统而言，在线评价是用户在线对移动健康系统的真实性、可靠性、相关性以及是否为用户提供了足够的有用信息进行的评价。

在移动商务领域，消费者在进行网上购物时首先看中的就是其他消费者的在线评价，评价信息质量越高就越能促进他们购买行为的产生。在线评价主要运用在电子商务领域中，如 Sotiriadis 和 van Zyl（2013）基于电子口碑模型和在线评价研究了消费者购买旅游服务的行为，结果发现在线评价对行为有显著影响。陶晓波等（2017）研究了在线评价、感知有用性对新产品扩散的影响，结果发现在线评价的数量和效价都对新产品的扩散有积极影响。杜惠英等（2017）构建了在线评价对消费者购买意愿影响理论模型，将在线评价分为评价数量、质量、效价三个维度，研究发现在线评价对消费者购买意愿有积极影响。

在移动健康服务的环境下，用户在购买移动设备进行健康管理时，必定会查看其他买家对该产品的评价。如果评价质量越高，那么评价用户对评价内容的接受程度就会越高，同时，评价的感知有用性越高，用户就越会选择购买移动健康设备。用户在用移动健康系统与医生网上交流时，他们会查看其他患者对该医生治疗效果的在线评价，如果觉得有用，那么他们的使用意愿就会强烈。因此，提出如下假设：

H11：在线评价对用户感知移动健康系统有用性有正向影响。

H12：在线评价对用户使用移动健康系统意愿有正向影响。

5. 感知有用性

技术接受模型中将感知有用性定义为个人使用某项技术有利于提高其工作业绩或效率的程度。该理论认为感知有用性正向影响用户态度和使用意愿。本章将感知有用性定义为，消费者使用移动健康系统对其身体健康的帮助程度。

当前，利用感知有用性探讨移动健康信息系统持续使用意愿的研究成果较为丰富，涉及多样化的理论。通过整合健康信念模型和 TAM 模型，Ahadzadeh 等（2015）研究了马来西亚与健康相关的互联网使用行为，结果发现感知互联网有用性能直接影响女性对健康行为的态度。任聪和邓朝华（2014）基于 TAM 模型和健康信念模型构建了用户移动健康服务使用意愿结构模型，并在实证研究中证明了感知有用性能显著影响用户态度和用户使用意愿。邵婷和王昕（2017）研究了移动医疗 APP 用户接受行为影响因素，结果发现感知有用性、感知易用性、信息质量和主观规范都能正向影响用户的接受行为。在其他领域比如网站使用，用户的感知有用性也会影响其态度和使用意愿。如邹霓（2016）设计了移动学习 APP 用户持续使用意愿影响因素的调查问卷，得出了用户感知有用性对持续使用意愿有显著正向影响的结论。闫绘如（2017）基于 TAM 模型研究网络直播用户接受行为，结果表明感知有用性能正向影响用户的使用意愿。Deng 等（2012）基于 TAM 模型研究了公共用户接受移动医疗服务的影响因素，结果表明感知有用性显著正向影响用户对移动医疗服务的态度，而感知有用性和态度直接影响了用户的使用意愿。

在移动健康的服务环境下，一些可穿戴移动通信设备（如小米手环、i-Watch等）和手机APP可以让用户在使用后获知自身的身体状况信息，这些信息可供用户查看或者发送给医生，这能使用户更快地得到疾病诊治和其他的医疗服务；该信息也可以提供给用户进行医疗咨询，以获得医生的建议、叮嘱以及更多有关身体健康方面的知识。如果使用移动健康服务，确实能为用户带来对自身健康有用的信息或是帮他们预防疾病、进行健康管理，那么消费者对移动健康服务的态度就会更积极，更愿意使用移动健康系统。因此，提出如下假设：

H13：感知有用性对用户使用移动健康系统态度有正向影响。

H14：感知有用性对用户使用移动健康系统意愿有正向影响。

6. 感知易用性

在TAM模型中，感知易用性被定义为个人认为容易使用某项技术的程度。该模型认为感知易用性能正面影响感知有用性和用户使用态度。而本章将感知易用性定义为消费者认为容易使用移动健康系统的程度。

当前，Kuo等（2013）基于TAM模型研究了护士技术准备度对接受移动电子病历系统的影响，发现感知易用性能正面影响感知有用性。Wang等（2013）整合了拓展技术接受模型和健康信念模型，研究了偏远地区居民远程医疗使用意愿，结果发现信任因素对技术因素（感知有用性和感知易用性）具有显著积极影响，进而影响使用意愿。张敏等（2017）基于期望确认模型研究了信息生态视域下移动医疗APP用户持续使用意愿，结果发现感知易用性能正向影响感知有用性。林玉川（2014）在研究打车软件用户行为时，发现感知易用性能正向影响用户的使用行为。朱晶（2015）基于TAM模型探索了移动学习影响因素，结果发现感知易用性对感知有用性有正向影响，而感知易用性对态度没有正向影响。Beldad和Hegner（2018）发现感知易用性虽然显著积极影响移动健身应用持续使用，而社会影响具有间接影响效应。

在移动健康服务环境下，用户不会缺少对电子通信设备的运用和一些移动健康系统的操作，如果用户对健康设备运用越容易，操作系统越简单，那么用户对移动健康系统的态度越积极。同时，如果用户感觉移动健康系统容易操作，那么他们感知移动健康系统越有用，对健康信息的感知期望会越高。因此，提出如下研究假设：

H15：感知易用性对用户感知移动健康系统有用性有正向影响。

H16：感知易用性对用户使用移动健康系统态度有正向影响。

7. 主观规范

在计划行为理论中，主观规范指的是个人在考虑是否从事某项特定行为时感受到来自家人、朋友和外部环境带来的社会压力。这种规范很大一部分是通过咨询他人和观察他人行为而来的。个人更倾向于听从对其重要的人（家人、朋友、老师等）的建议。大量学者也都证明了此观点，在移动健康领域，国内学者王莉（2016）整合了 TPB 与 PMT 模型，研究了移动健康服务用户行为，结果发现 TPB 理论中态度、主观规范和感知行为控制都对用户使用移动健康服务有显著正向影响。罗长利和朱小栋（2015）基于 TAM、TPB 和感知风险理论，研究了余额宝使用意愿影响因素，通过线上线下发放问卷获取数据，用 SPSS 19.0 和 AMOS 17.0 进行数据分析，结果表明感知收益、感知行为控制和主观规范对使用意愿有正面影响。宋慧林等（2016）基于 TPB 模型将人口特征作为调节变量，研究了中国居民出入境旅游目的地选择行为，结果表明主观规范能正面影响居民选择旅游目的地，TPB 模型对此有很强的解释力。此外，国外学者 Abamecha 等（2013）基于 TPB 模型，研究了埃塞俄比亚地区卫生专业人员对自愿接受 HIV 咨询和检测的意愿，结果发现检测意愿最强的预测因素是消费者态度和主观规范。

随着网络信息化时代的来临，用户对社交软件的运用越来越多，只需手指轻轻点击，任何事情都能通过微信朋友圈、微博等快速传播。当用户受到朋友、家人行为的耳濡目染，或者周围朋友、家人都建议他这么做时，他们就会采取相同的行为。在移动健康的环境下，用户使用移动健康系统的目的是提高自身身体状况或进行疾病评估，而关心用户的亲人、朋友就极有可能对他提出使用移动健康系统的建议，进而影响用户的使用行为。例如，当子女关心父母的健康时，就会试图劝说父母使用移动健康产品，了解自身状况，从而有效降低疾病发生率。因此，提出以下假设：

H17：主观规范对用户使用移动健康系统意愿有正向影响。

8. 感知行为控制

感知行为控制是一个人对其从事某项行为所感知到的控制能力，当人们拥有越多的资源和机会，并且个体认识到在实际情况中他可以控制这些资源时，也就是说当人们对行为的感知控制能力越强时，用户采取某项特定行为的意愿就越强。Mtenga 等（2015）基于 TPB 模型研究了坦桑尼亚达累斯萨拉姆已婚人士艾滋病自愿咨询和检测（HCT）的社会认知决定因素，结果发现最强的预测因子是态度和感知行为控制，主观规范和感知风险与 HCT 的社会认知毫无关系。在国内，TPB 理论被广泛应用于研究居民旅游目的地选择的影响因素。程珊珊等（2017）基于 TPB 模型研究了中学生旅游目的地选择的影响因素，结果发现在目的地选择感知行为控制的影响因素中，安全问题和家庭收入水平对目的地选择的影响有显著的负向关系。张圆刚等（2017）基于 TPB 和 TSR 两种模型分别构建了乡村旅游者行为意向，当旅游者面临的出游内、外部限制力越强，即游客对感知行为控制变量的因素考虑越多，TPB 模型比 TSR 模型的解释力就越强。

在移动健康服务的环境下，移动健康系统的载体就是手机、手环等移动健康设备，而这些又是属于用户的私人物品，一般情况下用户希望对私人物品有较强的控制度。当用户拥有自主选择使用移动健康系统的时间、地点、内容等主动权时，用户才会倾向于接受移动健康系统，相应地对于移动健康系统的使用意愿也会增加。因此，提出以下假设：

H18：感知行为控制对用户使用移动健康系统意愿有正向影响。

9. 从众行为

从众行为指的是个体希望得到他人的喜爱和接受从而遵守群体规范而形成的行为，它是一种因受无法控制的外部压力而产生的行为。大量的研究都表明，人们在做出采纳行为时倾向于忽视自己的信仰而去模仿其他人。在互联网技术飞速发展的时代，如果大家都去使用一些手机 APP 消费，如京东、苏宁和淘宝，消费者个体就会产生从众行为去使用这些 APP。Sun（2013）研究了持续使用信息技术的从众行为，主要考察了先前别人的采用情况和对技术的不确定，结果发现人们在使用新技术的时候会去模仿他人。从众行为对用户基数有较大影响。Darban 和 Amirkhiz（2015）基于采纳者和被采纳者的特征研究了羊群行为在技术采用中的作用，结果发现对 IT 从业者来说，羊群行为在具有某些个人特征的采用中产生强烈的影响。为了研究信息技术应用中的羊群行为，Moraes（2016）对使用信息技术应用程序的 122 人进行了调查，研究发现消费者行为控制、模仿和动机特征对该应用程序的持续使用产生积极影响。

在移动健康系统使用环境下，消费者为降低选择的风险和应对移动健康技术的不确定性，或者为得到移动健康系统其他用户的欢迎和接纳，他们便会参考其他消费者的使用行为，将自己的判断和选择保持和其他消费者一样。尽管移动通信技术设备已基本普及，但是人们使用移动健康系统的行为并不多。这可能是用户对移动健康系统的认识还不够，也可能是政府和企业的宣传还不到位。因此，提出如下假设：

H19：从众行为对用户使用移动健康系统意愿有负向影响。

10. 用户态度

在 TPB 理论中，用户态度被定义为个体对其所从事特定行为表现出的消极或积极的感受与评价。个体对特定行为的评价经过概念化后就形成了态度。随着科技的飞速发展，基础设施、网络通信设备的日益完善，城镇居民已经基本步入网络化阶段，网民的数量逐渐增加，加上城市化带来的各种污染，城镇居民对自身的健康就会更加关注，居民对使用移动健康的态度就更加积极，所以大多数城镇居民愿意使用移动健康系统进行健康管理。Chang 等（2015）整合了 TAM 和 TPB 模型，研究了医院对远程医疗系统的采用因素，结果发现感知有用性和感知易用性能正向影响用户态度，用户态度、主观规范和感知行为控制积极影响行为因素，整合模型具有很强的解释力。

综上所述，当用户对使用移动健康系统抱有积极的态度时，他们会更愿意使用移动健康系统，从而去购买一些移动健康产品和服务；反之，则不愿意使用移动健康系统。因此，提出如下假设：

H20：用户使用移动健康系统的态度对使用移动健康系统意愿有正向影响。

11. 行为意愿

计划行为理论把行为意愿定义为个人对于采取某项特定行为的主观概率的判定，它反映了个人对于某一项特定行为的采取意愿。该理论认为在没有特殊因素影响时，个人行为意愿越强，那么其实际行为产生的可能性越大。大量研究都已证明了个人的行为意愿决定着其实际行为，例如，徐杰和陈晨（2017）基于 TAM 模型和 TPB 模型研究了互联网理财产品影响因素，结果发现用户的使用意愿显著正向影响用户使用行为。随着城市环境的不断污染，居民对自身的健康越关注，他们对移动健康系统的使用意愿就越强，那么在现实情况下就越可能使用移动健康系统；反之，如果居民对自身的健康不加关注或者没有意愿去使用移动健康系统，那么他们几乎不会产生使用移动健康的行为。综上所述，提出如下假设：

H21：用户使用移动健康系统的意愿对用户实际使用行为有正向影响。

12. 惯性

随着互联网的高速发展，国内外的学者对移动商务、移动支付、移动银行等的研究越来越多，他们大多数都是以研究对象本身的性质为出发点，很少考虑到用户自身特点因素。市场营销学认为，如果消费者长时间对某个品牌满意，那么当消费者不搜索其他品牌产品的信息，而直接购买该品牌时，消费者可能会通过使用形成购买习惯。惯性是物体本身所具有的，并随时存在的，通常无意识地影响到个体行为。当一个人用惯性思维去解决问题时，他们便不会通过重新认知来解决问题。近年来，大多数学者都把习惯放入一些项目的研究中。国内学者将惯性作为调节变量研究信息系统持续使用意愿，研究发现习惯在信息系统使用意愿和使用行为之间具有调节作用（曹欢欢等，2015）。Zong 等（2017）研究了投资者组合中用户惯性行为，发现即使参与者已经意识到风险变化和波动的趋势，也会出现明显的惯性行为。

目前，移动健康服务还缺乏推广，医疗模式还相对传统，主要以医院或诊所为主，人们很少会体验这种新的医疗模式，更不会有这种惯性行为。如果消费者有较好的对移动健康系统的使用惯性，那么消费者就愿意使用移动健康系统。因此，提出如下假设：

H22：惯性对用户意愿和实际行为之间的关系具有负向调节作用。

综上所述，本章做出 22 条研究假设，具体如表 4-1 所示。

表 4-1　研究假设

变量	研究假设
1.乐观主义（OPT）	H1：对用户感知移动健康系统易用性有正向影响
	H2：对用户感知移动健康系统有用性有正向影响
2.创新精神（INN）	H3：对用户感知移动健康系统易用性有正向影响
	H4：对用户感知移动健康系统有用性有正向影响
3.不适感（DIS）	H5：对用户感知移动健康系统易用性有负向影响
	H6：对用户感知移动健康系统有用性有负向影响
4.不安全感（INS）	H7：对用户感知移动健康系统易用性有负向影响
	H8：对用户感知移动健康系统有用性有负向影响
5.感知疾病威胁（PDT）	H9：对用户使用移动健康系统态度有正向影响
6.感知易感性（PS）	H10：对用户使用移动健康系统态度有正向影响
7.在线评价（OE）	H11：对用户感知移动健康系统有用性有正向影响
	H12：对用户使用移动健康系统意愿有正向影响
8.感知有用性（PU）	H13：对用户使用移动健康系统态度有正向影响
	H14：对用户使用移动健康系统意愿有正向影响
9.感知易用性（PEOU）	H15：对用户感知移动健康系统有用性有正向影响
	H16：对用户使用移动健康系统态度有正向影响
10.主观规范（SN）	H17：对用户使用移动健康系统意愿有正向影响
11.感知行为控制（PBC）	H18：对用户使用移动健康系统意愿有正向影响
12.从众行为（HB）	H19：对用户使用移动健康系统意愿有负向影响
13.用户态度（ATT）	H20：对用户使用移动健康系统意愿有正向影响
14.行为意愿（INT）	H21：对用户使用移动健康系统行为有正向影响
15.惯性（IB）	H22：对用户意愿和实际行为之间的关系具有负向调节作用

4.3.2　量表设计

本章主要是确定结构模型中的主要变量的测量项，包括乐观主义、创新精神、不适感、不安全感、感知疾病威胁、感知易感性、在线评价、感知有用性、感知易用性、主观规范、感知行为控制、从众行为、用户态度、行为意愿、使用行为和惯性，表 4-2 列出了每个变量的定义。

表 4-2　变量定义

变量	缩写	定义
乐观主义	OPT	用户相信移动健康系统能提高生活质量
创新精神	INN	我是朋友圈中尝试移动健康系统的先行军
不适感	DIS	感觉移动健康技术不适合一般人操作使用
不安全感	INS	用户对移动健康系统的不信任程度
感知疾病威胁	PDT	感知疾病对自身健康的威胁程度
感知易感性	PS	感知比别人更容易患病的程度
在线评价	OE	在线评价内容的真实性、可靠性、相关性，以及是否为用户提供了足够的有用信息
感知有用性	PU	感知使用移动健康系统对自身健康的有用程度
感知易用性	PEOU	感知使用移动健康系统的易用程度
主观规范	SN	用户使用移动健康系统的社会压力
感知行为控制	PBC	用户感知对自己使用行为的控制程度
从众行为	HB	个体希望得到他人的喜爱和接受从而遵守群体规范而形成的行为
用户态度	ATT	用户对于使用移动健康系统整体偏好和倾向
行为意愿	INT	愿意使用移动广告的程度
使用行为	BEH	用户实际执行的行为
惯性	IB	用户的惯性行为

为了保证变量测量项的内容效度，所有测量项目均来源于现有研究，每个项目指标均采用利克特五级量表进行测量，以数字 1～5 来衡量认可程度，1 代表非常不同意，2 代表不同意，3 代表不同意也不反对，4 代表同意，5 代表非常同意，调查对象根据自身实际情况，对问卷的测量指标进行打分评价。各变量的测量项设计如表 4-3 所示。

表 4-3　设计量表

变量	测量项内容	量表来源
乐观主义（OPT）	OPT1：我相信移动健康系统有助于我获得更高的生活质量	Parasuraman（2000）
	OPT2：我相信移动健康系统使我的生活更富有成效	
	OPT3：我相信移动健康系统使我更好地控制日常生活	
创新精神（INN）	INN1：周围其他人会向我咨询移动健康系统问题	Parasuraman（2000）
	INN2：在朋友圈中我成为使用移动健康系统的先行军	
	INN3：我会时刻关注移动健康系统的发展动态	

续表

变量	测量项内容	量表来源
不适感（DIS）	DIS1：别人在问移动健康系统操作的时候，我有时感觉被他人左右	Parasuraman（2000）
	DIS2：移动健康系统不能让我很好地明白所咨询的问题	
	DIS3：有时候我觉得移动健康系统不适合一般人操作使用	
不安全感（INS）	INS1：在生活中，移动健康系统使我过度专注于一点，感觉这样不好	Parasuraman（2000）
	INS2：对于只能通过线上沟通的移动健康往来，我缺乏信任感	
	INS3：移动健康系统使人与人之间的互动减少，降低了人际关系质量	
感知疾病威胁（PDT）	PDT1：我觉得自己处于亚健康状态	Huang（2010）
	PDT2：我觉得任何疾病都会扰乱我的生活和工作	
	PDT3：我觉得我将来会得高血压、糖尿病等慢性疾病，可能会威胁到我的健康	
感知易感性（PS）	PS1：我觉得自己比别人更容易患病	Huang（2010）
	PS2：我觉得我很有可能会得高血压、糖尿病等慢性疾病	
	PS3：我觉得我可能无法应对身体的各种突发状况	
在线评价（OE）	OE1：我倾向于阅读较为真实的评论内容	郑小平（2008）、Chen 等（2008）
	OE2：我倾向于阅读可靠权威的评论内容	
	OE3：我倾向于阅读提供了大量关于移动健康系统有用信息的评论内容	
感知有用性（PU）	PU1：移动健康系统有助于我对自己的健康进行管理	任聪和邓朝华（2014）
	PU2：移动健康系统使我防病治病的渠道又多了一条	
	PU3：使用移动健康系统让我的生活变得更加安全、放心	
感知易用性（PEOU）	PEOU1：我觉得使用移动健康系统很简单	任聪和邓朝华（2014）
	PEOU2：我觉得移动健康系统很容易就能学会操作	
	PEOU3：我觉得移动健康系统操作方法简单易懂	
主观规范（SN）	SN1：我的家人或朋友觉得我应该使用移动健康系统	王莉（2016）
	SN2：我的老师觉得我应该使用移动健康系统	
	SN3：我的家人或周围朋友觉得移动健康系统对预防和应对疾病很有用	
感知行为控制（PBC）	PBC1：即使没人教我，我也很容易知道如何在健康设备上操作移动健康系统	Taylor 和 Todd（1995）
	PBC2：我有足够的时间和金钱来使用移动健康系统	
	PBC3：健康设备是自己的，我有控制随时随地使用移动健康系统的权利	
从众行为（HB）	HB1：使用移动健康系统是因为周围人都在用	Cheung 等（2011）、Yoo 等（2014）
	HB2：使用移动健康系统是因为会让我更受欢迎	
	HB3：使用移动健康系统是因为它已经变成热门的讨论话题	
用户态度（ATT）	ATT1：我对移动健康系统的态度比较正面	任聪和邓朝华（2014）
	ATT2：对于我来说使用移动健康系统益处多多	
	ATT3：使用移动健康系统是一种令人愉悦的体验	
行为意愿（INT）	INT1：我会考虑使用移动健康系统	任聪和邓朝华（2014）
	INT2：我会尽可能地使用移动健康系统	
	INT3：比起其他健康管理方式，我更倾向于使用移动健康系统	

续表

变量	测量项内容	量表来源
使用行为（BEH）	BEH1：我经常使用移动健康系统	Taylor 和 Todd（1995）
	BEH2：我在未来会继续使用移动健康系统	
	BEH3：我会向别人推荐移动健康系统	
惯性（IB）	IB1：我使用移动健康系统已成为惯性行为	Park 等（2010）
	IB2：对于我来说，使用移动健康系统前我总是不假思索	

4.4　问卷设计与数据收集与处理

4.4.1　问卷设计

本次问卷主要是围绕城镇居民移动健康使用行为展开设计，同时力图使各个观测变量表达的意思更加切合主题，方便从调查对象那里获得真实、有效的数据。其中调查问卷通过线上网络以及线下两种方法发放。

整体问卷是基于理论和实地访谈两个方面的经验而设计，在参考大量文献研究成果以及某些创新项目初步访谈结果的基础上逐步形成的。

问卷由两部分组成：

第一部分是基本信息设计，主要包括调查对象的健康状态、性别、年龄、学历、职业和收入。

第二部分是关于涉及结构方程模型潜变量的观测变量，主要包含 15 个潜变量和 1 个调节变量。其中用 1～5 不同数字表示调研对象对题项的同意程度，1 代表非常不同意，2 代表不同意，3 代表不同意也不反对，4 代表同意，5 代表非常同意。

4.4.2　数据收集与处理

本次调查共回收了 400 份调查问卷并且按照以下标准选取有效问卷：①样本用户为江苏省城镇居民；②问卷填写完整，没有遗漏项；③问卷认真填写，无从头到尾都填写相同选项的现象。剔除无效问卷之后，总共得到 362 份有效问卷，样本特征信息如表 4-4 所示。

表 4-4　样本特征信息

基本信息	特征	数量	所占比例
健康状态	从没感到不适	89	24.6%
	偶尔感到不适	253	69.9%
	经常感到不适	20	5.5%

续表

基本信息	特征	数量	所占比例
性别	男	189	52.2%
	女	173	47.8%
年龄	20 岁及以下	121	33.4%
	21～25 岁	158	43.7%
	26～30 岁	33	9.1%
	31～35 岁	26	7.2%
	35 岁以上	24	6.6%
学历	大专及以下	46	12.7%
	本科	272	75.1%
	硕士及以上	44	12.2%
职业	学生	68	18.8%
	白领	154	42.6%
	自由职业个体户	54	14.9%
	蓝领	45	12.4%
	其他	41	11.3%
收入	3000 元及以下	34	9.4%
	3001～4999 元	114	31.5%
	5000～7999 元	176	48.6%
	8000 元及以上	38	10.5%

由表 4-4 可以看出，本次的调查对象涉及江苏城镇地区中不同健康状态、性别、年龄、学历、职业以及不同收入的人群，调查范围广，因此数据具有一定的真实性与可靠性。

根据表 4-5 可以看出，乐观主义观测变量的调查数据主要集中在 2（不同意）和 3（不同意也不反对）两个选项上，其中大部分集中在不同意也不反对上。这说明用户的乐观主义程度并不高。

表 4-5　乐观主义数据统计表

题项	1	2	3	4	5	总计
我相信移动健康系统有助于我获得更高的生活质量	3.6%	27.9%	47.2%	19.6%	1.7%	100%
我相信移动健康系统使我的生活更富有成效	3.3%	27.9%	44.2%	21.5%	3.1%	100%
我相信移动健康系统使我更好地控制日常生活	5.2%	21.3%	47.5%	23.2%	2.8%	100%

根据表 4-6 可以看出，创新精神观测变量的调查数据主要集中在 2（不同意）、3（不同意也不反对）和 4（同意）三个选项上，其中大部分集中在不同意也不反对上。

表 4-6　创新精神数据统计表

题项	1	2	3	4	5	总计
周围其他人会向我咨询移动健康系统问题	3.3%	23.5%	44.2%	23.5%	5.5%	100%
在朋友圈中我成为使用移动健康系统的先行军	4.1%	24.1%	42.5%	24.6%	4.7%	100%
我会时刻关注移动健康系统的发展动态	3.3%	25.7%	46.7%	20.2%	4.1%	100%

根据表 4-7 可以看出，不适感观测变量的调查数据主要集中在 2（不同意）和 3（不同意也不反对）两个选项上，其中大部分集中在不同意也不反对上。这说明用户对移动健康系统所带来的不适感还不是很确定。

表 4-7　不适感数据统计表

题项	1	2	3	4	5	总计
别人在问移动健康系统操作的时候，我有时感觉被他人左右	5.2%	26.0%	43.6%	22.1%	3.1%	100%
移动健康系统不能让我很好地明白所咨询的问题	4.7%	23.8%	45.0%	20.7%	5.8%	100%
有时候我觉得移动健康系统不适合一般人操作使用	4.4%	24.3%	42.8%	25.7%	2.8%	100%

根据表 4-8 可以看出，不安全感观测变量的调查数据主要集中在 2（不同意）、3（不同意也不反对）和 4（同意）三个选项上，其中大部分集中在不同意也不反对上。

表 4-8　不安全感数据统计表

题项	1	2	3	4	5	总计
在生活中，移动健康系统使我过度专注于一点，感觉这样不好	3.3%	20.7%	47.8%	24.6%	3.6%	100%
对于只能通过线上沟通的移动健康往来，我缺乏信任感	3.6%	23.8%	47.0%	21.5%	4.1%	100%
移动健康系统使人与人之间的互动减少，降低了人际关系质量	3.1%	22.9%	48.6%	21.8%	3.6%	100%

根据表 4-9 可以看出，感知疾病威胁观测变量的调查数据主要集中在 3（不同意也不反对）和 4（同意）两个选项上，这说明用户感知疾病对自身健康的威胁程度较高，用户就会有使用移动健康系统的积极态度。

表 4-9 感知疾病威胁数据统计表

题项	1	2	3	4	5	总计
我觉得自己处于亚健康状态	5.0%	25.7%	43.4%	22.9%	3.0%	100%
我觉得任何疾病都会扰乱我的生活和工作	3.6%	21.0%	49.2%	22.4%	3.8%	100%
我觉得我将来会得高血压、糖尿病等慢性疾病，可能会威胁到我的健康	3.9%	23.8%	42.3%	27.0%	3.0%	100%

根据表 4-10 可以看出，感知易感性观测变量的调查数据主要集中在 3（不同意也不反对）和 4（同意）两个选项上，这说明在城镇生活的居民对自身感知易患病的程度较高。

表 4-10 感知易感性数据统计表

题项	1	2	3	4	5	总计
我觉得自己比别人更容易患病	3.1%	19.9%	46.4%	26.5%	4.1%	100%
我觉得我很有可能会得高血压、糖尿病等慢性疾病	4.4%	21.3%	44.5%	26.2%	3.6%	100%
我觉得我可能无法应对身体的各种突发状况	1.9%	23.5%	43.1%	28.5%	3.0%	100%

根据表 4-11 可以看出，主观规范调查结果主要集中在 3（不同意也不反对）和 4（同意）两个选项上，这说明居民来自周围亲戚朋友以及社会压力的影响大，他们认可周围亲戚朋友所建议的行为。

表 4-11 主观规范数据统计表

题项	1	2	3	4	5	总计
我的家人或朋友觉得我应该使用移动健康系统	4.1%	21.5%	43.4%	26.5%	4.5%	100%
我的老师觉得我应该使用移动健康系统	5.2%	22.9%	43.1%	22.4%	6.4%	100%
我的家人或周围朋友觉得移动健康系统对预防和应对疾病很有用	4.4%	22.7%	40.9%	27.3%	4.7%	100%

根据表 4-12 可以看出，感知行为控制观测变量的调查数据主要集中在 3（不同意也不反对）和 4（同意）两个选项上，这说明居民感知他们使用移动健康系统的程度强，在有足够资源的条件下，居民会愿意持续使用移动健康系统。

表 4-12 感知行为控制数据统计表

题项	1	2	3	4	5	总计
即使没人教我，我也很容易知道如何在健康设备上操作移动健康系统	3.9%	21.5%	44.2%	26.8%	3.6%	100%

续表

题项	1	2	3	4	5	总计
我有足够的时间和金钱来使用移动健康系统	2.8%	21.5%	45.1%	26.2%	4.4%	100%
健康设备是自己的，我有控制随时随地使用移动健康系统的权利	2.4%	23.8%	43.4%	26.5%	3.9%	100%

根据表 4-13 可以看出，针对在线评价的调查，调查结果主要集中在 3（不同意也不反对）和 4（同意）两个选项上，这说明居民还是很在意移动健康系统的在线评价内容的真实性和权威性。

表 4-13　在线评价数据统计表

题项	1	2	3	4	5	总计
我倾向于阅读较为真实的评论内容	3.3%	24.3%	44.2%	24.3%	3.9%	100%
我倾向于阅读可靠权威的评论内容	4.7%	24.3%	41.7%	25.1%	4.2%	100%
我倾向于阅读提供了大量关于移动健康系统有用信息的评论内容	6.1%	19.1%	47.0%	24.5%	3.3%	100%

根据表 4-14 可以看出，针对从众行为的调查，调查结果主要集中在 3（不同意也不反对）和 4（同意）两个选项上，这说明居民在使用移动健康系统的时候，他们希望得到周围人的认可和欢迎，并愿意去模仿他人。

表 4-14　从众行为数据统计表

题项	1	2	3	4	5	总计
使用移动健康系统是因为周围人都在用	3.9%	24.0%	40.9%	27.6%	3.6%	100%
使用移动健康系统是因为会让我更受欢迎	3.0%	22.7%	48.3%	22.7%	3.3%	100%
使用移动健康系统是因为它已经变成热门的讨论话题	3.3%	21.0%	46.4%	26.8%	2.5%	100%

感知易用性是个体根据自身需求能够确定信息对于解决自身所面临的健康问题能起到的实际作用及所起作用大小的程度，由表 4-15 可以看出，感知易用性的观测变量调查数据主要集中在 2（不同意）和 3（不同意也不反对）两个选项上，这说明居民在使用移动健康系统的时候，他们感知移动健康系统的容易操作程度较弱。

表 4-15 感知易用性数据调查统计表

题项	1	2	3	4	5	总计
我觉得使用移动健康系统很简单	6.6%	25.1%	41.4%	18.5%	8.4%	100%
我觉得移动健康系统很容易就能学会操作	7.7%	26.0%	37.5%	22.4%	6.4%	100%
我觉得移动健康系统操作方法简单易懂	8.3%	26.5%	38.4%	19.6%	7.2%	100%

根据表 4-16 可以看出，针对感知有用性的调查，调查结果主要集中在 3（不同意也不反对）和 4（同意）两个选项上，这说明居民感知移动健康系统的有用程度高，用户认为使用移动健康系统对患者疾病掌控有一定的帮助，消费者个体认为采纳健康信息能够满足其健康需求。

表 4-16 感知有用性数据调查统计表

题项	1	2	3	4	5	总计
移动健康系统有助于我对自己的健康进行管理	11.9%	19.3%	34.0%	24.0%	10.8%	100%
移动健康系统使我防病治病的渠道又多了一条	11.0%	22.1%	35.4%	22.7%	8.8%	100%
使用移动健康系统让我的生活变得更加安全、放心	11.6%	22.4%	28.7%	27.6%	9.7%	100%

从表 4-17 的数据分析结果可以看出，对于用户态度相关问题的调查，调查数据主要集中在 3（不同意也不反对）和 4（同意）两个选项上，其中 3 占比较高。这说明如今有越来越多的城镇居民认识到移动健康系统的好处，用户的态度也变得更积极。

表 4-17 用户态度数据调查统计表

题项	1	2	3	4	5	总计
我对移动健康系统的态度比较正面	7.5%	25.7%	28.7%	28.5%	9.6%	100%
对于我来说使用移动健康系统益处多多	11.3%	21.0%	32.6%	25.2%	9.9%	100%
使用移动健康系统是一种令人愉悦的体验	9.9%	25.7%	30.7%	24.9%	8.8%	100%

从表 4-18 的数据分析结果可以看出，对于行为意愿的调查，调查结果主要集中在 3（不同意也不反对）和 4（同意）两个选项上，其中 3 占比最多。这说明人们已经逐渐接受移动健康系统并且愿意去使用它。

表 4-18 行为意愿数据调查统计表

题项	1	2	3	4	5	总计
我会考虑使用移动健康系统	14.9%	19.9%	24.6%	25.1%	15.5%	100%
我会尽可能地使用移动健康系统	16.9%	17.7%	27.9%	20.2%	17.3%	100%
比起其他健康管理方式，我更倾向于使用移动健康系统	13.6%	21.5%	24.0%	23.5%	17.4%	100%

从表 4-19 的数据分析结果可以看出，对于使用行为的调查，调查结果主要集中在 3（不同意也不反对）上，2（不同意）和 4（同意）也占了相当多的比重。

表 4-19　使用行为数据调查统计表

题项	1	2	3	4	5	总计
我经常使用移动健康系统	13.0%	19.6%	30.7%	20.7%	16.0%	100%
我在未来会继续使用移动健康系统	13.3%	21.8%	27.9%	22.1%	14.9%	100%
我会向别人推荐移动健康系统	11.9%	23.5%	29.0%	18.0%	17.6%	100%

从表 4-20 的数据分析结果可以看出，对于使用习惯的调查，调查结果主要集中在 3（不同意也不反对）上，2（不同意）和 4（同意）也占据了差不多的比重。这说明惯性对用户的实际行为有着很大的影响。

表 4-20　惯性数据调查统计表

题项	1	2	3	4	5	总计
我使用移动健康系统已成为惯性行为	4.1%	25.1%	42.0%	24.6%	4.2%	100%
对于我来说，使用移动健康系统前我总是不假思索	4.2%	26.2%	42.8%	23.2%	3.6%	100%

4.5　模型拟合与假设检验

4.5.1　测量模型

信度是指测量数据的一致性或稳定性的程度，信度分析是对量表的可靠程度进行的检验。本章就是通过运用组合信度指标（composite reliability，CR）和 Cronbach's α 指标，来检验调查问卷数据的内部一致性和稳定性。克朗巴赫系数值越大，量表的信度就越高，调查问卷的内部一致性和稳定性的程度就越高。

效度由收敛效度和判别效度组成，收敛效度是指运用不同的方法来测量具有相同概念时，其结果的相似程度。本章采用各个因子的平均萃取变差（AVE 值）和观测指标的因子载荷来观测收敛效度。AVE 值表示每个因子解释的变量源于该因子所有测度项的数目。AVE 值大于 0.7，则说明量表的收敛效度很好。本章测量模型交叉载荷系数如表 4-21 所示。数据显示各潜变量的因子载荷系数均大于 0.7，通过了显著性检验，说明观测变量测量量表的收敛效度符合要求。

表 4-22 和表 4-23 分别显示了模型的信度、聚合效度和判别效度指标结果。由表 4-22 可以看出所有变量的因子载荷都大于 0.7，CR 值都大于 0.7，Cronbach's α 值在 0.773 和 0.948 之间，说明该模型具有较好的信度。所有变量的 AVE 值在

表 4-21　测量模型交叉载荷系数

	OPT	INN	DIS	INS	PDT	PS	SN	PBC	OE	HB	PEOU	PU	ATT	INT	BEH	IB	IB*INT
OPT1	0.854	0.005	–0.006	–0.054	0.003	–0.044	–0.006	0.009	0.058	–0.006	0.065	–0.076	0.062	–0.064	–0.110	–0.083	–0.011
OPT2	0.896	0.017	0.009	–0.005	0.022	–0.014	0.050	–0.060	–0.057	–0.023	–0.012	–0.042	–0.017	0.124	–0.001	0.007	–0.030
OPT3	0.863	–0.023	–0.003	0.058	–0.026	0.059	–0.046	0.053	0.002	0.030	–0.052	0.119	–0.043	–0.065	0.111	0.075	0.042
INN1	–0.020	0.888	–0.006	0.025	0.023	–0.038	0.019	–0.011	0.016	–0.003	0.057	–0.017	0.003	0.014	0.027	0.002	0.011
INN2	–0.043	0.877	–0.014	0.006	–0.013	0.040	–0.024	0.015	0.045	0.001	0.019	0.023	–0.036	–0.045	0.029	0.037	0.037
INN3	0.064	0.873	0.020	–0.032	–0.010	–0.001	0.004	–0.004	–0.062	0.002	–0.077	–0.005	0.034	0.031	–0.056	–0.039	–0.048
DIS1	0.017	0.047	0.864	–0.041	0.008	0.026	0.009	–0.013	–0.034	–0.032	–0.014	0.030	–0.085	0.055	–0.025	–0.027	–0.013
DIS2	–0.028	–0.026	0.869	0.048	0.009	0.012	–0.037	–0.030	0.007	0.009	0.039	0.006	0.012	–0.009	0.010	0.019	0.039
DIS3	0.012	–0.021	0.868	–0.008	–0.017	–0.038	0.028	0.043	0.027	0.023	–0.025	–0.036	0.073	–0.046	0.015	0.009	–0.026
INS1	–0.023	–0.045	0.030	0.876	–0.029	0.006	–0.027	–0.026	0.000	–0.004	–0.023	0.064	0.054	–0.117	0.143	0.073	0.060
INS2	0.012	0.035	0.000	0.862	0.031	–0.020	–0.006	–0.023	0.009	0.018	–0.025	–0.060	0.009	0.056	–0.066	–0.071	–0.049
INS3	0.012	0.011	–0.029	0.865	–0.002	0.013	0.033	0.049	–0.010	–0.014	0.048	–0.005	–0.064	0.063	–0.078	–0.003	–0.012
PDT1	–0.038	0.003	–0.015	–0.054	0.857	–0.065	0.019	0.037	–0.007	0.018	–0.054	0.042	0.018	–0.027	0.055	0.032	0.011
PDT2	0.041	0.046	0.016	–0.020	0.860	0.034	0.000	–0.054	0.043	–0.035	0.083	–0.110	–0.032	0.004	–0.006	0.010	0.036
PDT3	–0.003	–0.048	0.000	0.073	0.875	0.030	–0.019	0.016	–0.036	0.017	–0.028	0.067	0.013	0.022	–0.048	–0.041	–0.046
PS1	–0.003	0.014	0.003	–0.029	0.008	0.863	–0.033	0.016	–0.016	0.046	0.034	0.011	–0.104	0.060	0.016	0.004	0.002
PS2	0.016	–0.004	–0.007	–0.038	–0.006	0.876	–0.029	0.010	0.012	–0.041	–0.006	–0.021	0.058	0.032	–0.082	0.005	–0.048
PS3	–0.013	–0.009	0.004	0.066	–0.002	0.882	0.061	–0.026	0.003	–0.004	–0.028	0.009	0.044	–0.090	0.066	–0.009	0.045

续表

	OPT	INN	DIS	INS	PDT	PS	SN	PBC	OE	HB	PEOU	PU	ATT	INT	BEH	IB	IB*INT
SN1	-0.036	-0.007	0.023	0.064	-0.044	0.029	0.890	-0.024	-0.023	0.023	-0.029	0.052	-0.046	0.102	0.003	0.022	0.021
SN2	-0.008	-0.010	0.050	-0.008	0.065	-0.006	0.867	-0.010	-0.011	0.060	0.037	0.050	-0.030	-0.020	-0.009	0.003	-0.022
SN3	0.045	0.017	-0.072	-0.057	-0.018	-0.023	0.887	0.034	0.033	-0.082	-0.007	-0.101	0.075	-0.083	0.006	-0.025	0.000
PBC1	0.025	0.034	-0.011	-0.014	-0.003	-0.013	0.083	0.868	0.033	-0.032	-0.055	0.034	-0.003	-0.037	0.026	0.020	0.030
PBC2	-0.027	0.004	0.011	-0.049	0.030	-0.033	0.017	0.893	-0.004	0.037	0.018	0.069	-0.053	0.045	-0.141	-0.077	-0.013
PBC3	0.002	-0.039	0.000	0.064	-0.028	0.047	-0.102	0.863	-0.029	-0.006	0.037	-0.105	0.059	-0.009	0.120	0.059	-0.017
OE1	0.018	-0.017	0.019	-0.008	0.005	-0.014	0.015	-0.024	0.882	-0.035	0.020	-0.005	0.097	-0.047	-0.030	0.011	0.003
OE2	-0.018	-0.017	-0.003	-0.017	0.008	0.014	-0.028	-0.009	0.894	0.034	-0.057	0.012	-0.055	0.056	0.055	-0.014	0.056
OE3	0.000	0.035	-0.017	0.026	-0.014	0.000	0.013	0.034	0.862	0.001	0.038	-0.007	-0.042	-0.011	-0.026	0.003	-0.061
HB1	-0.057	0.022	0.020	-0.004	-0.016	-0.022	0.009	-0.035	0.002	0.858	-0.031	-0.056	0.065	0.023	-0.059	-0.021	-0.060
HB2	0.075	-0.020	-0.002	-0.011	0.012	0.010	0.017	0.035	-0.007	0.877	-0.013	0.045	0.012	-0.036	0.015	-0.018	0.022
HB3	-0.019	-0.001	-0.018	0.015	0.003	0.011	-0.026	-0.001	0.005	0.861	0.044	0.010	-0.077	0.014	0.044	0.039	0.037
PEOU1	0.000	0.043	-0.036	0.013	-0.037	-0.041	0.035	0.059	0.051	-0.049	0.895	-0.045	0.136	-0.142	0.020	-0.054	-0.006
PEOU2	0.000	-0.035	0.036	0.002	0.025	0.041	-0.064	-0.021	-0.043	0.028	0.913	-0.008	-0.081	0.106	0.063	0.026	0.064
PEOU3	0.000	-0.008	0.000	-0.016	0.011	-0.001	0.030	-0.037	-0.007	0.020	0.904	0.053	-0.053	0.034	-0.083	0.027	-0.059
PU1	-0.009	-0.072	0.050	0.041	-0.009	0.044	0.004	-0.021	-0.008	0.032	0.066	0.930	-0.057	0.035	0.033	-0.022	0.046
PU2	0.022	0.092	-0.007	-0.029	0.022	0.012	-0.005	-0.005	-0.009	-0.052	-0.035	0.932	0.000	-0.001	-0.011	0.021	0.000
PU3	-0.013	-0.020	-0.044	-0.012	-0.013	-0.056	0.001	0.025	0.017	0.020	-0.030	0.932	0.056	-0.034	-0.022	0.001	-0.045
ATT1	0.015	-0.002	-0.023	-0.030	0.023	0.029	0.030	-0.053	0.008	0.021	-0.042	0.029	0.937	0.047	0.008	-0.019	-0.006
ATT2	-0.020	0.017	0.002	0.012	-0.032	-0.044	-0.013	0.017	0.018	0.002	0.064	-0.029	0.926	-0.022	0.019	-0.010	0.039
ATT3	0.005	-0.014	0.021	0.018	0.009	0.014	-0.017	0.036	-0.026	-0.023	-0.021	0.057	0.935	-0.025	-0.027	0.028	-0.033

续表

	OPT	INN	DIS	INS	PDT	PS	SN	PBC	OE	HB	PEOU	PU	ATT	INT	BEH	IB	IB*INT
INT1	0.014	0.034	0.000	0.000	–0.022	–0.029	0.026	0.006	0.023	–0.009	–0.010	0.007	0.008	0.947	0.066	0.026	0.047
INT2	–0.008	–0.008	–0.011	0.006	–0.039	0.000	–0.030	0.010	0.006	0.033	0.006	–0.024	0.004	0.947	–0.004	0.002	–0.018
INT3	–0.007	–0.026	0.011	–0.006	0.061	0.029	0.004	–0.016	–0.029	–0.024	0.004	0.017	–0.012	0.947	–0.062	–0.028	–0.029
BEH1	0.008	0.024	0.012	–0.003	–0.023	–0.013	0.004	0.024	0.034	–0.018	0.001	–0.017	0.059	–0.071	0.951	0.005	0.039
BEH2	0.029	–0.006	–0.031	–0.006	0.001	0.015	–0.016	–0.027	–0.040	0.028	–0.046	0.018	–0.032	0.044	0.955	–0.006	–0.055
BEH3	–0.037	–0.019	0.019	0.009	0.022	–0.003	0.012	0.003	0.006	–0.009	0.045	0.000	–0.027	0.026	0.948	0.001	0.017
IB1	0.062	–0.022	–0.044	–0.011	0.021	–0.040	–0.038	–0.055	–0.030	0.055	–0.042	0.017	–0.099	0.134	0.009	0.903	–0.005
IB2	–0.062	0.022	0.044	0.011	–0.021	0.040	0.038	0.055	0.030	–0.055	0.042	–0.017	0.099	–0.134	0.009	0.903	0.005
IB1*INT1	–0.127	–0.067	0.070	0.115	–0.054	0.008	0.005	–0.063	–0.029	0.034	0.045	0.019	0.091	0.019	0.000	0.017	0.850
IB1*INT2	–0.086	–0.071	0.082	0.065	–0.064	0.044	0.015	–0.093	0.019	0.023	0.006	0.102	0.058	0.014	–0.094	0.012	0.829
IB1*INT3	–0.054	–0.054	0.029	0.056	–0.026	0.060	0.009	–0.071	–0.020	0.033	–0.034	0.083	0.048	–0.021	0.036	0.015	0.832
IB2*INT1	0.050	0.037	–0.039	–0.044	0.051	–0.072	–0.004	0.076	–0.025	–0.029	0.047	–0.096	–0.089	0.080	0.005	–0.014	0.842
IB2*INT2	0.096	0.059	–0.040	–0.079	0.008	–0.012	–0.008	0.066	0.031	–0.043	–0.008	–0.034	–0.081	–0.012	–0.016	–0.010	0.838
IB2*INT3	0.120	0.095	–0.101	–0.113	0.084	–0.027	–0.017	0.083	0.025	–0.017	–0.056	–0.072	–0.027	–0.081	0.067	–0.020	0.844

表 4-22　测量指标的因子载荷、Cronbach's α、CR、AVE 值

潜变量	测量指标	CR	Cronbach's α	AVE	因子载荷
乐观主义（OPT）	OPT1	0.904	0.841	0.759	0.854
	OPT2				0.896
	OPT3				0.863
创新精神（INN）	INN1	0.911	0.853	0.773	0.888
	INN2				0.877
	INN3				0.873
不适感（DIS）	DIS1	0.901	0.834	0.751	0.864
	DIS2				0.869
	DIS3				0.868
不安全感（INS）	INS1	0.901	0.836	0.753	0.876
	INS2				0.862
	INS3				0.865
感知疾病威胁（PDT）	PDT1	0.898	0.830	0.746	0.857
	PDT2				0.860
	PDT3				0.875
感知易感性（PS）	PS1	0.906	0.845	0.763	0.863
	PS2				0.876
	PS3				0.882
主观规范（SN）	SN1	0.912	0.856	0.776	0.890
	SN2				0.867
	SN3				0.887
感知行为控制（PBC）	PBC1	0.907	0.846	0.765	0.868
	PBC2				0.893
	PBC3				0.863

续表

潜变量	测量指标	CR	Cronbach's α	AVE	因子载荷
在线评价（OE）	OE1	0.911	0.854	0.774	0.882
	OE2				0.894
	OE3				0.862
从众行为（HB）	HB1	0.900	0.833	0.749	0.858
	HB2				0.877
	HB3				0.861
感知易用性（PEOU）	PEOU1	0.931	0.888	0.817	0.895
	PEOU2				0.913
	PEOU3				0.904
感知有用性（PU）	PU1	0.952	0.924	0.868	0.930
	PU2				0.932
	PU3				0.932
用户态度（ATT）	ATT1	0.953	0.925	0.870	0.937
	ATT2				0.926
	ATT3				0.935
行为意愿（INT）	INT1	0.963	0.943	0.898	0.947
	INT2				0.947
	INT3				0.947
行为（BEH）	BEH1	0.966	0.948	0.905	0.951
	BEH2				0.955
	BEH3				0.948
惯性（IB）	IB1	0.898	0.773	0.815	0.903
	IB2				0.903

表 4-23　判别效度

	OPT	INN	DIS	INS	PEOU	PU	PDT	PS	SN	PBC	OE	HB	ATT	INT	BEH	IB	IB*INT
OPT	（0.871）																
INN	–0.021	（0.879）															
DIS	0.057	0.171	（0.867）														
INS	0.086	0.073	0.061	（0.868）													
PEOU	0.224	0.253	–0.203	–0.225	（0.904）												
PU	0.280	0.292	–0.219	–0.234	0.620	（0.932）											
PDT	–0.092	0.026	–0.015	0.049	–0.018	0.074	（0.864）										
PS	–0.009	0.036	–0.051	–0.046	0.058	0.064	0.001	（0.874）									
SN	0.089	0.023	0.037	0.058	0.041	0.090	0.052	0.080	（0.881）								
PBC	0.001	0.039	0.060	–0.115	0.075	0.082	–0.016	0.059	0.001	（0.875）							
OE	–0.016	0.007	–0.023	–0.054	0.015	0.162	0.007	0.013	0.023	–0.080	（0.880）						
HB	0.053	0.095	0.075	0.075	–0.040	–0.017	–0.028	–0.044	0.046	–0.099	0.004	（0.866）					
ATT	0.233	0.163	–0.108	–0.148	0.424	0.557	0.275	0.336	0.104	0.092	0.071	0.013	（0.933）				
INT	0.161	0.167	–0.150	–0.224	0.390	0.576	0.160	0.187	0.271	0.259	0.281	–0.169	0.563	（0.947）			
BEH	0.129	0.095	–0.126	–0.253	0.315	0.426	0.057	0.088	0.165	0.241	0.167	–0.064	0.394	0.558	（0.951）		
IB	0.002	–0.009	0.042	0.009	–0.093	–0.079	0.025	–0.060	–0.077	–0.061	0.003	0.060	–0.105	–0.043	–0.195	（0.903）	
IB*INT	–0.007	–0.004	0.024	0.009	–0.020	–0.037	–0.009	0.001	–0.030	–0.120	0.034	–0.083	–0.019	0.030	–0.428	–0.061	（0.839）

0.746 和 0.905 之间，说明模型的收敛效度较好。此外，由表 4-23 可以看出，各变量的 AVE 值的平方根（对角线上的值）大于变量之间的相关系数（对角线下方的值），说明该模型的判别效度较好，问卷结果是可靠和有效的，可以进行下一步结构方程的拟合。

4.5.2　结构模型分析

对模型的拟合程度进行分析的目的是检验理论模型与实际模型是否具有一致性。将理论模型与收集到的数据导入 WarpPLS 5.0 软件中，如果得出的 APC（平均路径系数）、ARS（平均解释度）和 p 值均小于 0.05，且 AVIF（平均方差膨胀因子）也小于 5，就可以认为模型具有良好的拟合程度。表 4-24 为该结构模型拟合度。

表 4-24　结构模型拟合度

拟合度指标	结果
APC	0.268，p<0.05
ARS	0.461，p<0.05
AVIF	1.153

将收集的数据导入 WarpPLS 5.0 软件中，可得到模拟路径分析相关结果。表 4-25 是路径系数和 p 值，p 值表示显著性水平。

表 4-25　结构模型分析结果

假设	研究假设	路径系数 β	p 值	研究结论
H1	乐观主义对用户感知移动健康系统易用性有正向影响	0.26	$p\leqslant0.01$	成立
H2	乐观主义对用户感知移动健康系统有用性有正向影响	0.20	$p\leqslant0.01$	成立
H3	创新精神对用户感知移动健康系统易用性有正向影响	0.33	$p\leqslant0.01$	成立
H4	创新精神对用户感知移动健康系统有用性有正向影响	0.22	$p\leqslant0.01$	成立
H5	不适感对用户感知移动健康系统易用性有负向影响	–0.27	$p\leqslant0.01$	成立
H6	不适感对用户感知移动健康系统有用性有负向影响	–0.18	$p\leqslant0.01$	成立
H7	不安全感对用户感知移动健康系统易用性有负向影响	–0.23	$p\leqslant0.01$	成立
H8	不安全感对用户感知移动健康系统有用性有负向影响	–0.14	$p\leqslant0.01$	成立
H9	感知疾病威胁对用户使用移动健康系统态度有正向影响	0.24	$p\leqslant0.01$	成立
H10	感知易感性对用户使用移动健康系统态度有正向影响	0.30	$p\leqslant0.01$	成立
H11	在线评价对用户感知移动健康系统有用性有正向影响	0.14	$p\leqslant0.01$	成立
H12	在线评价对用户使用移动健康系统意愿有正向影响	0.21	$p\leqslant0.01$	成立
H13	感知有用性对用户使用移动健康系统态度有正向影响	0.44	$p\leqslant0.01$	成立

续表

假设	研究假设	路径系数 β	p 值	研究结论
H14	感知有用性对用户使用移动健康系统意愿有正向影响	0.31	$p\leqslant 0.01$	成立
H15	感知易用性对用户感知移动健康系统有用性有正向影响	0.44	$p\leqslant 0.01$	成立
H16	感知易用性对用户使用移动健康系统态度有正向影响	0.14	$p\leqslant 0.01$	成立
H17	主观规范对用户使用移动健康系统意愿有正向影响	0.21	$p\leqslant 0.01$	成立
H18	感知行为控制对用户使用移动健康系统意愿有正向影响	0.20	$p\leqslant 0.01$	成立
H19	从众行为对用户使用移动健康系统意愿有负向影响	−0.13	$p\leqslant 0.01$	成立
H20	用户态度对用户使用移动健康系统意愿有正向影响	0.33	$p\leqslant 0.01$	成立
H21	行为意愿对用户使用移动健康系统行为有正向影响	0.66	$p\leqslant 0.01$	成立
H22	惯性对用户意愿和实际行为之间的关系具有负向调节作用	−0.44	$p\leqslant 0.01$	成立

其中路径系数代表了自变量和因变量之间的关系强弱程度。从表 4-25 可以看出，路径系数的 p 值均小于 0.05，因此该模型具有良好的拟合程度。

4.5.3　假设检验

1. 技术准备度与感知易用性

乐观主义、创新精神、不适感和不安全感是技术准备度的四个维度，通过将调查问卷的数据导入 WarpPLS 5.0 软件后，分别得到技术准备度的四个维度与感知易用性之间的结构关系，如图 4-4～图 4-7 所示。

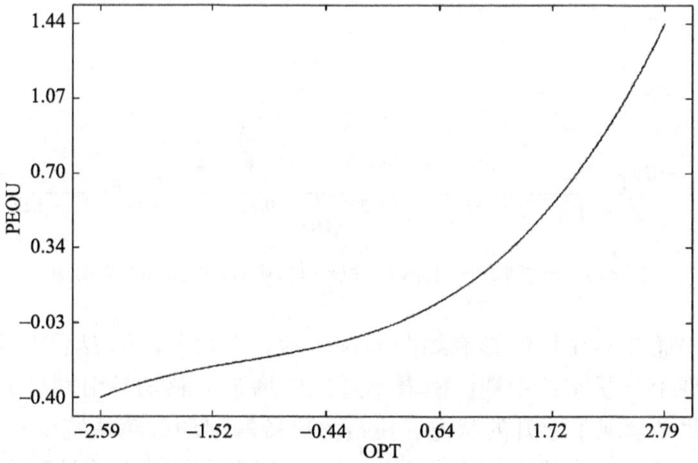

图 4-4　乐观主义（OPT）与感知易用性（PEOU）的关系图

乐观主义对感知易用性的影响如图 4-4 所示。在初始阶段和中期，随着乐观主义的增加，用户感知易用性缓慢上升；而在后期，呈现出急速上升的趋势。最初人们对移动健康系统的接触较少，人们相信这项技术能为他们的生活带来便利性和灵活性的程度就小，感知移动健康系统的易用性就小，因此消费者一开始感知易用性增长缓慢。当人们接触到的新技术增多时，发现新技术确实能为他们的生活带来方便，使他们的生活更富有成效。在后续使用移动健康系统时，他们便自觉相信该系统能提高他们的生活质量，感知易用性的程度就高。整体而言，乐观主义对感知易用性有显著的正向影响。

图 4-5 描述了创新精神对感知易用性的影响。在前期，随着创新精神的增加，感知易用性呈现近似线性上升；在后期，呈现缓慢上升的状态甚至还有下降的趋势。因此创新精神对感知易用性有显著的正向影响，即用户的创新精神越强，用户感知移动健康系统易用性越强。当新技术推行时，如果用户创新精神越强，即他们想体验新技术的心理越强，则他们感知移动健康系统的易用性就越强。整体而言，创新精神显著正向影响移动健康系统用户的感知易用性。

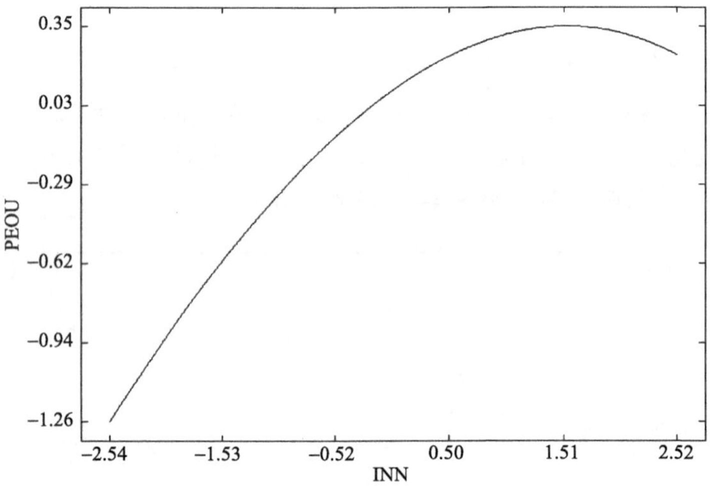

图 4-5　创新精神（INN）与感知易用性(PEOU)的关系图

不适感对感知易用性的影响如图 4-6 所示。在初期，随着不适感的增强，感知易用性呈现上升状态；中期，随着不适感的增强，感知易用性呈现急剧下降的趋势，而后期又呈现了上升的状态。开始用户接触移动健康系统少，不适感不强，感知易用性上升；当人们在使用移动健康系统时感到困难和不适时，他们的感知易用性就会下降。整体而言，不适感对用户感知移动健康系统易用性有显著负向影响。

不安全感对感知易用性的影响如图 4-7 所示。随着不安全感的增加，感知易用性始终呈现下降的状态。人们对新技术的出现总会抱着一种不安全感的心理，当他们的不安全感增强时，他们对移动健康系统易用性的感知就会降低。整体而言，不安全感对用户感知移动健康系统易用性有显著负向影响。

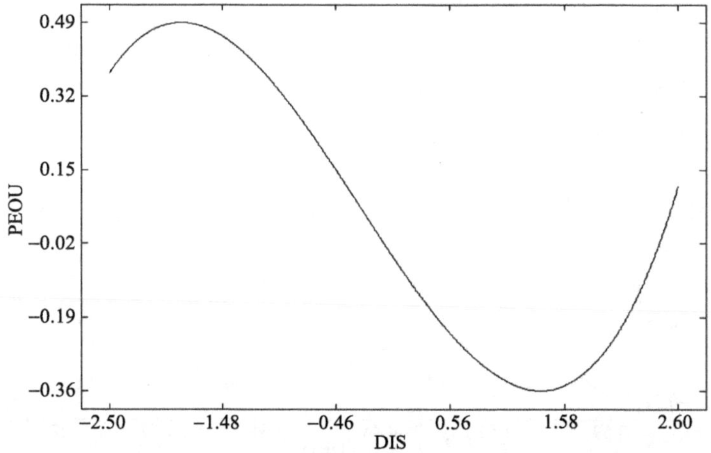

图 4-6　不适感（DIS）与感知易用性（PEOU）的关系图

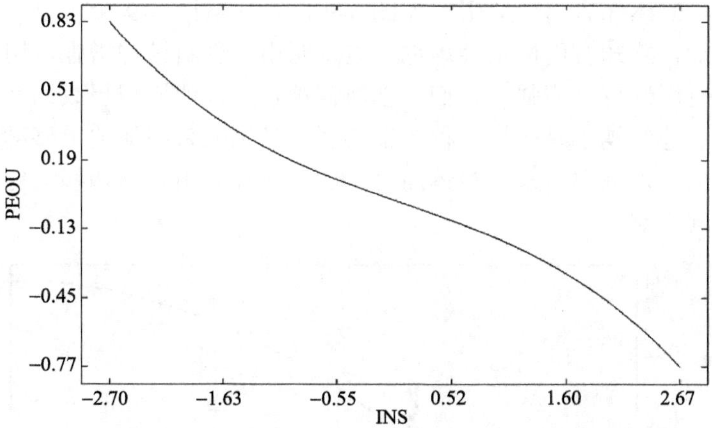

图 4-7　不安全感（INS）与感知易用性（PEOU）的关系图

2. 技术准备度与感知有用性

通过将调查问卷的数据导入 WarpPLS 5.0 软件，得到技术准备度与感知有用性的非线性结构关系，如图 4-8～图 4-11 所示。

乐观主义对感知有用性的影响如图 4-8 所示。可以看到，随着乐观主义的增加，移动健康系统用户的感知有用性也随之逐渐增加，这说明随着用户乐观主义的增强，用户感知移动健康系统的有用性也会越来越强。因此乐观主义对感知有用性有显著正向影响。以上现象可以从以下方面解释，当人们相信移动健康系统能让他们的生活更富有成效的时候，他们便会感知移动健康系统有用，他们的使用意愿就会增加，这类特征在年轻人中表现得尤为显著。

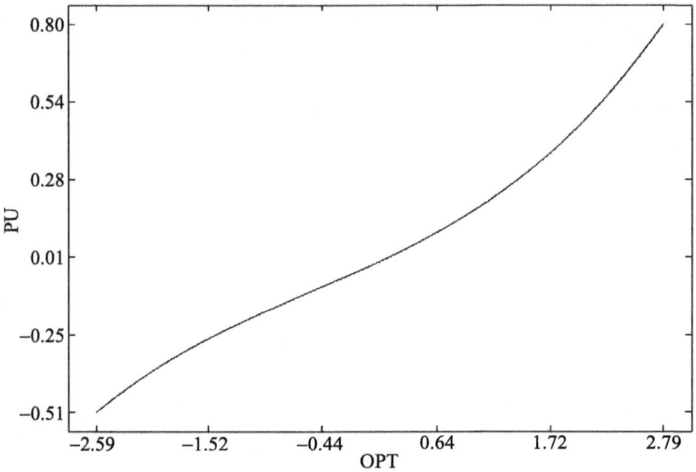

图 4-8　乐观主义（OPT）与感知有用性（PU）的关系图

创新精神对感知有用性的影响如图 4-9 所示。从图 4-9 中可以看出，随着创新精神的增加，感知有用性也会增加。这说明用户创新精神增强，用户感知移动健康系统的有用性也会增强。人们的创新精神越强，他们越想成为使用新技术的先行军，或者他们越容易产生一种炫耀心理。当别人来问他关于移动健康系统的问题时，他们可以娓娓道来。整体而言，创新精神对用户感知移动健康系统有用性有显著正向影响。

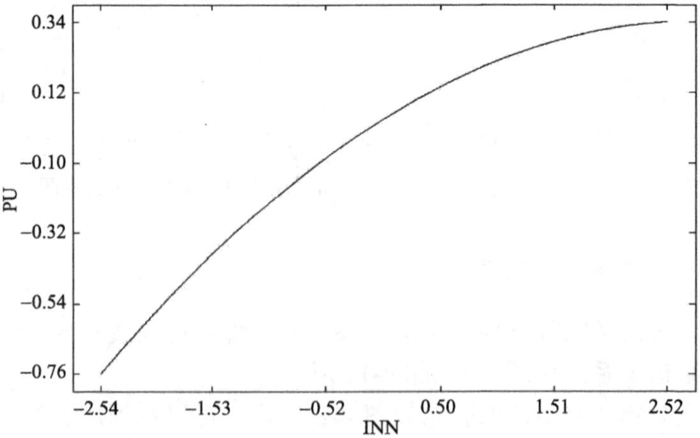

图 4-9　创新精神（INN）与感知有用性（PU）的关系图

不适感对感知有用性的影响如图 4-10 所示。从图 4-10 可以看出，不适感对感知有用性的影响和不适感对感知易用性的影响差不多，都表现为先上升后下降然后再上升的趋势。总体来说，随着不适感的增加，用户感知移动健康系统有用性就会下降。当用户的不适感增强时，表现为用户会感觉系统不易操作，则他们感知系统的有用性就越低。

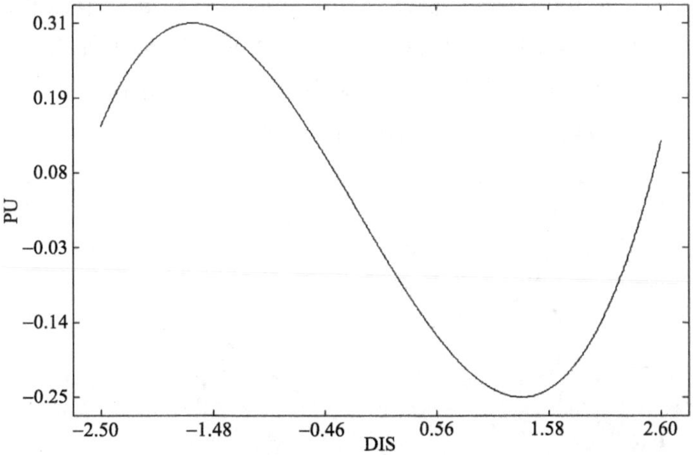

图 4-10　不适感（DIS）与感知有用性（PU）的关系图

不安全感对感知有用性的影响如图 4-11 所示。可以看出，感知有用性会随着不安全感的增加而下降。这说明用户的不安全感增加，用户感知移动健康系统的有用性就下降。用户在接触新技术时，难免会对新技术表现出一种不信任和不安全感，这种感觉越强，那么他们感知移动健康系统的有用性就越低。整体而言，不安全感对移动健康系统用户感知有用性有显著负向影响。

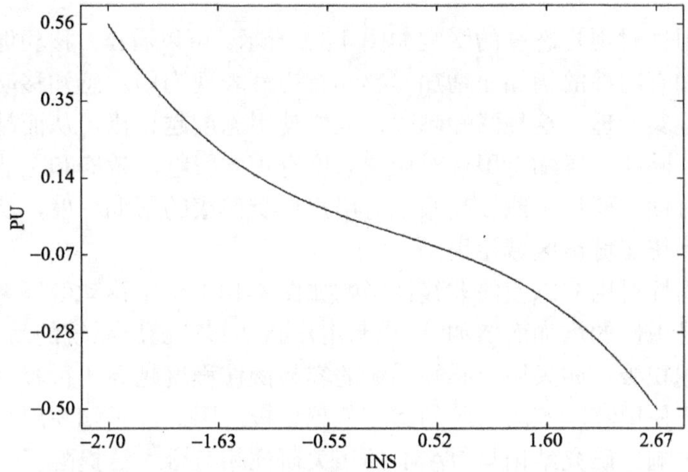

图 4-11　不安全感（INS）与感知有用性（PU）的关系图

3. 感知易用性、感知有用性、用户态度与行为意愿

感知易用性对感知有用性的影响如图 4-12 所示。从图中可以看出，随着感知易用性的增加，移动健康系统用户感知有用性呈现线性增加趋势。数据显示移动健康系统越易用，用户感知移动健康系统的有用性就越高。很显然，只有在用户感知移动健康系统越容易使用的前提下，用户才有可能会去使用移动健康系统。在使用的过程中，如果用户发现移动健康系统确实能够帮助改善他们自身的健康状况，则他们感知移动健康系统有用性就会增高。

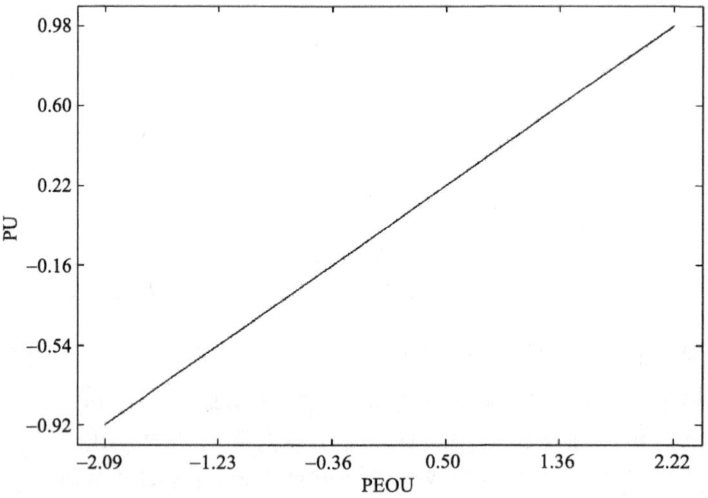

图 4-12　感知易用性（PEOU）与感知有用性（PU）的关系图

感知有用性对用户态度的影响如图 4-13 所示。可以看出，移动健康系统用户态度随着感知有用性的增加而增加。感知有用性表现为用户感知移动健康系统有助于自身的健康管理，这种感知越强，人们使用态度越积极，从而越会去使用移动健康系统。因此，感知有用性对用户态度有正向影响。政府和企业在设计移动健康系统的时候，要尽可能提高系统对用户自身健康的帮助程度，从而更好地推行移动健康系统在城镇区域使用。

感知易用性对用户态度的非线性影响如图 4-14 所示。移动健康系统用户的态度随着感知易用性的增加而增加。这说明用户感知移动健康系统的易用程度越高，用户的态度越积极。如果用户感知系统的容易操作程度越高，很容易就能学会，那么他们选择使用移动健康系统的态度就越积极。因此，感知易用性对用户态度有显著正向影响，研究结论与 TAM 的相关研究相符合。这提醒了一些开发系统

的企业，在设计移动健康系统的时候，尽可能提高系统的易用程度，这样才能激发用户积极的使用态度。

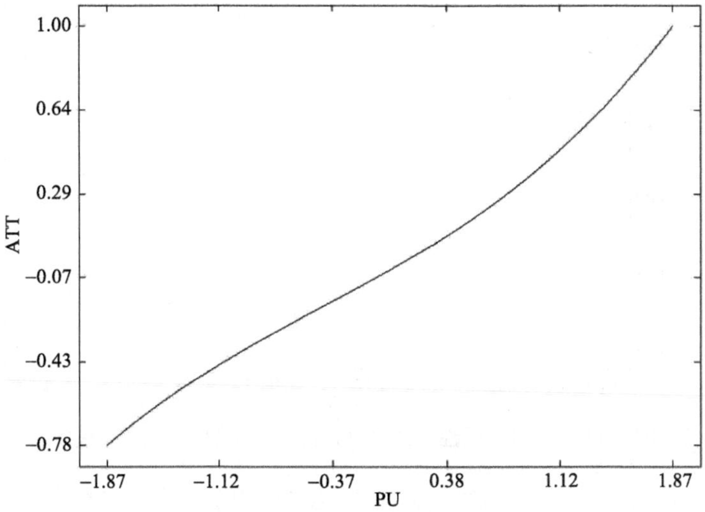

图 4-13　感知有用性（PU）与用户态度（ATT）的关系图

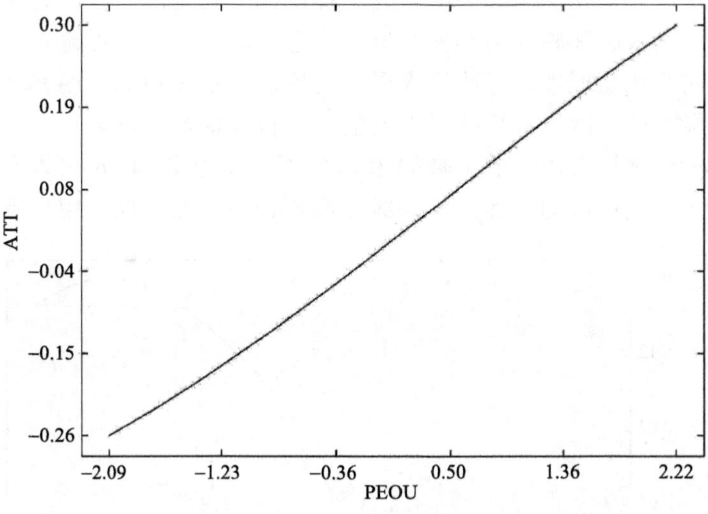

图 4-14　感知易用性（PEOU）与用户态度（ATT）的关系图

感知有用性对行为意愿的非线性影响如图 4-15 所示。根据图 4-15 可以发现，用户的态度随着感知有用性的增加而增加，两者是非线性关系。通过移动健康系统，用户感觉自己的治病渠道又多了一条，让他们的生活变得安全放心。用户感知移动健康系统的有用程度越高，那么用户使用移动健康系统的意愿就越强。因此，感知有用性对用户行为意愿有正向影响，这与 TAM 研究结论相符合。

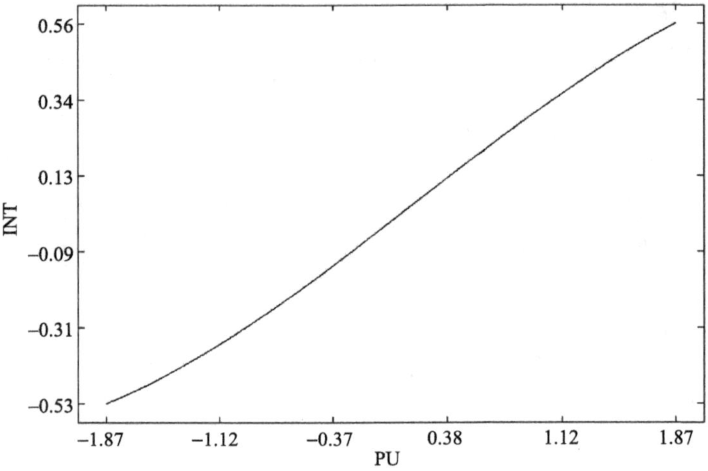

图 4-15　感知有用性（PU）与行为意愿（INT）的关系图

4. 在线评价、感知有用性、感知疾病威胁、感知易感性、用户态度与行为意愿

在线评价首先是在电子商务的研究中提出的，它是用户行为意愿的重要影响因素。感知疾病威胁和感知易感性是健康信念模型中的重要理论。当人们感知未来会受到疾病的威胁或者感觉比别人更容易患病，那么他们使用移动健康系统的态度就会积极主动，两者都反映了人们的一种自我保护心理。

在线评价对感知有用性的影响如图 4-16 所示。由图 4-16 可以看出，用户感知有用性随着在线评价的增加呈现非线性增长趋势。在前期，用户感知有用性会

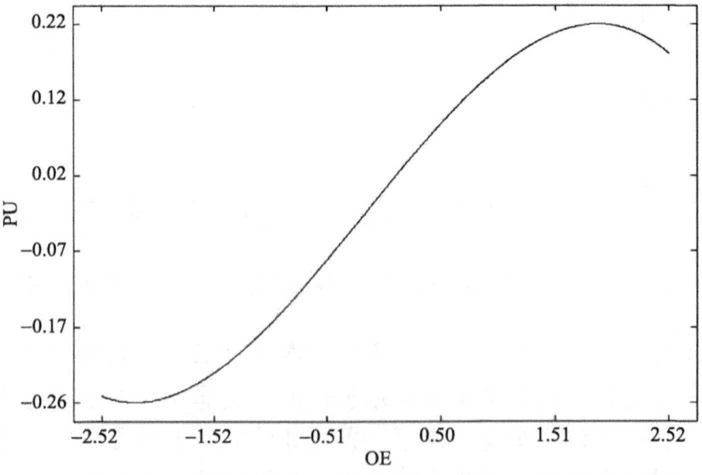

图 4-16　在线评价（OE）与感知有用性（PU）的关系图

随着在线评价的增加而降低，这可能是由个体特性所造成的，是源于个体的独特想法。在中期，随着在线评价上升，感知有用性也上升。当用户在使用某项技术或系统的时候，在不确定的情况下，用户会查看其他消费者对该系统的评价。用户感知评价质量越高，那么他们会相信该系统的有用程度越高。因此，在线评价对感知有用性有显著正向影响。这与前文的假设相符合。

在线评价对行为意愿的影响如图 4-17 所示。由图 4-17 可以看出，用户行为意愿随着在线评价的增加是先减少后增加。这说明移动健康系统用户对移动医疗平台的在线评价信息和评价者信任度很高，特别是移动医疗平台的双面在线评价，会让潜在移动医疗平台用户认为在线评价更真实和全面，并增强对平台有用性的感知。因此，在线评价对用户使用移动健康系统意愿有显著正向影响。这提醒了移动健康系统的管理者，在发现用户有负面评价时，要积极和用户沟通，争取消除顾客的负面评价。这对其他用户使用该系统有推动作用。

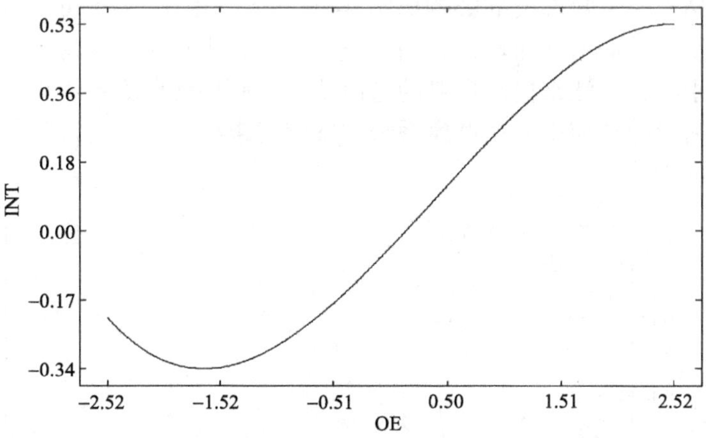

图 4-17　在线评价（OE）与行为意愿（INT）的关系图

感知疾病威胁对用户态度的影响如图 4-18 所示。由图 4-18 可以看出，用户感知疾病威胁与用户态度两者呈线性关系，用户态度随着感知疾病威胁的增加而增加。这说明，当用户看到周围人患某种病或者因为某种病而死亡的时候，他们便会感知到这种疾病的威胁程度，这种感知越强烈，用户使用移动健康系统的态度就越强烈，进而就会去使用移动健康系统。因此，感知疾病威胁对用户态度有正向影响。

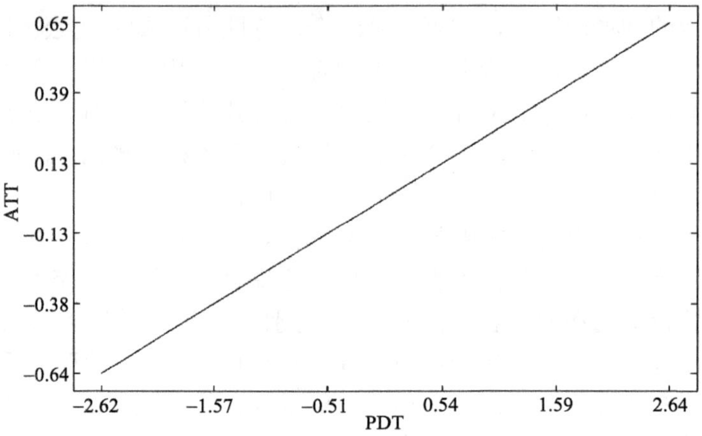

图 4-18 感知疾病威胁（PDT）与用户态度（ATT）的关系图

感知易感性对用户态度的影响如图 4-19 所示。由图 4-19 可以看出，用户态度随着感知易感性的增加而增加。当用户感知自己比别人更容易患病的时候，那么他们会寻求各种方法来提高自身的健康状态，而移动健康系统正是用户想要寻求的东西，所以用户使用移动健康系统的态度就越积极。因此，感知易感性对用户态度有正向影响。

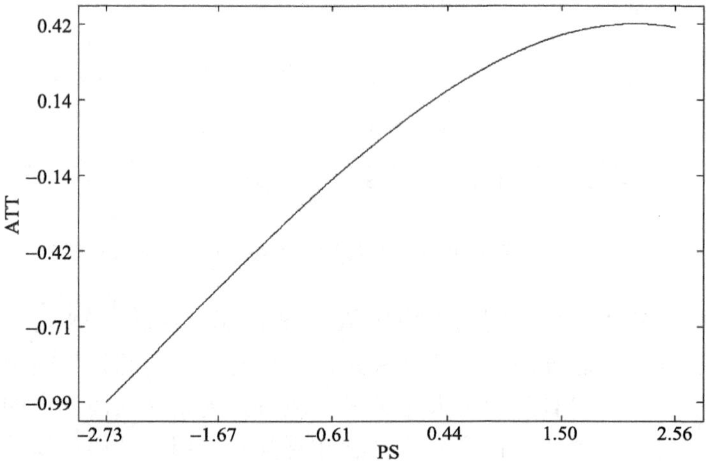

图 4-19 感知易感性（PS）与用户态度（ATT）的关系图

5. 感知行为控制、主观规范、从众行为、用户态度与行为意愿

感知行为控制、主观规范、用户态度和行为意愿是 TPB 理论中的变量。从众行为也称为羊群行为，最初用于金融市场的研究。在信息不对称的情况下，消费

者会受到他人行为的影响，反思自己独立思考的结果时就会采取模仿他人的行为。

感知行为控制对行为意愿的影响如图 4-20 所示。在图 4-20 中我们可以发现，用户的感知行为控制与行为意愿之间是一种非线性关系，后者随着前者的增强而不断地增强。这说明当用户能完全主导自己的行为时，即拥有足够的资源和机会去使用移动健康系统时，他们往往会更愿意使用移动健康系统。计划行为理论认为，当个人对行为的感知控制越强时，其采取某项特定行为的意愿也会越大。这与计划行为理论相一致。企业、政府可以抓住这一点，来推行移动健康系统。

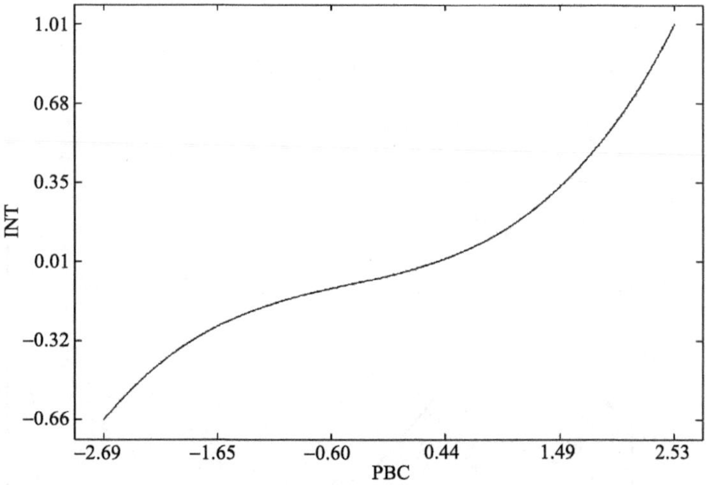

图 4-20　感知行为控制（PBC）与行为意愿（INT）的关系图

主观规范对行为意愿的影响如图 4-21 所示。据图 4-21 显示，行为意愿会随着主观规范的增加而增加，两者是非线性关系。这说明当用户身边的亲朋好友都使用移动健康系统并向用户推荐时，用户便会相信移动健康系统的作用，进而行为意愿增强；反之，用户的行为意愿会下降。这与计划行为理论的研究相一致。因此，主观规范对行为意愿有显著正向影响。

从众行为对行为意愿的影响如图 4-22 所示。从图 4-22 中可以清晰地看出，开始时，行为意愿随着从众行为的增加而下降，当从众行为达到 1.57 的时候，行为意愿开始上升，两者呈非线性关系。这说明当众人都不使用移动健康系统的时候，个体也不会去使用移动健康系统。反之，用户在看到周围人都使用移动健康系统的时候，为了得到其他人的认可和欢迎，也会去使用移动健康系统。在移动健康系统并不普及的城镇地区，当周围人都不使用移动健康系统时，个体用户也会跟从大众，不会想去使用该系统。因此，从众行为对用户行为意愿有负向影响。

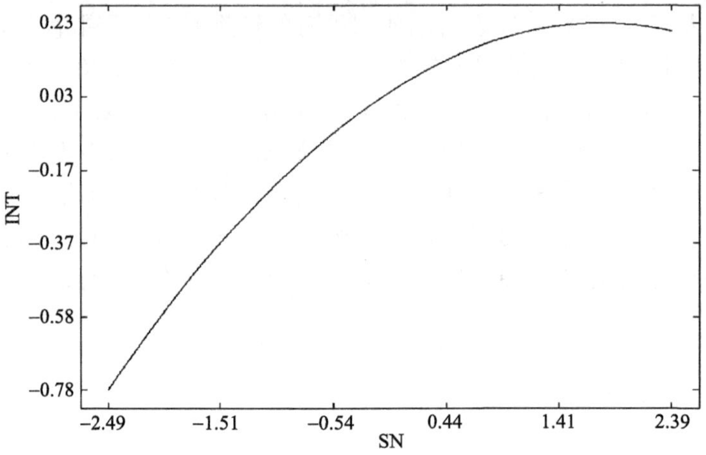

图 4-21　主观规范（SN）与行为意愿（INT）的关系图

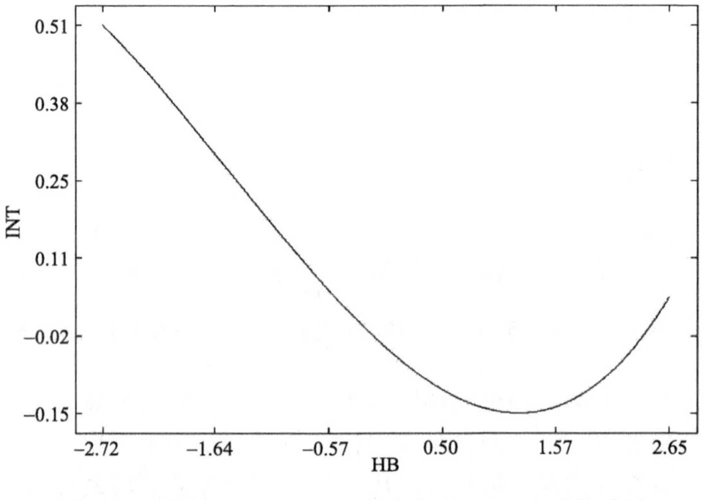

图 4-22　从众行为（HB）与行为意愿（INT）的关系图

用户态度对行为意愿的影响如图 4-23 所示。据图 4-23 显示，行为意愿随着态度的增加而增加。这说明用户态度越积极，行为意愿越强烈。江苏城镇地区，基础设施基本完善，通信相对农村地区较发达，但是移动健康系统的发展还是相对缓慢。城镇居民对使用移动健康系统的态度还相对有所保留。随着企业和政府部门相互协作地推行移动健康系统，用户对移动健康系统的态度也会越来越积极，那么他们使用移动健康系统的意愿就越明显。因此，用户态度对用户使用移动健康系统意愿有正向影响。

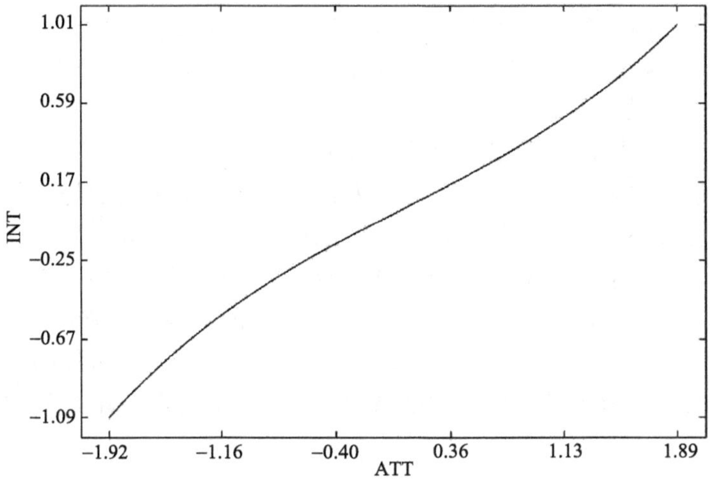

图 4-23　用户态度（ATT）与行为意愿（INT）的关系图

居民使用移动健康系统的意愿对实际行为的影响如图 4-24 所示。由图 4-24 可知，行为随着行为意愿的增加而增加。这说明用户行为意愿越强，用户使用行为越强烈。因此行为意愿对用户使用行为有正向影响。

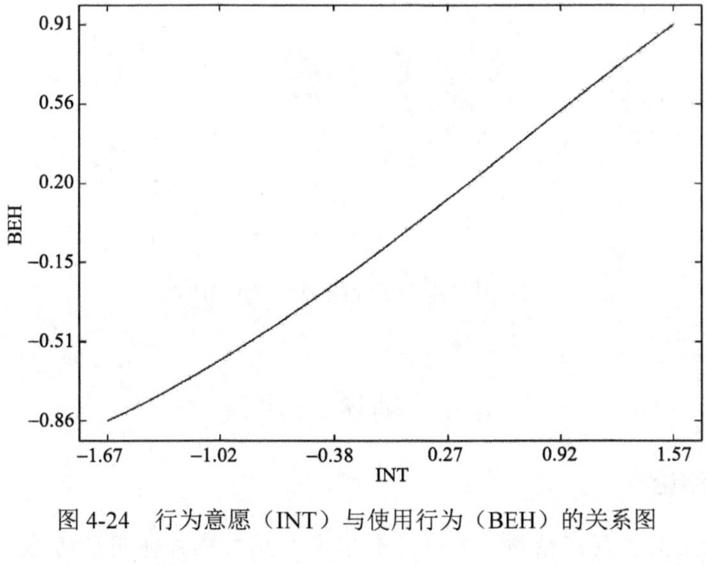

图 4-24　行为意愿（INT）与使用行为（BEH）的关系图

6. 用户惯性的调节效应

国内外将惯性作为调节变量来研究用户使用行为的文献较少，只有部分学者研究了习惯对用户行为的影响。惯性和习惯的意义虽然相似，但还是存在着一些不同点。惯性强调的是个体与生俱来的，而习惯是后天养成的。图 4-25 描述了用户行为意愿、实际行为以及惯性三者形成的 3D 关系图。其中 INT 表示行为意愿，BEH 表示使用行为。

由图 4-25 可以看到，当用户处于较低水平惯性时，在整个阶段（–1.67～1.57），伴随着行为意愿的增加，用户的使用行为也呈现不断增强的趋势，总体来说，整条曲线虽然有较小波动，但是呈正向发展趋势。而当用户处于高惯性水平时，由图 4-25 可以看出，曲线总体的波动较小，总的来说呈现向下波动的趋势。在后期（0.27～1.57），用户的实际行为并不随着行为意愿的增强而增强，反而在下降，这一现象是由惯性的负向调节作用导致的，也就是说，当用户对移动健康系统的实际行为主要由惯性影响时，移动健康系统用户行为意愿对使用行为的正向作用就逐渐减弱。

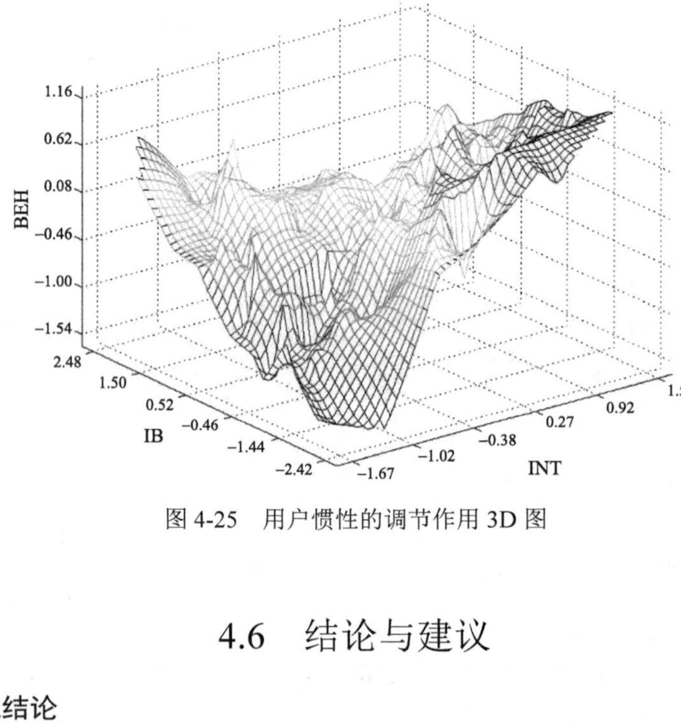

图 4-25　用户惯性的调节作用 3D 图

4.6　结论与建议

4.6.1　研究结论

1. 乐观主义、创新精神、不适感和不安全感对感知易用性的影响

在以上研究中，乐观主义、创新精神、不适感和不安全感对感知易用性的影响得到了充分的验证。在这四者中，创新精神（β=0.33，$p\leqslant 0.01$）对感知易用性的正向影响最大，其次是乐观主义（β=0.26，$p\leqslant 0.01$）；而不适感（β=–0.27，$p\leqslant 0.01$）对感知易用性的负向影响最大，其次是不安全感（β=–0.23，$p\leqslant 0.01$）。

分析结果表明，在用户自身乐观主义和创新精神提高的情况下，用户感知移动健康系统的易用性也会提高。如果用户的不适感和不安全感增强，那么感知移动健康系统的易用性就会降低。

2. 乐观主义、创新精神、不适感和不安全感对感知有用性的影响

在以上研究中，乐观主义、创新精神、不适感和不安全感对感知有用性的影响都得到了充分的验证。在这四者中，创新精神（β=0.22，$p\leqslant 0.01$）对感知有用性的正向影响最大，其次是乐观主义（β=0.20，$p\leqslant 0.01$）；不适感（β=–0.18，$p\leqslant 0.01$）对感知有用性的负向影响最大，其次是不安全感（β=–0.14，$p\leqslant 0.01$）。这说明，用户的乐观主义和创新精神越强，则他们感知移动健康系统的有用性越强。用户的不适感和不安全感越强，用户感知移动健康系统的有用性越低。

3. 感知易用性、感知有用性、用户态度和行为意愿之间的关系

研究结果显示，感知易用性（β=0.44，$p\leqslant 0.01$）对感知有用性有显著正向影响。感知易用性（β=0.14，$p\leqslant 0.01$）和感知有用性（β=0.44，$p\leqslant 0.01$）对用户使用态度有正向影响。其中感知有用性对态度的作用更明显。感知有用性（β=0.31，$p\leqslant 0.01$）对用户行为意愿有正向影响。

4. 在线评价、感知疾病威胁和感知易感性之间的相互影响

研究结果显示，感知疾病威胁和感知易感性对使用态度有显著影响。通过实证研究，这些假设都得到了充分的验证。在线评价（β=0.14，$p\leqslant 0.01$）对感知有用性有正向影响。在线评价（β=0.21，$p\leqslant 0.01$）对用户行为意愿有正向影响。感知易感性（β=0.30，$p\leqslant 0.01$）对用户态度的影响较大，其次是感知疾病威胁（β=0.24，$p\leqslant 0.01$）。

5. 感知行为控制、主观规范和从众行为对行为意愿的影响

研究结果显示，感知行为控制（β=0.20，$p\leqslant 0.01$）对用户行为意愿有正面影响，主观规范（β=0.21，$p\leqslant 0.01$）对用户行为意愿有正向影响。而从众行为（β=–0.13，$p\leqslant 0.01$）对用户行为意愿有负向影响。

6. 用户态度、行为意愿和使用行为三者之间的关系

研究结果显示，用户态度（β=0.33，$p\leqslant 0.01$）对行为意愿有正向影响。行为意愿（β=0.66，$p\leqslant 0.01$）对使用行为有显著正向影响。这说明用户态度越积极，行为意愿就越强烈，进而产生使用行为。

7. 惯性对使用行为的影响

研究结果显示，用户惯性（β=–0.44，$p \leqslant 0.01$）在用户行为意愿与使用行为之间具有显著的负向调节作用。当用户行为很大程度上依赖于惯性行为时，行为意愿对用户使用行为产生的正向影响就会减弱。

4.6.2 对策与建议

根据以上研究结论和启示，为了进一步推动移动健康系统在城镇地区的发展，提高用户对移动健康系统的使用行为，提出以下几点建议。

（1）城镇居民越是乐观，那么他们感知移动健康系统的有用性和易用性越强。那么如何让居民变得乐观成为我们要解决的关键问题。在实际环境中，移动健康系统的开发者应该尽可能通过各种设计来增加用户的乐观性、创新意识和降低用户的不适感、不安全感，从而促使他们提高对移动健康系统有用性和易用性的感知。例如，利用系统简洁、新颖的界面设计和强大功能、资源的拥有量来迎合用户的需求，这往往会在无形之中激发他们对移动健康系统的乐观主义和创新精神的感知。政府和企业可以通过对用户进行教育培训、专题答疑等宣传方式来增加用户对移动健康系统的认知，这不仅能提高用户对系统功能的了解，还能增加用户对系统操作的娴熟度，从而降低系统认知带来的负向影响。企业和政府还可以通过邀请用户使用移动健康系统来促进移动健康系统的使用，并向他们解释其便捷性和有用性。开发者还可以收集用户的意见，完善系统。改进后的系统提高了用户的感知有用性和易用性，进而增加了用户对系统的持续使用意愿。这将会创造一个良性循环，因为开发者采纳了关于系统改进的用户建议。相关部门还可以免费发放移动健康系统设备让用户免费体验，让用户切身体会到该系统的实用性和便捷性。用户对系统的反馈情况好的话，企业人员可以给他们进行专业知识的讲解，继续培养这批用户，增加用户黏性。这批用户知道系统的好处后，他们便会向周围人推荐该系统。

当用户表现出乐观主义和创新精神时，相关部门应该主动向他们提供技术援助。然而，系统带来的不适感和不安全感也意味着医院应该为用户提供更加便捷和简单的技术，以减轻他们对系统使用的担忧。例如，如果移动健康系统能为患者提供及时预约的服务，患者在与医院服务接触中能够获得令人满意的用户体验，这次经验就会降低用户的不适感和不安全感，这将提高他们对感知系统有用性和易用性的程度，用户就会再次去使用移动健康系统。随着互联网通信设备在城镇的普及，越来越多的人更喜欢使用智能手机应用程序，因此用户的不适感和不安全感会渐渐降低。企业和政府在推广移动健康系统时，应该以用户更愿意尝试新技术为基础。这样的用户可以更快、更准确地操作系统，这将会增加用户感知有用性和易用性的程度。用户才会去使用移动健康系统，并反过来影响他人。

在实际研究中，发现女性用户对系统的不适感和不安全感明显高于男性用户。这表明不同群体的技术准备度不一样，对系统的要求也不一样。例如，女性用户可能会更加关注对一些妇科疾病的预防和一些生理期知识的了解，而男性用户则不同，他们会更加关注强身健体方面的知识。所以企业开发者应该了解不同群体的要求，打造出符合他们生活习惯的移动健康系统。只有这样用户才会表现出高水平的乐观和创新，低水平的不安全感和不适感，从而去使用移动健康系统。

（2）当前，移动互联网设备已基本普及，政府和企业应该利用互联网来加强和用户的交流，增强移动健康系统的正面评价，从而扩大社会影响。用户受到这种来自社会的压力和亲戚朋友的建议，就去使用移动健康系统。移动健康系统的提供商应该把握住用户的感知行为控制，在一些特殊使用的地点进行移动健康系统的推广布局。例如，提供一些优惠活动，有的放矢地组织专业培训活动，当用户感知自己有足够的金钱和时间去使用移动健康系统时，那么他们也愿意去使用移动健康系统。针对用户态度能正向影响用户使用行为，企业和政府部门要促进居民对移动健康系统价值的理解，可以借助奖励机制和提供互动化服务，提高居民的参与度，培养居民乐于使用移动健康系统的态度。

（3）用户对移动健康系统的态度很大程度上还受系统的有用性和易用性影响，由于一般的用户都属于非专家型消费者，对产品缺乏深层次的了解，所以用户对系统有用性和易用性的认可来源于多方面。从传播层面而言，系统推行商可以选取较有影响力的明星或专家来代言，间接提高用户感知系统有用性的程度；从企业层面来考虑，企业必须注重产品品牌的建设，树立良好的社会形象，提高系统知名度，以加强用户感知有用性和易用性的程度，消除其在使用过程中可能会产生的顾虑。在系统的设计方面，设计者应该努力提高系统的有用性和易用性。移动健康系统的服务对象是用户，系统不仅要让用户用得舒适，还要尽可能在较短的时间内让用户找到他们想要的。让用户的需求快速、精确、舒适地实现，这是衡量一个服务系统易用性的标准。在进行系统的设计时，应该以居民为中心去设计功能，要体会到居民的实际感受和使用习惯，而不是将系统设计好让用户去适应。

（4）移动健康系统的推行者，要特别关注各种疾病的传播和一些疾病预防知识，从而增加用户的感知疾病威胁性和感知易感性。特别是在城镇生活的居民，面对城市环境的污染，居民的健康状况也会有相应的问题。推行商和政府更要提高居民感知疾病威胁的程度。例如，可以通过建立微信公众号和微博话题进行疾病知识的宣传。用户的这种感知越强烈，那么他们就越会端正态度，积极预防疾病的发生，从而去使用移动健康系统。

（5）定期优化在线评价内容。首先，管理者可以通过完善系统评论激励机制来引导一些使用者撰写有质量的评论，比如积分奖励机制、现金奖励机制，鼓励用户发布那些长而带图的评论，来提高评论内容的质量。其次，设计者可以设计一个评价内容搜索功能，使用户可以根据自身的需求搜索关键词得到想要的内容，而不必一一翻阅大量繁杂的评价内容，进而提升用户感知在线评价内容质量的程度，用户便会去使用移动健康系统。最后，系统管理者应大力监督评价内容的真实性，更好地保障用户权益，从而切实地为用户提供真实可信的评价内容。

参考文献

曹欢欢, 姜锦虎, 胡立斌, 2015. 社交网络持续使用: 从众行为和习惯调节作用[J]. 华东经济管理, 29(4): 156-162.

程珊珊, 刘婷, 白帆, 等, 2017. 中学生研学旅游基地选择的影响因素研究——基于 TPB 模型的研究[J]. 河北旅游职业学院学报, 22(4): 93-99.

崔洪成, 2022. 移动健身 APP 使用意愿研究——基于技术准备度与技术接受模型(TRAM)[J/OL]. 中国体育科技: 1-10.

杜惠英, 王兴芬, 庄文英, 2017. 在线评价对消费者购买意愿影响理论模型与实证研究[J]. 中国流通经济, 31(8): 49-56.

顾忠伟, 徐福缘, 卫军, 2015. 可穿戴商务消费者初始信任影响因素的实证研究[J]. 管理评论, 27(7): 168-176.

蒋知义, 王兆丰, 刘钊, 等, 2020. 基于扩展 UTAUT 模型的移动电子健康服务用户使用意愿实证研究[J]. 图书馆, (11): 40-46.

金晓玲, 章甸禹, 冯慧慧, 2018. 移动社交媒体中健康类信息传播效应实证研究[J]. 情报科学, 36(9): 129-135.

林玉川, 2014. 移动打车软件用户行为研究[D]. 厦门: 厦门大学.

刘蕤, 张雨萌, 余佳琪, 2020. 健康素养视角下的移动医疗 APP 用户体验研究[J]. 现代情报, 40(10): 62-72+143.

刘嫣, 张海涛, 李佳玮, 等, 2021. 移动终端视角下的老年用户在线健康信息搜寻行为影响因素研究[J]. 图书情报工作, 65(11): 46-54.

罗长利, 朱小栋, 2015. 基于 TAM/TPB 和感知风险的余额宝使用意愿影响因素实证研究[J]. 现代情报, 35(2): 143-149.

马骋宇, 刘乾坤, 2020. 移动健康应用程序的隐私政策评价及实证研究[J]. 图书情报工作, 64(7): 46-55.

任聪, 邓朝华, 2014. 移动健康服务用户接受模型及其实证研究[J]. 中国卫生统计, 31(6): 1015-1018+1022.

邵婷, 王昕, 2017. 移动医疗 APP 用户接受行为影响因素分析[J]. 厦门理工学院学报, 25(4): 26-32.

宋慧林, 吕兴洋, 蒋依依, 2016. 人口特征对居民出境旅游目的地选择的影响——一个基于 TPB 模型的实证分析[J]. 旅游学刊, 31(2): 33-43.

陶晓波, 张欣瑞, 杨建坤, 等, 2017. 在线评论、感知有用性与新产品扩散的关系研究[J]. 中国软科学, (7): 162-171.

王莉, 2016. TPB 与 PMT 组合视角下的移动健康服务用户行为意愿研究[D]. 武汉: 武汉纺织大学.

卫艳利, 曹晓强, 蔡雁岭, 等, 2018. 基于技术接受模型的慢性病远程监护服务使用意愿的影响因素研究[J]. 中国全科医学, 21(8): 958-964.

徐杰, 陈晨, 2017. 互联网理财产品使用影响因素实证研究——基于 TAM 模型和 TPB 理论视角[J]. 征信, 35(9): 62-66.

闫绘如, 2017. 基于 TAM 模型的移动网络直播受众行为调查分析[D]. 天津: 天津财经大学.

杨子仪, 常青, 邱桂苹, 等, 2014. 基于智慧医疗服务平台的移动健康系统应用探讨[J]. 科技资讯, 12(8): 33-34+36.

张博文, 金龙, 金新政, 2017. 移动健康服务用户行为意愿实证研究[J]. 智慧健康, 3(6): 6-12+17.

张敏, 罗梅芬, 聂瑞, 等, 2017. 信息生态视域下移动健康信息消费行为分析——以健康可穿戴技术为例[J]. 图书情报知识, (3): 61-70.

张泰瑞, 陈渝, 2019. 基于 LDA 模型因素提取的健康信息用户转移行为研究[J]. 图书情报工作, 63(21): 66-77.

张圆刚, 余向洋, 程静静, 等, 2017. 基于 TPB 和 TSR 模型构建的乡村旅游者行为意向研究[J]. 地理研究, 36(9): 1725-1741.

赵庆, 施国洪, 邵世玲, 2015. 技术准备度对移动图书馆服务质量的影响机制研究[J]. 图书情报工作, 59(17): 33-40.

郑小平, 2008. 在线评论对网络消费者购买决策影响的实证研究[D]. 北京: 中国人民大学.

朱晶, 2015. 基于 TAM 模型的研究生移动学习影响因素研究[D]. 济南: 山东师范大学.

邹霓, 2016. 移动学习 APP 持续使用意愿影响因素研究[D]. 重庆: 重庆大学.

Abamecha F, Godesso A, Girma E, 2013. Intention to voluntary HIV counseling and testing (VCT) among health professionals in Jimma zone, Ethiopia: The theory of planned behavior (TPB) perspective [J]. BMC Public Health, 13(1): 399-407.

Acheampong P, Li Z W, Antwi H A, et al., 2017. Hybridizing an extended technology readiness index with technology acceptance model (TAM) to predict e-payment adoption in Ghana[J]. American Journal of Multidisciplinary Research, 5(2): 172-184.

Ahadzadeh A, Sharif S, Ong F, et al., 2015. Integrating health belief model and technology acceptance model: An investigation of health-related internet use [J]. Journal of Medical Internet Research, 17(2): e45.

Beldad A D, Hegner S M, 2018. Expanding the technology acceptance model with the inclusion of trust, social influence, and health valuation to determine the predictors of german users' willingness to continue using a fitness App: A structural equation modeling approach[J]. International Journal of Human-Computer Interaction, 34 (9) : 882-893.

Borowski S, Tambling R, 2015. Applying the health belief model to young individuals' beliefs and preferences about premarital counseling [J]. The Family Journal, 23(4): 417-426.

Cajita M, Hodgson N, Budhathoki C, et al., 2017. Intention to use mHealth in older adults with heart failure [J]. Journal of Cardiovascular Nursing, 32(6): 1-7.

Chang Y, Ko C, Hsiao C, et al., 2015. Understanding the determinants of implementing telehealth systems: A combined model of the theory of planned behavior and the technology acceptance model [J]. Journal of Applied Sciences, 15(2): 277-282.

Chen P, Dhanasobhon S, Smith M D, 2008. All reviews are not created equal: The disaggregate impact of reviews and reviewers at Amazon.com [J]. SSRN Electronic Journal, 2008: 30035756.

Cheung C, Chiu P, Lee M, 2011. Online social networks: Why do students use facebook? [J]. Computers in Human Behavior, 27(4): 1337-1343.

Darban M, Amirkhiz H, 2015. Herd behavior in technology adoption: The role of adopter and adopted characteristics[C]//2015 IEEE 48th Hawaii International Conference on System Sciences, Kauai, HI, USA.

Davis F D, Bagozzi R P, Warshaw P R, 1989. User acceptance of computer technology: A comparison of two theoretical models [J]. Management Science, 35(8): 982-1003.

Deng Z, Zhang L, Zhang J, 2012. Applying technology acceptance model to explore the determinants of mobile health service: From the perspective of public user[C]//Eleventh Wuhan International Conference on e-Business.

Duarte P, Pinho J C, 2019. A mixed methods UTAUT2-based approach to assess mobile health adoption[J]. Journal of Business Research, 102: 140-150.

Elliott K, Hall M, Meng J, 2013. Consumers' intention to use self-scanning technology: The role of technology readiness and perceptions toward self-service technology [J]. Academy of Marketing Studies Journal, 17(1): 129-144.

Guo X, Sun Y, Wang N, et al., 2013. The dark side of elderly acceptance of preventive mobile health services in China [J]. Electronic Markets, 23: 49-61.

Hallikainen H, Laukkanen T, 2016. How technology readiness explains acceptance and satisfaction of digital services in B2B healthcare sector?[C]//PACIS 2016.

Handayani P W, Indriani R, Pinem A A, 2021. Mobile health readiness factors: From the perspectives of mobile health users in Indonesia [J]. Informatics in Medicine Unlocked, 24(10): 100590.

Hodge F, Maliski S, Itty T, et al., 2014. Colorectal cancer screening: The role of perceived susceptibility, risk and cultural illness beliefs among American Indians [J]. Journal of Cultural Diversity, 21(2): 48-55.

Huang J, 2010. Remote health monitoring adoption model based on artificial neural networks [J]. Expert Systems with Applications, 37(1): 307-314.

Hussein Z, Oon S W, Fikry A, 2017. Consumer attitude: Does it influencing the intention to use mHealth? [J]. Procedia Computer Science, 105: 340-344.

Kuo K, Liu C, Ma C, 2013. An investigation of the effect of nurses' technology readiness on the acceptance of mobile electronic medical record systems [J]. BMC Medical Informatics &

Decision Making, 13(1): 88.

Maiga G, Namagembe F, 2014. Predicting adoption of mHealth technology in resource constrained environments [C]//2014 IST-Africa Conference Proceedings, Pointe aux Piments, Mauritius.

Moraes G H S M, 2016. Herd behavior in the use of information technology [J]. IEEE Latin America Transactions, 14(8): 3868-3874.

Mtenga S M, Exavery A, Kakoko D, et al., 2015. Social cognitive determinants of HIV voluntary counselling and testing uptake among married individuals in Dar es Salaam Tanzania: Theory of Planned Behaviour (TPB) [J]. BMC Public Health, 15(1): 1-8.

Ndayizigamiye P, Maharaj M, 2017. Mobile health adoption in Burundi: A UTAUT perspective[C]//2016 IEEE Global Humanitarian Technology Conference (GHTC), Seattle, WA, USA.

Parasuraman A, 2000. Technology Readiness Index (TRI): A multiple-item scale to measure readiness to embrace new technologies [J]. Journal of Service Research, 2(4): 307-320.

Park J, Kim J, Koh J, 2010. Determinants of continuous usage intention in web analytics services [J]. Electronic Commerce Research and Applications, 9(1): 61-72.

Quaosar G, Hoque M, Bao Y, 2017. Investigating factors affecting elderly's intention to use m-Health services: An empirical study [J]. Telemedicine and e-Health, 24(4): 309-314.

Rani N B A, 2016. Factors influencing intention to use mobile banking in Bank Simpanan Nasional using modified technology readiness acceptance model (TRAM) [D]. Malaysia: Universiti Utara Malaysia.

Rosenstock I, 1974. Historical origins of the health belief model [J]. Health Education Monograph, 2(4): 328-335.

Rosenstock I, Derryberry M, Carriger B K, 1959. Why people fail to seek poliomyelitis vaccination [J]. Public Health Reports, 74(2): 98-103.

Saheb T, 2020. An empirical investigation of the adoption of mobile health applications: Integrating big data and social media services[J]. Health and Technology, 10: 1063-1077.

Sotiriadis M D, van Zyl C, 2013. Electronic word-of-mouth and online reviews in tourism services: The use of twitter by tourists [J]. Electronic Commerce Research, 13(1): 103-124.

Sun H, 2013. A longitudinal study of herd behavior in the adoption and continued use of technology [J]. MIS Quarterly, 37(4): 1013-1041.

Taylor S, Todd P A, 1995. Understanding information technology usage: A test of competing models[J]. Information Systems Research, 6(2): 144-176.

Venkatesh V, Thong J Y L, Xu X, 2012. Consumer acceptance and use of information technology: Extending the unified theory of acceptance and use of technology [J]. MIS Quarterly, 36(1): 157-178.

Wang J, Tsai C, Wang S, 2013. Using telecare system to construct medication safety mechanisms for remote area elderly [J]. Journal of Chemical & Pharmaceutical Research, 5(11): 1-5.

Yan M, Filieri R, Raguseo E, et al., 2021. Mobile APPs for healthy living: Factors influencing continuance intention for health APPs [J]. Technological Forecasting and Social Change, 166(3): 120644.

Yoo J, Choi S, Choi M, et al., 2014. Why people use twitter: Social conformity and social value perspectives [J]. Online Information Review, 38(2): 265-283.

Yuan S, Ma W, Kanthawala S, et al., 2015. Keep using my health APPs: Discover users' perception of health and fitness APPs with the UTAUT2 Model [J]. Telemedicine and e-Health, 21(9): 735-741.

Zong J, Zhu X, Sui C, 2017. Investors' portfolios inertial behavior: Laboratory evidence[J]. Journal of Management Sciences in China, 20(11): 61-74.

第 5 章　城镇居民移动游戏使用行为研究

近年来，随着智能移动设备的普及和便捷化，移动游戏产业也处于快速发展阶段。移动游戏不仅是一种大众娱乐休闲方式，也是重要的线上交流平台，区别于端游，移动游戏指在手机等移动设备上的游戏，有时也直接称为手机游戏，本章不作严格区分。目前，移动游戏受到众多游戏玩家的广泛关注与欢迎，移动游戏不但给用户带来了丰富的游戏体验，而且增加了社交体验。当前学者主要是从移动游戏发展策略和游戏玩家使用偏好等领域展开研究，鲜有针对游戏平台使用行为进行研究。本章结合沉浸理论，以城镇居民移动游戏玩家为对象，探讨移动游戏使用行为意愿与流体验、感知有用性、客户满意度以及社会临场感之间的关系，分析移动游戏玩家的社会临场感和流体验对移动游戏使用满意度和使用行为的影响，期望从全新的视角对移动游戏玩家使用行为偏好进行分析，为各类移动游戏开发商洞察玩家心理需求、提升游戏玩家的忠诚度和满意度提供理论参考。

5.1　移动游戏国内外研究现状

随着手机游戏产业的不断快速发展，国内外学者对手机游戏产生了浓厚的兴趣，并且从不同的角度对手机游戏和手机游戏用户进行了调查研究，主要是通过研究影响手机游戏用户使用意愿的因素来确定使用行为。本章通过查阅国内外相关文献，发现很多学者从不同角度对手机游戏进行了研究，主要集中在用户的使用意愿、手机游戏成功的因素、手机游戏的设计等方面。

在国内，大部分现有文献主要把精力集中在手机游戏设计研发领域。郭文文（2013）以米哈里·契克森米哈赖的流体验理论为理论基础，为了研究提高手机游戏流体验的方法，选择从手机游戏设计的角度出发，分析了游戏性对心流体验的影响，提出了游戏性的设计原则。刘畅（2013）基于消费者接受理论，结合前人的研究成果，分析出手机游戏成功的关键因素为内容创新、游戏时间、社交网络体验和操作的便捷性。许懋琦和于晓燕（2014）从设计学角度来分析好的游戏的成功因素，得出了游戏开发商需在创新的基础上注重游戏的可视性、美观性、易用性和游戏文化素养的结论。严宁宁（2015）通过对大量文献资料的整理分析，以及采用问卷调查和用户访谈等形式的调查研究，总结出基于用户体验的女性手机游戏界面设计的影响因素，并将其归纳为用户因素、行为因素、场景因素和技术因素四个方面，并进行了阐述。安航（2016）深入分析了当下手机游戏以及手机游戏 UI 设计的现状，抓住智能手机的交互特点，从实践经验出发，全面地总结分析了手机游戏 UI 设计的方法和准则，并提出手机游戏 UI 设计类型化应用。李媛（2016）通过对国内外手机游戏中的美术设计进行对比分析，提出了美术设计的创作思路，认为只有程序与美术之间达到互相平衡，才能顺利地完成一款游戏的制作，提出了美术设计是吸引玩家的重要因素。王芷（2017）将情感化设计交互理论应用到移动游戏中，她认为情感能支配人的行为，对游戏的设计有重要的作用，能为我们用户带来更好的视听感受。有些学者对手机游戏成功的因素进行了研究。李涯（2017）从年轻女性的视角，分析出以年轻女性为主要用户的成功手机游戏具备的特质主要包括：与美丽有关、满足了女性的幻想和无竞争压力。段菲菲等（2017）以 Flow 理论和 TAM 理论为基础探究了手机游戏用户黏性影响因素。姜邻泉（2018）设计的足球小游戏程序简单、占用手机内存小、操作流畅，进而成功地使玩家产生了较好的游戏体验。曹国和刘晨蓉（2021）探讨了移动游戏使用行为意向与流体验、感知有用性、客户满意度以及社会临场感之间的关系，分析了移动游戏玩家的社会临场感和流体验对移动游戏使用满意度和使用行为的影响。

此外，有些学者对手机游戏用户的使用行为产生兴趣，主要针对用户的使用意愿进行研究。包成名（2014）通过搜集 255 份有效问卷，研究了移动游戏的用户持续使用意愿的影响因素，分析得出沉浸体验、努力期望、满意度对用户的持续使用意愿有直接的正向影响。而张艳（2015）通过研究手机游戏用户的忠诚度来研究用户的使用行为，她认为忠诚是一种特定行为的持续，因此通过信度、效度和结构方程分析，研究认为用户行为忠诚、态度忠诚、转换成本等是影响手机游戏玩家用户忠诚度的主要因素。陈恳（2015）通过问卷调查和对样本数据的统计，分析了联想手机用户游戏使用意愿影响因素，得出结论：感知有用性、社会主观规范、感知易用性等因素对联想手机用户的游戏使用意愿有影响。王耀民等（2019）在沉浸理论、时间碎片化理论和口碑传播理论的基础上，提炼了手机游戏用户使用意愿影响因素模型。王亚敏和王林林（2017）采用问卷调查法搜集了 252 份有效问卷，利用 SPSS 软件处理数据，探讨感知有用性、感知价值和忠诚度对移动游戏用户消费意愿的影响，研究结果表明，用户感知有用性对忠诚度的影响最大，并通过用户忠诚度间接影响用户的持续使用意愿。考虑到内在和外在动机因素如何影响不同性别的移动游戏用户忠诚度和游戏内购买意愿仍不得而知，Cheung 等（2021）基于动机理论的视角，通过 605 名移动游戏玩家研究了性别因素对中国移动游戏玩家客户忠诚度的影响机理，研究认为感知的游戏性、有竞争力的价格和虚拟奖励显著影响用户的手机游戏忠诚度和游戏内购买意愿。Ye 等（2020）基于技术接受模型、流体验和客户满意度模型，通过对 319 名女性移动游戏玩家的数据调查，分析了影响女性手机游戏持续使用意愿的主要因素。Yu 和

Huang（2022）研究认为游戏化、功利、享乐和社会价值积极影响用户在移动商务平台上玩游戏。另外，移动商务平台上的迷你游戏对女性更具吸引力。

Csikszentmihalyi 和 LeFevre（1989）研究认为流体验是指当人们完全投入某项活动中时，获得的一种贯穿全身的内在感觉，在此种状态下，似乎有一种内在逻辑指引着身体的各种动作，而无须主体有意识地控制。Short 等（1976）认为，社会临场感是在利用媒体进行沟通过程中，一个人被视为“真实的人”的程度及与他人联系的感知程度。Engl 和 Nacke（2013）基于先前的通用游戏模型提炼了移动游戏用户体验影响因素模型。Bhattacherjee（2001）在其研究中将期望确认模型与技术接受模型结合并引入信息系统中，建立了包含期望确认度、感知有用性、满意度以及持续使用意愿四个变量的信息系统使用模型，其中期望确认度直接作用于感知有用性和满足度，而感知有用性与满足度又直接影响持续使用意愿。关于手机游戏成功因素的研究中，Jang 等（2021）研究认为产品质量、产品创新性、价格可接受性、产品易用性对情感性的在线评论有影响。Park 和 Kim（2013）发现了三个游戏成功的关键要素，即目标市场、知名度、用户的使用意愿，许多其他因素都是通过这三项因素影响着游戏绩效的。Ashfaq 等（2021）针对蚂蚁森林游戏用户构建了用户态度和持续使用行为模型，研究发现用户环境知识对蚂蚁森林游戏用户态度和持续意向具有显著的调节作用。此外，关于手机游戏用户使用行为的研究，Chen 和 Kuan（2012）研究得出，绩效期望、期望努力、社会影响、促进条件通过决定用户在手机上使用在线游戏的态度，从而影响到用户的使用意愿。Merikivi 等（2017）认为新奇、美观和易于使用的界面是移动游戏享受的驱动因素，并影响移动游戏用户持续使用意愿。

5.2　移动游戏使用行为的相关理论基础

5.2.1　流体验理论

米哈里·契克森米哈赖于 1975 年提出了流理论，他从对数百个艺术家、音乐家以及外科医生等专业人士的研究中发现，个体即使进行不同性质的活动，当活动进行得非常流畅且在自己的掌握中时，个体感到投入以及愉悦的自我体验都是相似的，这样的体验被称为最佳体验（optimal experience）。Csikszentmihalyi 和 LeFevre（1989）还将流体验定义为一个专业人士可以长时间自主地关注活动，而不会主观地体验时间的流逝。他提出流体验的十个特征，包括清晰的目标、明确而即时的反馈、挑战与技能匹配、内在奖励、行为与意识融为一体、全神贯注、掌控的感觉、自我意识丧失、时间的消逝和体验本身变得有目的性。

Novak 等（2000）强调，人类必须受到某些先例的影响才能体验到流状态。

Zhou（2013）指出，手机游戏的操作环境与常规 PC 游戏的操作环境不同，由于移动设备的带宽比台式 PC 的稳定性要差一些，他认为，手机游戏用户的流体验可能受到移动设备连接稳定性的影响。Su 等（2016）以 394 名本科生为调查对象，采用结构方程模型分析和 FsQCA 方法，研究流体验影响玩家忠诚度的因素，得出人机交互、社交互动、技能和挑战能够独立积极地影响流体验的结论。

5.2.2 人机交互与社交互动

人机交互和社交互动都属于互动，根据牛津词典，互动被定义为人、群体或事物相互作用或相互影响。在电脑游戏中，互动被分为两种：用户系统即人机交互（HI）和用户-用户系统即社交互动（SI）。人机交互是指人和电脑之间通过某种特定的语言进行对话，采用独特的交互方式，完成已经明确任务的人和电脑间的信息交换过程。人机交互涉及人和计算机活动的研究和计划设计，这种互动模式提供了可定制、有情感、有意义和有效的电脑游戏体验；社交互动指人们彼此或与其他社会结构交谈或行动的方式，它可以根据人们共同行动的频率来让游戏用户评估其他人在会议和团队中的状态。

5.2.3 技能与挑战

Csikszentmihalyi 和 LeFevre（1989）提出，技能和挑战是影响流体验的两个主要因素，一个具有高技能的需求但程度比较低的游戏可以轻松地吸引游戏用户。相比之下，技能极低而且难的游戏可能会导致用户产生对游戏的焦虑感。Hoffman 和 Michel 认为，挑战和技能平衡是达到流体验的必备条件之一，指游戏的难度和玩家的技能应该处于一种平衡的状态，既不能超级难，又不能太简单。在个体的技能刚好足以应对活动所给予的挑战时，个体会感到愉悦以及满足。当你面对一系列清晰明朗的目标，需要采取合适的措施实现它，那么流体验便能轻易实现，比如玩球类运动、下棋、玩扑克牌等，由于这些活动都具备明确的目标和行为准则，参与者明确地知道每一步骤应该怎么进行。

5.2.4 期望确认模型

期望确认模型是 Oliver 在 1980 年第一次提出的。这个理论表示，购买者通过确认来判断自己是否对产品或服务满意，这里的确认是指消费者购买之前的期望与购买之后的实际绩效的对比结果，而满意度则是用户之后再次购买或者用户的持续使用意向的参考依据。期望确认模型一共包括四个变量：感知有用性是指用户认为使用信息系统（IS）将提高目标表现的程度；期望确认度是指在用户实际使用信息系统之前将感知效用与期望进行比较的程度，并且感知的有效性和期望值得到满足；满意度是指用户的满意回应，即对产品或服务的整体评估；持续使用意愿意味着用户愿意在很长一段时间内继续使用信息系统。

2001 年，Bhattacherjee 对期望确认模型中每个变量之间的关系进行了研究。他认为，当用户使用某信息系统以后，他们的期望确认度对感知有用性和满意度产生直接影响，另外，感知有用性和满意度是期望确认度与持续使用意愿之间的桥梁，期望确认度能通过这两个变量对用户持续使用意愿产生影响。

5.2.5　社会临场感理论

社会临场感又被称为社会存在、社会表露、社会呈现，很多学者对其有不同的见解。Short 等于 1976 年将社会临场感视为单一维度，代表了面对面沟通中自然发生的几个因素的综合认知，如语音和手势。而这种原始概念已经以协作虚拟环境的各种方式进行了调整，比如，Heeter 在 1992 年将社会临场感定义为虚拟环境中存在的生物和合成的其他生物的程度，并且似乎对用户做出反应，她强调，互动对社会临场感起着重要的作用。

社会临场感由共存、亲密、直接性和即时性等几个因素构成。共存是指与他人一起的主观经验，它强调了与他人的空间存在感和相互意识的感觉。亲密是非语言的即时行为，会在人际交往中形成亲密关系并促进感官刺激，Short 等将亲密作为照顾别人的程度，相信别人、表达自己并与他人建立关系，因此人际关系是在亲密程度的基础上发展起来的。

5.3　研究假设与量表设计

5.3.1　研究假设

1. 人机交互、社交互动与流体验

人机交互与社交互动是游戏领域不可或缺的部分，假如缺失了这部分，玩家就无法将游戏进行下去。同时，与其他用户或者移动设备的互动也会影响玩家对游戏的流体验。流体验就是在人机互动的过程当中，个体在玩计算机游戏时，投入游戏当中而感觉到愉悦，产生正向情感和满足感，让个体想要继续进行人机互动的过程（Webster et al.，1993）。利用人机交互设计的体感游戏操作界面，更容易使人达到情感的最佳体验状态即“心流”状态，除此之外，社交网站用户参与社交网络游戏，使自己与游戏产生了交互性，从而更加显著地影响用户的流体验（代宝和刘业政，2015；薛蛟，2015；Chang，2013）。人机交互侧重用户与 IS 之间交互的程度，社交互动则侧重借助 IS，用户与用户之间交互的程度。通过在线游戏参与的社交互动可以影响游戏用户的流体验，因此，有学者建议游戏开发者应该加强玩家之间的社交互动，以增强用户在游戏中的流体验（Sweetser and

Wyeth，2005）。

就城镇居民而言，手机游戏吸引他们的就是游戏页面的设计、与其他玩家的互动等。以斗地主为例，这是一款用户下载次数比较多的游戏，用户会一边出牌一边猜测队友出牌，根据队友出牌的好与差送礼物或者吐槽等，这些都反映出他们在游戏中的体验，这些体验是与队友、手机的互动带给他们的。因此，提出如下假设：

H1：人机交互对手机游戏用户的流体验有显著的正向影响。

H2：社交互动对手机游戏用户的流体验有显著的正向影响。

2. 挑战、技能与流体验

挑战与技能的匹配是流体验的特征之一，只有当两者平衡时玩家才会有最畅快的流体验，国内外很多学者研究了游戏玩家流体验的影响因素，其中挑战与技能这两者的平衡是影响流体验的重要因素，也是学者们研究的重点。在游戏领域，流体验产生的主要条件包括：① 没有令玩家分心的事物；② 一个正好能匹配玩家技能的活动；③ 有略微高于玩家的能力。显然，想要获得流体验，就需要平衡技能与挑战。此外，探究游戏使用者流状态和影响因素，主要是为了更好地增强玩家的流体验，而当出现玩家的技能与挑战不平衡的情况，我们就有必要想办法来提高玩家的流体验，比如对游戏系统进行动态设计，当技能与挑战不匹配时，游戏系统能辅助玩家提升技能或者降低挑战，从而达到更好的流体验。相关研究显示，技能与挑战的匹配会影响玩家的流体验（韩金男，2013；甄智椋和邓嵘，2017）。

不难发现，挑战和技能是影响玩家流体验的重要因素。目前，微信用户的数量日益剧增，一些游戏开发商与微信开发商家合作，推出“赢微信红包”等挑战赛，这样很多具备相关技能的城镇居民就会参赛进行挑战，从而获得体验后的满足感。因此，提出如下假设：

H3：挑战对手机游戏用户的流体验有显著的正向影响。

H4：技能对手机游戏用户的流体验有显著的正向影响。

3. 期望确认度与感知有用性

信息系统的期望确认模型被广泛地用于解释社交网站和移动数据服务的用户持续使用意向。在手机游戏方面，期望确认度是用户期望与实际体验之间的差距的程度，感知有用性可以看作是手机游戏用户认为玩游戏过程中体验到的画面感、游戏配置音乐等会提高其兴趣程度，两者是期望确认模型中的重要影响因素。在移动网络时代的背景下，各类网站、APP 等层出不穷，对期望确认度和感知有用性的研究也不仅仅局限在某个部分。比如，姜峰（2015）以社交网站用户作为研究对象，利用拟合度的方法，研究社交网站持续使用行为意向的动机。杨根福（2016）以 MOOC（大规模开放在线课程）用户为调查对象，研究 MOOC 用户持续使用行为的影响因素。杨美容（2015）以高校学生和白领群体为调查对象，采用结构方程模型分析方法，研究移动外卖 APP 用户持续使用意愿的影响因素。而宋之杰和石晓林（2013）探讨了团购网站消费者忠诚度的影响因素等，最终结果显示消费者的期望确认度与感知有用性之间存在正向关系。

一般情况下，对于新的手机游戏，城镇居民在玩之前会有一个预期评估，假如实际操作后发现比预期的更加完美，那么他们对游戏的好感度就会进一步增加，同时他们也会将其推荐给周边好友，促进与好友间的游戏互动。因此，在手机游戏领域，提出如下假设：

H5：期望确认度对手机游戏用户感知有用性有显著的正向影响。

4. 期望确认度与满意度

移动用户在使用前会对产品、APP 和网站等产生预期的评估，在真正使用之后产生实际期望，而当实际效果高于原来的预期时，就会得到较高的期望确认度。原先的期望与实际体验会共同影响用户的满意度，当实际结果比期望结果好时，期望确认度就会越高，用户满意度也会越高。在期望确认模型中，期望确认度是一个比较重要的变量，对形成满意度有直接推动作用。手机游戏作为娱乐类的软件，深受广大用户的喜爱。手机商店会将手机游戏按不同的类型进行分类，并且每款游戏会附有相关图片，下面也会有用户对其的评论。因此，新用户就会将这些作为参考，在心中形成预期。当下载并实际玩过之后，用户发现实际的比预期效果更好，期望确认度便会提高，继而用户的满意度也会提高。谭淑媛（2016）、侯如靖和张初兵（2016）分别探究了个性化新闻推荐 APP 用户持续使用的影响因素和微信用户的持续使用意向的影响因素，一致认为用户的期望确认度对满意度有显著的影响。

综上所述，对于城镇居民来讲，当实际操作游戏后的好感度超过预期时，对游戏的满意度也会因此增加。所以，提出如下假设：

H6：期望确认度对手机游戏用户满意度有显著的正向影响。

5. 感知有用性与满意度

感知有用性是用户玩游戏的体验程度。在信息系统采纳模型中，感知有用性直接影响用户的满意度。手机游戏以移动端为支撑，快速发展起来，大众经常将其作为解压的娱乐方式，来放松心情、摆脱工作或者学习的压力。大众在玩游戏的时候，置身其中，尽情体验游戏带来的乐趣，可以想象，用户体验到的乐趣越多，就会对游戏越满意。同样是在移动情境下，移动 APP 发展得尤其迅速，各类 APP 抢占手机商店的排行榜，比如学习类 APP、生活类 APP，这些都是大众关注的重点。现有研究发现，这两类 APP 用户在持续使用中，感知有用性会直接影响用户满意度（樊轶，2015；邹霓，2016）。周阳锦（2015）为了探究移动社交网络用户持续使用意愿的影响因素，将移动社交网络用户作为调查对象，采用结构方程模型分析方法，研究结果表明用户感知有用性对满意度有直接的影响。城镇居民熟悉手机游戏，他们玩得越开心，会对手机游戏越满意。因此，可以认为手机游戏用户的感知有用性会对满意度产生积极影响，故可提出如下假设：

H7：感知有用性对手机游戏用户的满意度有显著的正向影响。

6. 感知有用性与持续使用意愿

持续使用意愿是用户的心理认知变量，它能解释用户有意识地持续使用的行为，它受感知有用性、满意度等变量的影响。目前，学者们发现感知有用性不仅会影响用户的满意度，也能通过满意度继而影响用户的持续使用意愿。当然，感知有用性也能直接影响用户的持续使用意愿。在移动 APP 等方面，已经有很多学者对此进行了研究论证。由于游戏同质化现象比较严重，用户的持续使用的概率极低，因此，探讨移动社交游戏用户持续使用意愿的影响因素具有重要的意义（陈毅，2017），研究结果表明感知有用性会正向显著地影响用户的持续使用意愿。就手机游戏用户而言，手机游戏为他们创造了与其他人互动的平台，为他们的娱乐方式提供了便利，从而使用户愿意持续使用。因此，提出如下假设：

H8：感知有用性对手机游戏用户持续使用意愿有显著的正向影响。

7. 满意度与持续使用意愿

在心理学当中，满意度属于对行为结果和后果的评估，它影响用户的持续使用意愿和行为。通俗地讲，满意度能对用户的持续使用意愿造成直接影响。在移动环境的前提下，微信的崛起以及后期的持续发展很大程度上源自用户群对其的热爱和满意，或者是受其他人的影响。比如，周边人基本是用微信与好友视频聊天，久而久之，自己就会慢慢受他们的影响，也会从心底里对微信产生满意的感觉。调查发现，随着微信用户对微信满意度的提高，他们的持续使用意愿会显著增强（宫春婕，2015）。目前，利用手机看新闻也成为一种新的潮流，人们不再局限于订阅报纸、杂志等纸质报刊，而会通过移动手机，借助互联网的帮助，随时随地看新闻，时刻关注自己感兴趣的话题或者事件的发展动态。为了研究新闻杂志类移动 APP 用户的持续使用意愿的影响因素，谭淑媛（2016）、刘晓英和黄星谱（2016）分别调查了一些国内知名杂志 APP 的用户，并利用结构方程模型分析和回归分析，均发现用户的满意度对持续使用意愿有显著的影响。因此，提出如下假设：

H9：满意度对手机游戏用户的持续使用意愿有显著的正向影响。

8. 流体验与感知有用性

在手机游戏方面，感知有用性是手机游戏用户认为玩游戏过程中体验到的画面感、游戏配置音乐等会提高其兴趣程度。不管是国内还是国外的研究，都发现用户的流体验对感知有用性有显著的正向影响，并且会进一步对用户的忠诚度产生积极的影响（宋之杰和石晓林，2013；Zhou and Lu，2011）。在移动游戏环境中，当游戏玩家全身心投入游戏过程，个体体验到手机游戏带来的愉悦和畅爽。一般而言，流体验会引发移动游戏玩家的正向情感，激发玩家满意度和忠诚度，进而在某种程度上提升移动游戏的持续使用意愿。同时，移动游戏玩家在游戏过程中，感知体验的游戏玩家比未获得的玩家有着更加积极的主观体验。由于玩家认为花时间在一个特定的游戏任务必须具有一定价值，在玩家体验移动游戏的过程中他的认知失调水平会逐步降低。自我知觉理论认为，消费者倾向于合理化他自己的行动，并试图减少认知失调（即冲突的信念、态度或行为）。一个人通过与技术任务的互动体验得到满足和愉悦。在满足和愉悦状态下，他的冲突减少。因此，提出如下假设：

H10：流体验对手机游戏用户的感知有用性有显著的正向影响。

9. 流体验与满意度

当一个人对一项活动感觉到愉悦时，其好感度就会上升，用户满意度就会随之增加。手机游戏玩家处于一种移动虚拟环境中，他们的行为会通过独特的认知表现出来，但不可否认的是，玩家对游戏的全神贯注所产生的乐趣和体验会直接影响对游戏的满意度。相关学者从不同的视角对流体验与满意度的关系进行了研究，认为流体验对满意度有显著的正向影响。周涛和方文侃（2016）从移动社交 APP 的视角研究用户位置分享服务的持续使用意愿。另外，李光明等（2016）和向海兰（2016）从网站的视角研究了顾客的满意度，他们分别选取了较为典型的网站——购物网站和旅游电子商务网站进行研究。研究表明两个网站的用户经常会关注网站界面的设计，注重交互性。被调查的用户在使用网站的过程中获得了最佳的体验效果，那么他们便会提升对网站的满意度。

不论是网站用户还是移动 APP 的使用者，他们在使用过程中的体验总是与满意度正相关。手机游戏作为移动 APP 的一部分，城镇居民在玩游戏时体验到的感受会对满意度产生影响。因此，提出如下假设：

H11：流体验对手机游戏用户的满意度有显著的正向影响。

10. 流体验与持续使用意愿

随着 4G 的飞速发展，移动网购逐渐抓住消费者的眼球，“京东”“淘宝”等

APP 成为人们常用的购物软件，为了获得更有利的市场地位，需要清晰完整地认识移动网络消费者的购买意愿。通过实证研究，移动网购情境下的便利性、个性化、趣味性和社交化等方面通过流体验可对消费者持续购买意愿有显著影响（卢益，2015）。同时，4G 的发展在潜移默化中影响了互联网学习方式的发展，MOOC 课程打破了时空的限制，能满足多人同时在线免费学习著名高校的课程，提高了在线学习者的效率。在探究在线学习的持续意愿影响因素的过程中，王卫等（2017）和崔春阳等（2017）以流体验理论为研究基础，不仅发现流体验会对持续学习的意愿产生正向影响，还认为用户的满意度和积极的态度也是影响在线持续学习意愿的中介因素。

在移动游戏环境中，移动游戏平台为游戏玩家提供了丰富的社交互动资源。当游戏活动进行得非常流畅时，游戏玩家会感到愉悦的自我体验，满意度随之增加。现有文献认为无论消费者处于何种场景，流体验都表现为消费者的一种主观体验。在信息使用过程中，他们随后会对所获得的信息进行满意度评价。换言之，流体验会影响消费者对信息的感知，进而直接影响着他们的认知满意度。因此，提出如下假设：

H12：流体验对手机游戏用户的持续使用意愿有显著的正向影响。

11. 社会临场感与感知有用性

本章中社会临场感被认为是在媒介环境中与他人在一起的感觉，是一种虚拟体验。我认为，在手机游戏中，影响用户社会临场感的两个因素主要是游戏界面设计的生动性和游戏过程中的交互性。手机游戏的生动性可以通过画面、人物设计和背景音效等来展现；交互性则是通过虚拟媒介与其他玩家之间的交流沟通，来获得最理想的游戏体验，从而提高社会临场感。一旦玩家对游戏的画面、音效以及与其他玩家之间的交互产生兴趣，其对游戏有用性的感知也会更进一步。

受互联网发展的影响，网上购物在商业发展中越来越受欢迎，新的在线商店的数量也在不断增加，有利便有弊。在市场不断竞争的情况下，很多在线商店经不住打击接连倒闭，究其原因，主要是消费者缺乏信任，为了减少这种现象的发生，专业人士从提高零售商的社会临场感视角来解决问题。对购物网站消费者进行调查发现，社会临场感不仅影响了网站的初始信任，还影响了消费者对网站的感知有用性。Ogonowski 等（2014）为了研究购物网站中的社会线索与顾客行为意愿的关系，通过结构方程模型分析得出购物网站中添加的社会线索有利于提升顾客的社会临场感，从而对顾客的感知有用性等方面产生积极的影响，进而提升顾客的在线购买意愿。

基于上述研究的主体是网站购物的消费者，据此推断，在同属于移动网络情境下的手机游戏中，城镇居民手机游戏用户社会临场感与感知有用性之间也存在着关联性。因此在手游领域，提出如下假设：

H13：社会临场感对手机游戏用户的感知有用性有显著的正向影响。

12. 社会临场感与满意度

随着互联网的飞速发展，各种类型的虚拟社区也随之涌现出来，方便了用户之间的信息交流，为他们提供了一个平台。在对虚拟社区用户持续使用行为的影响因素研究中，很多学者引入了社会临场感理论，它不仅能够促进用户在虚拟环境中的交互学习，而且是衡量用户对虚拟社区满意度的重要指标，同时对虚拟社区的形成和发展具有重要作用。在虚拟社区中，社会临场感与用户满意度之间的关系主要围绕虚拟学习社区和虚拟兴趣社区进行研究，这两个虚拟社区在研究中比较具有代表性，也一直是被关注的焦点（胡勇，2013；王月会，2017）。另一个依靠移动发展、增强用户之间的互动的便是“弹幕”。近年来，弹幕不断出现在视频当中，用户随时分享自己的观看感受，并发表意见。弹幕本身就具有互动性。李雪娇（2017）为探究互动感知对弹幕用户持续参与意愿的影响，将社会临场感作为中间变量，认为社会临场感是弹幕用户对其他用户有共存意识，对用户之间的情感有契合作用，并且对满意度有显著的正向影响。

移动网络游戏玩家可通过在游戏中创建个性化的虚拟人物结成各种各样的任务角色，随时分享自己游戏经历中的感受，对此进行评论和发表意见，甚至将这种社会关系从线上发展到线下。随着移动游戏玩家对虚拟游戏角色的身份认同感增强，社会临场感随之增强，进而影响了游戏玩家持续使用移动游戏平台的行为。在移动互联网环境下，个体独特的身份和化身在视觉上展现出来，虚拟空间中的互动性就随之增强。在虚拟世界中，移动游戏玩家通过走路、跑步、飞行和使用一些手势与他人交流来控制他们的化身。化身的表现和 3D 虚拟世界的交互性也可以帮助个人了解他人，将其他虚拟人物视为一个真实的人，使他们可以感知到更大的社会存在，进而提升游戏玩家的满意度。故此提出如下假设：

H14：社会临场感对手机游戏用户的满意度有显著的正向影响。

13. 社会临场感与流体验

社会临场感是在某种媒介中产生的一种身临其境的感觉，手机游戏借助移动情境这一虚拟的环境，给予玩家近乎真实的体验，使得玩家在游戏中充分感受到游戏的乐趣。用户的社会临场感会积极影响流体验。王卫等（2017）研究了在线学习用户的持续意愿影响因素。在线学习一直被教育人士提倡，不仅是因为能满足多人同时在线学习，更是由于它能够带给学生课堂之外的体验，能使学生远离现实课堂的紧迫感，融入学习氛围，跟随老师上课的节奏，在一种轻松愉悦的环境中体会到学习的乐趣。除了在线学习，用户的社会临场感对流体验的正向影响也可通过 3D 虚拟世界体验表现出来（Animesh et al.，2011；Nah et al.，2011）。在 3D 虚拟世界用户购买虚拟产品的行为研究中，虚拟用户的体验反映出他的社会临场感，继而对流体验产生影响。因此，提出如下假设：

H15：社会临场感对手机游戏用户的流体验有显著的正向影响。

14. 流体验、社会临场感与期望确认度

流体验是指当活动进行得非常流畅且在自己的掌握当中时，个体感到投入以及愉悦的自我体验；社会临场感被认为是一个人利用媒体进行沟通过程中被视为“真实的人”的程度及与他人联系的感知程度，是一种虚拟体验；期望确认度是指在用户实际使用信息系统之前比较感知效用与期望之间的差异程度。手机游戏中，流体验与社会临场感均反映的是玩家在游戏过程中得到的体验，而期望确认度是手机游戏玩家期望与真实的体验差，从而对其感受做出真实的评价。社会临场感主要受生动性和交互性的影响。一款手机游戏想要吸引很多人就需要从页面设计、游戏流畅度、玩家与游戏互动、玩家之间的互动等方面考虑，紧扣游戏的生动性与交互性这两方面，来促进玩家的社会临场感。而手游用户在玩游戏之前对游戏的预期感受是期望，真正实际体验之后的感觉是确认，预期和实际之间产生的差异程度便是期望确认度。当玩家深受游戏的生动性与互动性的影响而产生强烈的社会临场感后，期望确认度也可能会随之提高。

人机交互、社交互动、挑战与技能等因素都会影响手机游戏用户的流体验，比如，游戏过程中的满足感、游戏成功后的欣喜若狂等，这些都是技能、挑战、互动等带来的，并且流体验也可能会从不同程度上对用户的期望确认度产生影响。故此，提出如下假设：

H16：流体验对手机游戏用户的期望确认度有显著的正向影响。

H17：社会临场感对手机游戏用户的期望确认度有显著的正向影响。

本章建立的理论模型如图 5-1 所示。

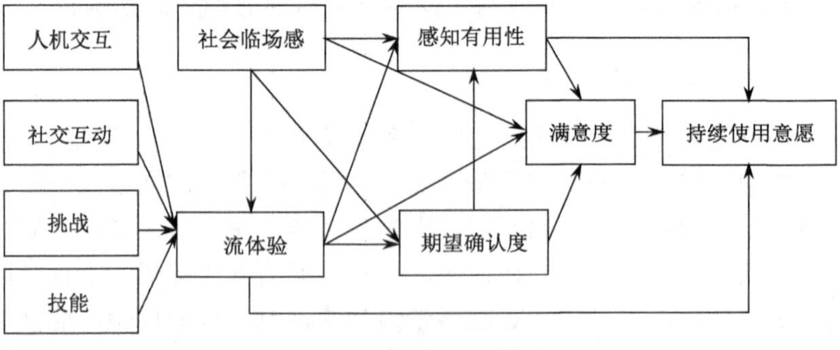

图 5-1　本章理论模型

5.3.2　量表设计

根据以上研究得出如表 5-1 所示的理论模型变量测量量表。

表 5-1　理论模型变量测量量表

变量	量表题项	量表来源
人机交互	1.提供了很好的多媒体用户界面	代宝（2015）
	2.玩家拥有自主选择权和控制权	
	3.游戏能对玩家的操作做出快速的响应和回馈	
社交互动	1.这个游戏向玩家提供了多种与其他玩家沟通的方式	代宝（2015）
	2.这个游戏中玩家能和其他玩家很方便地交流	
	3.这个游戏向玩家提供了很多与其他玩家互动的机会	
挑战	1.这个游戏中，男性玩家占优势	韩金男（2013）
	2.这个游戏中，对战平台类游戏占优势	
	3.这个游戏中，游戏时间在 2～3 小时的占优势	
技能	1.这个游戏中，我有能力克服游戏情景中的困难	韩金男（2013）
	2.这个游戏中，我拥有技巧来通过各关卡	
	3.这个游戏中，我比别人玩得更具战略性	
流体验	1.在玩手机游戏时，我感觉我很专注	曹国和金星（2015）
	2.在玩手机游戏时，我感觉我的好奇心被激发出来了	
	3.在玩手机游戏时，我感觉在游戏过程中很有趣	
社会临场感	1.手机游戏的界面设计得很生动	李雪娇（2017）
	2.手机游戏的背景音乐很有震撼力	
	3.在玩手机游戏时，与其他玩家交流起来很方便	
感知有用性	1.手机游戏有助于我跟其他玩家之间的互动	陈毅（2017）
	2.手机游戏推进了我跟朋友之间的关系	
	3.使我跟朋友在玩手机游戏时交流得更加便利	
期望确认度	1.手机游戏的体验比我预期的更好玩	姜峰（2015）
	2.手机游戏提供的关卡设置、商店买卖等比我预期想象的要好	
	3.总的来说，我对手机游戏的期望在玩了之后都达到了	
满意度	1.玩手机游戏使我感觉非常满意	包成名（2014）
	2.我玩的游戏很多人也喜欢玩	
	3.我很喜欢玩这款手机游戏	
持续使用意愿	1.我会继续玩这款手机游戏，而不是将其卸载	包成名（2014）
	2.我想继续玩这款手机游戏，并不是玩其他游戏	
	3.我会向别人推荐这款手机游戏	

5.4　问卷设计与数据收集与处理

5.4.1　问卷设计

本章的问卷设计主要以理论和实地调研为基础，通过文献阅读，参考了与本书研究内容相关的研究成果，借鉴了一些创新性项目的初步调研结果，最终得以形成。本次问卷设计的过程主要经历了如下两个阶段。

第一阶段：首先，查阅与手机游戏用户等方面有关的研究文献，了解用户行为特征等；其次，着重查找与本书研究变量有关的文献，对相关理论进行梳理；再次，归纳整理有关文献中已经被论证的研究变量和理论等；最后，根据前期各项准备，设计调查问卷。

第二阶段：通过实地发放和问卷星两种方式发放调查问卷。

调查问卷中手机游戏影响因素的观测变量采用的是量表形式，具体含义如下：人机交互（HI）、社交互动（SI）、挑战（CHA）、技能（SKI）、社会临场感（SP）、流体验（FE）、感知有用性（PU）、期望确认度（EXP）、满意度（SAT）以及持续使用意愿（WILL）。问卷中，用 1～5 这五个数字来表示调查对象对列出的各个观测变量的同意程度，1 代表非常不同意，2 代表不同意，3 代表不同意也不反对，4 代表同意，5 代表非常同意。本章的研究内容为城镇居民的手机游戏使用行为。

5.4.2　数据收集与处理

本次调查发放了纸质版和电子版问卷，有效问卷收集标准包括以下两点：

（1）样本用户为城镇居民；

（2）问卷填写完整，没有遗漏项。

去除了无效的问卷之后，总共得到的有效问卷为 369 份。本章所调查的用户均是城镇居民，并且他们平时的娱乐活动中包括手机游戏这一项，因此他们的回答更具可靠性、真实性和有效性。样本特征信息如表 5-2 所示。

表 5-2　样本特征信息

项目	特征	数量	占比
性别	男	201	54.5%
	女	168	45.5%
年龄段	24 岁及以下	135	36.6%
	25～35 岁	106	28.7%
	36～45 岁	93	25.2%
	45 岁以上	35	9.5%

续表

项目	特征	数量	占比
教育背景	高中及以下	84	22.8%
	专科	121	32.8%
	本科	159	43.1%
	硕士及以上	5	1.3%
每周使用手机玩游戏的次数	6 次及以下	126	34.1%
	7～12 次	137	37.2%
	13～18 次	68	18.4%
	18 次以上	38	10.3%
目前可支配的月收入	2000 元及以下	43	11.7%
	2001～3000 元	65	17.6%
	3001～4000 元	155	42.0%
	4000 元以上	106	28.7%
使用过的移动增值业务	手机游戏	183	49.6%
	彩信/手机报	45	12.2%
	视频 APP 会员	101	27.4%
	其他	40	10.8%

手机游戏使用情况调查如表 5-3 所示。

根据调查问卷得到数据，并通过 Excel 汇总，相关的数据资料如表 5-4～表 5-13 所示。

依据表 5-4 的数据，我们发现问卷中关于人机交互的问题，调查结果主要聚集在 4（同意）和 5（非常同意）两个选项。大部分人表示 4（同意），这表明很多游戏玩家还是比较倾向于手机游戏中的人机交互设计。

表 5-3　手机游戏使用情况调查表

项目	特征	数量	占比
玩过的手机游戏的类型	单机游戏（无须联网）	98	26.6%
	网络游戏（需要联网）	34	9.2%
	都玩过	237	64.2%
玩游戏的地点	家里	154	41.7%
	公交车、出租车、大巴等交通工具上（等待、途中）	75	20.3%
	工作场所	33	9.0%
	公共场所	107	29.0%

表 5-4　人机交互的调查数据分布情况

题目\选项	1	2	3	4	5	总计
HI1：环境标准的严格程度很高	2.2%	9.8%	23.6%	40.9%	23.5%	100%
HI2：游戏中，玩家拥有自主选择权和控制权	3.0%	6.0%	21.7%	42.2%	27.1%	100%
HI3：游戏能对玩家的操作做出快速的响应和回馈	3.3%	8.1%	25.2%	37.7%	25.7%	100%

依据表 5-5 的数据，我们发现问卷中关于社交互动的问题，调查结果主要聚集在 4（同意）和 5（非常同意）两个选项。大部分表示 4（同意），这表明越来越多的玩家认可手机游戏带给他们的社交便利性，进而直接地与其他玩家进行互动交流。

表 5-5　社交互动的调查数据分布情况

题目\选项	1	2	3	4	5	总计
SI1：这个游戏向玩家提供了多种与其他玩家沟通的方式	2.7%	7.9%	22.5%	38.4%	28.5%	100%
SI2：这个游戏中玩家能和其他玩家很方便地交流	4.9%	6.5%	25.7%	39.1%	23.8%	100%
SI3：这个游戏向玩家提供了很多与其他玩家互动的机会	3.0%	5.4%	24.4%	39.6%	27.6%	100%

依据表 5-6 的数据，我们发现问卷中关于挑战的问题，调查结果主要聚集在 4（同意）和 5（非常同意）两个选项。大部分人表示 4（同意），这表明很多玩家注重游戏的挑战性，这也提升了游戏的知名度。

表 5-6　挑战的调查数据分布情况

题目\选项	1	2	3	4	5	总计
CHA1：游戏中，男性玩家占优势	2.2%	7.3%	24.1%	37.7%	28.7%	100%
CHA2：游戏中，对战平台类游戏占优势	3.0%	6.0%	21.4%	36.6%	33.0%	100%
CHA3：游戏中，游戏时间在 2～3 小时的占优势	3.2%	8.9%	17.9%	41.5%	28.5%	100%

表 5-7　技能的调查数据分布情况

题目\选项	1	2	3	4	5	总计
SKI1：游戏中，我有能力克服游戏情景中的困难	3.0%	3.8%	23.6%	42.8%	26.8%	100%
SKI2：游戏中，我拥有技巧来通过各关卡	1.1%	7.3%	27.6%	36.6%	27.4%	100%
SKI3：游戏中，我比别人玩得更具战略性	1.4%	5.4%	26.0%	41.5%	25.7%	100%

依据表 5-7 的数据，我们发现问卷中关于技能的问题，调查结果主要聚集在 4（同意）和 5（非常同意）两个选项上。大部分人表示 4（同意），这表明越来越

多的游戏玩家注重游戏的技巧、战略，使自己在游戏中的技能得以提高。

表5-8　流体验的调查数据分布情况

题目\选项	1	2	3	4	5	总计
FE1：在玩手机游戏时，我感觉我很专注	3.3%	9.5%	17.9%	32.2%	37.1%	100%
FE2：在玩手机游戏时，我感觉我的好奇心被激发出来了	2.2%	4.3%	17.6%	34.4%	41.5%	100%
FE3：在玩手机游戏时，我感觉在游戏过程中很有趣	3.0%	8.1%	12.4%	29.3%	47.2%	100%

依据表5-8的数据，流体验主要聚集在4（同意）和5（非常同意）两个选项上。大部分人表示5（非常同意），表明很多游戏玩家非常享受手机游戏给予他们的趣味、专注、好奇，这启示游戏开发商更好地抓住玩家的特点，设计出更吸引人的产品。

表5-9　社会临场感的调查数据分布情况

题目\选项	1	2	3	4	5	总计
SP1：手机游戏的界面设计得很生动	3.0%	3.2%	27.9%	42.3%	23.6%	100%
SP2：手机游戏的背景音乐很有震撼力	3.3%	10.0%	21.4%	39.3%	26.0%	100%
SP3：在玩手机游戏时，与其他玩家交流起来很方便	2.2%	5.4%	21.7%	39.3%	31.4%	100%

依据表5-9的数据，我们发现问卷中关于社会临场感的问题，调查结果主要聚集在4（同意）和5（非常同意）两个选项上。大部分人表示4（同意），这表明很多游戏玩家注重手机游戏带给他们的感觉，这与游戏的设计密切相关。

表5-10　感知有用性的调查数据分布情况

题目\选项	1	2	3	4	5	总计
PU1：手机游戏有助于我跟其他玩家之间的互动	3.0%	6.2%	22.5%	29.8%	38.5%	100%
PU2：手机游戏推进了我跟朋友之间的关系	1.6%	9.8%	19.2%	27.6%	41.8%	100%
PU3：使我跟朋友在玩手机游戏时交流得更加便利	3.8%	6.2%	15.7%	28.7%	45.6%	100%

依据表5-10的数据，我们发现问卷中关于感知有用性的问题，调查结果主要聚集在4（同意）和5（非常同意）两个选项上。大部分人表示5（非常同意），这表明手机游戏推进了玩家与他人之间的关系，让他们相处得更好。

表5-11　期望确认度的调查数据分布情况

题目\选项	1	2	3	4	5	总计
EXP1：手机游戏的体验比我预期的更好玩	2.7%	10.3%	20.9%	28.5%	37.6%	100%
EXP2：手机游戏提供的关卡设置、商店买卖等比我预期想象的要好	3.5%	6.8%	18.7%	29.8%	41.2%	100%
EXP3：总的来说，我对手机游戏的期望在玩了之后都达到了	3.8%	3.3%	20.3%	28.7%	43.9%	100%

依据表 5-11 的数据，期望确认度的统计结果主要聚集在 4（同意）和 5（非常同意）两个选项。大部分人表示 5（非常同意），这表明手机游戏在设计方面看重用户体验，并且能达到用户预期。

表 5-12　满意度的调查数据分布情况

题目\选项	1	2	3	4	5	总计
SAT1：玩手机游戏使我感觉非常满意	3.0%	6.5%	14.1%	23.0%	53.4%	100%
SAT2：我玩的游戏很多人也喜欢玩	5.1%	6.8%	16.8%	23.0%	48.3%	100%
SAT3：我很喜欢玩这款手机游戏	4.3%	12.2%	19.0%	26.8%	37.7%	100%

依据表 5-12 的数据，满意度调查结果主要聚集在 4（同意）和 5（非常同意）两个选项。大部分人表示 5（非常同意），这表明游戏开发商在设计方面注重大众化，满足很多人的需求，使更多人对手机游戏的满意度增加。

表 5-13　持续使用意愿的调查数据分布情况

题目\选项	1	2	3	4	5	总计
WILL1：我会继续玩这款手机游戏，而不是将其卸载	3.3%	6.8%	12.2%	23.0%	54.7%	100%
WILL2：我想继续玩这款手机游戏，并不是玩其他游戏	4.6%	6.5%	16.8%	23.3%	48.8%	100%
WILL3：我会向别人推荐这款手机游戏	4.5%	7.9%	12.5%	22.8%	52.3%	100%

依据表 5-13 的数据，我们发现问卷中关于持续使用意愿的问题，调查结果主要聚集在 4（同意）和 5（非常同意）两个选项。大部分人表示 5（非常同意），这表明很多手机游戏玩家会持续玩某款手机游戏并会因某些原因将其推荐给其他人，就说明游戏开发商设计得比较成功。

5.5　模型拟合与假设检验

5.5.1　测量模型

WarpPLS 软件可以根据个别项目的信度，建构问卷的信度、收敛效度和判别效度来对测量模型中的指标进行测度。将调查汇总得到的数据导入 WarpPLS，便能够在软件中生成测量模型交叉载荷系数表，其中只要各个项目的因子的载荷系数大于 0.7，即可认为问卷中个别项目的信度足够。测量模型交叉载荷系数如表 5-14 所示，在这张表中我们能够鲜明地看出每个项目的因子的载荷系数（表中加括号的数据）大于 0.7，并且我们可以看出，测量项的系数是最大的，比其他的潜变量都大。因此，可以认为表中个别项目具备足够的信度。

表 5-14　测量模型交叉载荷系数

	HI	SI	CHA	SKI	SP	FE	PU	EXP	SAT	WILL
HI1	(0.817)	0.019	0.040	0.003	0.017	−0.003	0.046	0.003	−0.119	0.097
HI2	(0.849)	0.027	0.042	0.002	0.053	−0.035	0.006	−0.025	−0.030	0.039
HI3	(0.796)	−0.048	−0.086	−0.005	−0.074	0.040	−0.054	0.023	0.154	−0.141
SI1	−0.032	(0.829)	−0.019	0.011	−0.073	0.056	−0.066	−0.078	0.203	−0.150
SI2	0.032	(0.811)	0.027	−0.033	0.003	−0.035	0.033	−0.014	−0.033	0.018
SI3	0.000	(0.787)	−0.008	0.022	0.074	−0.023	0.036	0.097	−0.180	0.139
CHA1	0.036	0.067	(0.826)	−0.004	0.053	−0.046	−0.005	−0.150	0.057	0.039
CHA2	0.059	−0.059	(0.837)	−0.016	−0.016	0.101	−0.061	0.084	0.073	−0.083
CHA3	−0.097	−0.007	(0.814)	0.021	−0.037	−0.057	0.068	0.066	−0.134	0.045
SKI1	−0.002	0.047	0.013	(0.815)	0.077	−0.033	−0.007	−0.019	−0.032	0.000
SKI2	−0.066	−0.044	−0.007	(0.796)	−0.126	−0.045	0.021	0.060	0.024	0.091
SKI3	0.067	−0.004	−0.006	(0.807)	0.047	0.078	−0.014	−0.040	0.009	−0.089
SP1	0.097	−0.056	−0.161	0.051	(0.791)	0.175	−0.051	−0.072	0.145	−0.144
SP2	−0.033	0.090	0.063	−0.023	(0.820)	−0.137	−0.042	0.100	0.099	−0.067
SP3	−0.063	−0.037	0.096	−0.028	(0.791)	−0.034	0.095	−0.032	−0.248	0.214
FE1	0.043	−0.018	−0.050	0.053	0.032	(0.868)	−0.043	0.080	−0.072	−0.128
FE2	−0.125	0.014	0.014	−0.078	−0.119	(0.843)	0.090	−0.096	0.100	0.090
FE3	0.079	0.005	0.036	0.023	0.084	(0.860)	−0.046	0.013	−0.026	0.040
PU1	−0.006	−0.020	−0.001	0.021	0.041	−0.064	(0.884)	0.017	−0.095	0.072
PU2	−0.061	0.029	0.000	−0.006	−0.082	−0.054	(0.851)	−0.055	0.063	−0.028
PU3	0.066	−0.008	0.002	−0.016	0.038	0.119	(0.864)	0.036	0.035	−0.046
EXP1	−0.016	−0.041	0.031	0.026	0.004	0.057	−0.078	(0.881)	0.034	0.015
EXP2	0.024	0.031	0.023	−0.012	0.095	−0.020	0.014	(0.887)	−0.204	0.086
EXP3	−0.008	0.011	−0.055	−0.015	−0.103	−0.037	0.065	(0.858)	0.176	−0.104
SAT1	−0.042	0.003	−0.007	−0.003	−0.053	0.038	−0.040	−0.018	(0.893)	−0.004
SAT2	0.018	0.086	0.020	0.007	0.060	0.049	0.016	−0.036	(0.882)	−0.062
SAT3	0.025	−0.090	−0.012	−0.004	−0.006	−0.089	0.025	0.055	(0.869)	0.067
WILL1	−0.008	0.048	0.016	−0.041	0.080	0.006	0.035	−0.095	−0.045	(0.905)
WILL2	0.023	−0.038	0.019	0.012	−0.019	0.003	−0.038	0.058	0.122	(0.904)
WILL3	−0.015	−0.011	−0.035	0.029	−0.061	−0.008	0.003	0.037	−0.078	(0.900)

为达到建构信度的目的，需要检验观测变量与测度的目标潜变量是否一致。一般情况下，我们会通过使用组合信度指标（CR）和 Cronbach's α 指标来测量。当模型的 CR 值大于 0.7，即可认为模型有效。并且，我们可以根据潜变量的 AVE 值来检测模型的收敛效度，如表 5-15 所示，当 AVE 值超过 0.5 时，就可认为能够接受。表 5-15 的数据显示，被测量的所有指标，它们的 Cronbach's α 值都大于

0.7。人机交互、社交互动、挑战、技能、社会临场感、流体验、感知有用性、期望确认度、满意度以及持续使用意愿的 Cronbach's α 值都超过了 0.7，说明变量具有比较高的可靠性。同时，我们也可以看出，表 5-15 中显示的所有测量指标的 AVE 值都是大于 0.5 的，因此，调查问卷的建构信度和收敛效度两项符合所有要求。

表 5-15　测量指标的因子载荷、Cronbach's α、CR、AVE 值

潜变量	测量指标	CR	Cronbach's α	AVE	因子载荷
人机交互（HI）	HI1	0.861	0.758	0.674	0.817
	HI2				0.849
	HI3				0.796
社交互动（SI）	SI1	0.850	0.736	0.655	0.829
	SI2				0.811
	SI3				0.787
挑战（CHA）	CHA1	0.866	0.767	0.682	0.826
	CHA2				0.837
	CHA3				0.814
技能（SKI）	SKI1	0.847	0.730	0.649	0.815
	SKI2				0.796
	SKI3				0.807
社会临场感（SP）	SP1	0.843	0.720	0.641	0.791
	SP2				0.820
	SP3				0.791
流体验（FE）	FE1	0.892	0.819	0.734	0.868
	FE2				0.843
	FE3				0.860
感知有用性（PU）	PU1	0.900	0.834	0.751	0.884
	PU2				0.851
	PU3				0.864
期望确认度（EXP）	EXP1	0.908	0.848	0.767	0.881
	EXP2				0.887
	EXP3				0.858
满意度（SAT）	SAT1	0.913	0.856	0.777	0.893
	SAT2				0.882
	SAT3				0.869
持续使用意愿（WILL）	WILL1	0.930	0.887	0.815	0.905
	WILL2				0.904
	WILL3				0.900

判别效度是指各测度因子与其指标的相关系数大于该因子与其他因子的相关系数。如表 5-16 中所示，我们能够直观地看到，对角线上的测度因子 AVE 的平方根都大于其他各因子的相关系数，说明本调查问卷符合效度检验的标准，可以进行结构方程的拟合。

表 5-16　判别效度

	HI	SI	CHA	SKI	SP	FE	PU	EXP	SAT	WILL
HI	(0.821)									
SI	0.335	(0.809)								
CHA	0.252	0.244	(0.826)							
SKI	0.228	0.284	0.258	(0.806)						
SP	0.133	0.097	0.129	0.216	(0.801)					
FE	0.346	0.434	0.419	0.325	0.25	(0.857)				
PU	0.244	0.312	0.249	0.287	0.476	0.483	(0.867)			
EXP	0.352	0.367	0.291	0.279	0.476	0.475	0.577	(0.876)		
SAT	0.299	0.337	0.289	0.323	0.535	0.598	0.67	0.686	(0.881)	
WILL	0.322	0.307	0.364	0.301	0.419	0.644	0.632	0.589	0.754	(0.903)

因此，通过上述分析，我们能认为本问卷符合信度与效度检验的标准，可进行结构模拟。

5.5.2　结构模型分析

WarpPLS 软件模拟运行后得到模型路径分析结果。结构模型拟合度如表 5-17 所示。表 5-18 代表每条路径的具体 p 值，表 5-19 代表本章模型的路径分析系数。表 5-17 显示理论模型中平均路径系数（APC）以及平均解释度（ARS）的 p 值均小于 0.001，并且平均方差膨胀因子（AVIF）小于 5（低于 10），因此研究变量没有严重的多重共线性现象，故认为该理论模型具有良好的拟合程度。

表 5-17　结构模型拟合度表

拟合度指标	结果
APC	0.268，p<0.001
ARS	0.498，p<0.001
AVIF	1.417

表 5-18　路径系数中显著性统计量 *p* 值表

	HI	SI	CHA	SKI	SP	FE	PU	EXP	SAT	WILL
HI										
SI										
CHA										
SKI										
SP										
FE	<0.001	<0.001	<0.001	0.016	0.002					
PU					<0.001	<0.001		<0.001		
EXP					<0.001	<0.001				
SAT					<0.001	<0.001	<0.001	<0.001		
WILL						<0.001	<0.001		<0.001	

表 5-19　结构方程模型分析路径系数表

	HI	SI	CHA	SKI	SP	FE	PU	EXP	SAT	WILL
HI										
SI										
CHA										
SKI										
SP										
FE	0.16	0.27	0.26	0.11	0.14					
PU					0.27	0.27		0.31		
EXP					0.38	0.38				
SAT					0.19	0.271	0.27	0.33		
WILL						0.28	0.19		0.46	

5.5.3　假设检验

1. 假设检验 I

人机交互对流体验的影响如图 5-2 所示。在初期，流体验随着人机交互的增加而急速上升；中期，呈现出比较缓慢的增长速度；到后期迅速上升。因此，人机交互对流体验有着显著的正向影响。由于智能手机的普及，手机游戏的设计趋向成熟化，而基于人机交互设计的体感游戏操作界面更容易使玩家投入游戏并感到愉悦，从而产生正向情感和满足感，继续游戏。

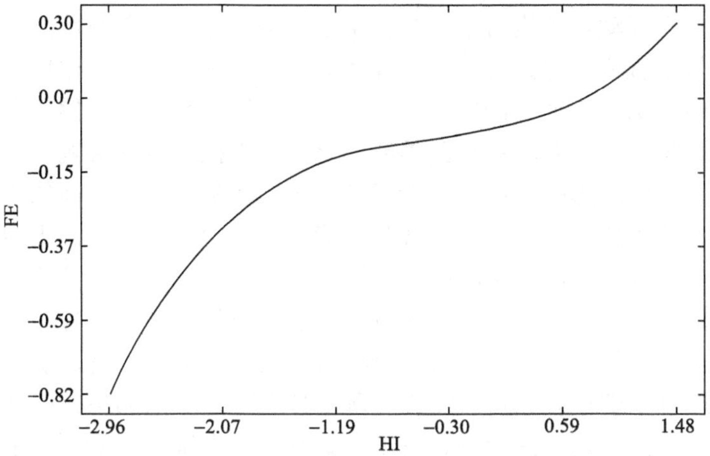

图 5-2　人机交互（HI）与流体验（FE）的关系图

社交互动对流体验的影响如图 5-3 所示。由图 5-3 可知，手机游戏玩家的流体验随着社交互动的增多而平稳上升，即玩家的社交互动频率越高，他们的流体验越深。目前出现在大众视野中的手机游戏基本是网络游戏，这不仅满足了玩家对平台的需求，同时网络起到衔接作用，促进了玩家之间的社交互动，方便了他们之间的相互交流。

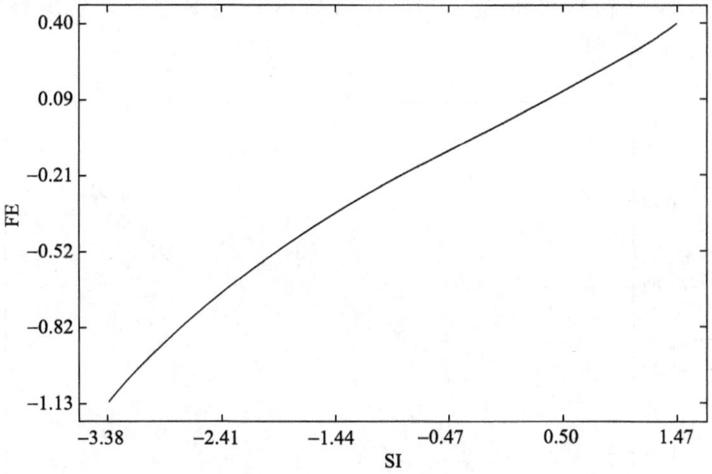

图 5-3　社交互动（SI）与流体验（FE）的关系图

此外，Alzahrani 等（2017）在研究在线游戏玩家实际使用的决定因素时，也得出人机交互和社交互动会对玩家流体验有直接影响，本章提出的 H1、H2 这两个假设与其相一致，说明 H1、H2 是显著性的。因此，游戏开发商应当更加注重人机交互与社交互动。手机游戏玩家肯定不希望自己只是单纯地面对一台机器，他们也想要与手机或其他人互动，这样才会吸引更多玩家，使他们沉浸在手机游戏的娱乐之中，从而使他们能感受到手游带给他们的满足感。挑战和技能作为流体验的直接影响因素，对城镇居民的流体验有着直接显著的影响。

挑战对流体验的影响如图 5-4 所示。流体验随着用户的技能的提高、游戏难度的增加而显著增加，足以证明挑战与技能对流体验有着显著的正向影响。相关研究表明，当挑战与技能平衡时，手游用户才会感受到最畅快的流体验。当前手机游戏种类繁多、质量参差不齐，而玩家的技能正好应对游戏各关卡的挑战时，玩家便会有相当高的满足感。就目前手机游戏发展的态势而言，手机游戏研发设计的难度比较难以把控。当挑战远大于玩家技能时，玩家的焦虑感便会随着挑战的增加而不断上升，这可能会导致玩家结束游戏；当玩家技能远大于挑战时，假如玩家的技能仍在不断提高，而游戏难度维持不变，那么玩家可能会感到无趣，进而转向别的游戏。

技能对流体验的影响如图 5-5 所示。根据对挑战和技能的分析，挑战和技能对流体验的影响是正向的，我们的假设 H3 和 H4 得到支持，这也支持了 Huang 等（2018）的研究成果。玩家产生流体验的条件之一是没有分心的事物、一个恰巧能匹配玩家技能的活动和略微高于玩家技能的难度。因此，游戏开发商需要将游戏难度维持在一个合理的区域内，充分考虑玩家技能与挑战的匹配度，这样才可能使玩家获得较多的流体验。游戏难度把控得越好，玩家获得的流体验就会越多。

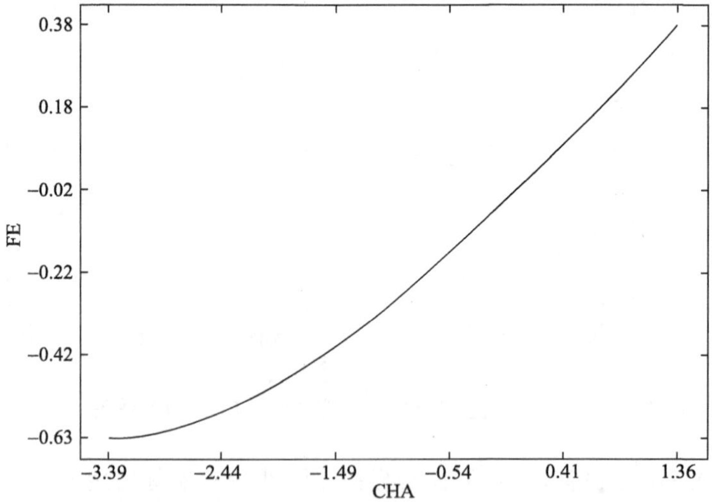

图 5-4　挑战（CHA）与流体验（FE）的关系图

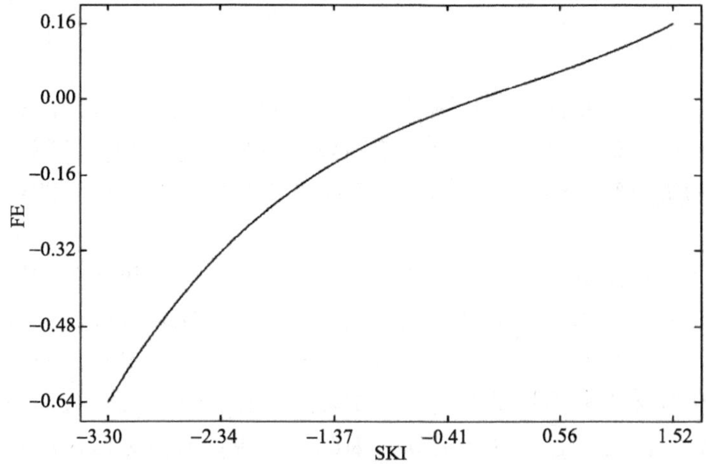

图 5-5　技能（SKI）与流体验（FE）的关系图

社会临场感对流体验的影响如图 5-6 所示。根据图 5-6 可知，手机游戏用户的流体验随着社会临场感的增加逐渐增加。在调查中发现，手机游戏的界面设计是否生动、背景音乐是否具有震撼力是影响社会临场感的因素，多数调查者认为，游戏界面设计得越生动、背景音乐越有震撼力，他们的社会临场感会越多，流体验也会越多。因此，城镇居民手机游戏的社会临场感对流体验有显著的正向影响。

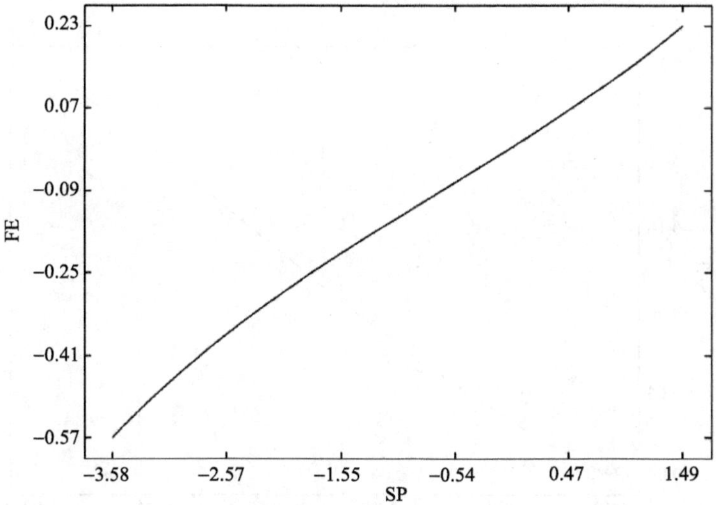

图 5-6　社会临场感（SP）与流体验（FE）的关系图

2. 假设检验Ⅱ

假设检验Ⅱ主要验证与用户满意度和期望确认度相关的假设。期望确认度是指在用户实际使用信息系统之前比较感知效用与期望之间的差异程度，并且感知的有效性和期望值得到满足。而满意度则是指用户的满意回应，即对产品或服务的整体评估。

期望确认度对满意度的影响如图 5-7 所示。可见，手机玩家的期望确认度对满意度有明显的正向影响。手机游戏的设计中，玩家比较关注的大多就是自己是不是对游戏满意，而产生满意的感觉与对游戏的期望密不可分。很多实证研究表明，期望确认度会影响用户满意度。当实际结果比预期结果好时，被调查者的期望确认度会高，满意度也会随之提高。因此，在设计游戏之前，游戏开发商应该着重考虑如何提高玩家的期望确认度，以使他们满意。

感知有用性对满意度的影响如图 5-8 所示，可以看出，用户的感知有用性对满意度有明显的正向影响。Lin 等（2005）对门户网站用户的使用因素的研究也验证了感知有用性与满意度之间的正向关系，借此支持了本章的论证。在手机游戏中，用户的感知有用性即其玩游戏时所体验的程度，当玩家在游戏过程中获得的体验越好，从他们的感觉来讲，他们会对所玩的游戏非常满意。正如图 5-8 所示，玩家的满意度随着感知有用性逐渐增加。而如何提高玩家的感知有用性则是游戏开发商需要研究的问题，例如，可以对游戏的画面、音效等进行设计改良，以便提高感知有用性，进而提高满意度。

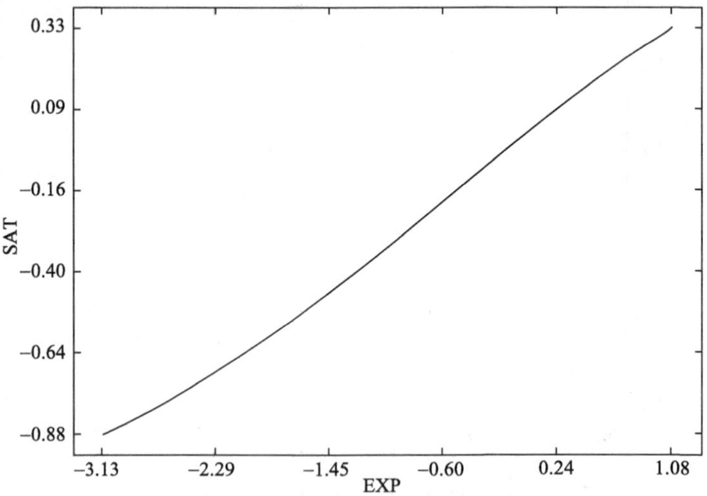

图 5-7　期望确认度（EXP）与满意度（SAT）的关系图

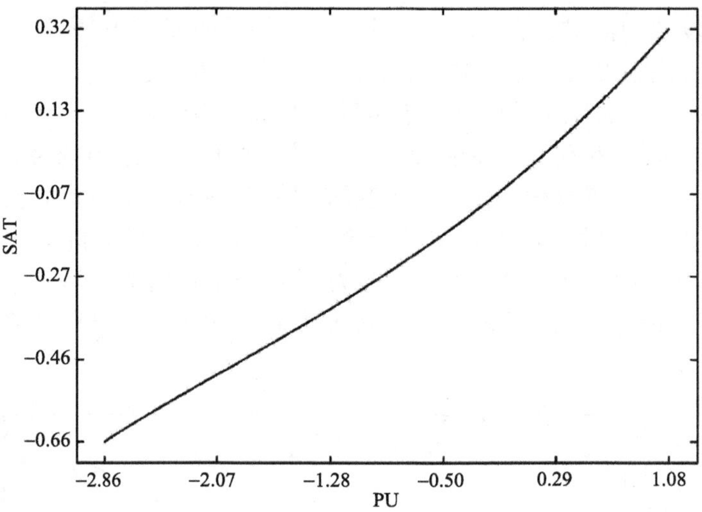

图 5-8　感知有用性（PU）与满意度（SAT）的关系图

流体验对满意度的影响如图 5-9 所示。我们可以看出，城镇居民对手机游戏的满意度随着用户流体验的增加而持续上升，呈现出显著的正向关系。实证研究结果表明，用户对手机游戏的流体验越强，他们的满意度也就越高，假设 H11 成立。用户玩一款手机游戏的目的是他们希望自己能在游戏中获得很好的体验，特别是在当前利用碎片化时间玩手机游戏的趋势之下，手机游戏用户对于追求流体验更为明显。在这样的环境中，手机游戏用户的流体验会直接影响到对这款游戏的满意度，因此流体验显得尤为重要。

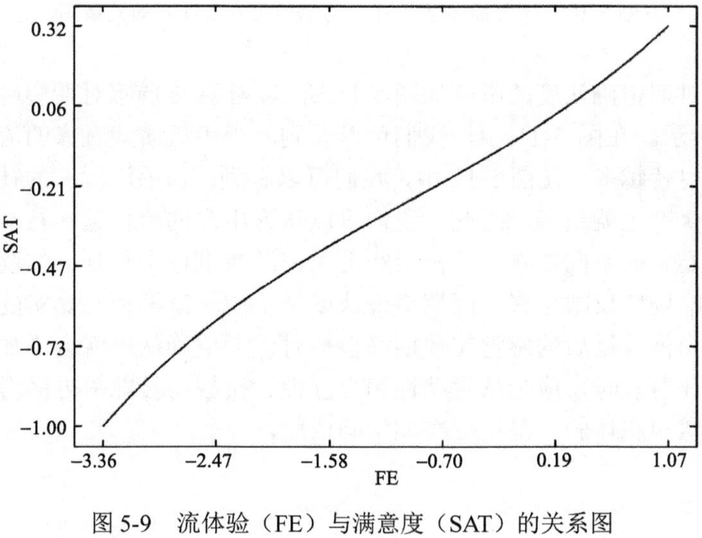

图 5-9　流体验（FE）与满意度（SAT）的关系图

社会临场感和消费者满意度之间的非线性关系如图 5-10 所示。很显然，社会临场感对用户满意度有着显著的正向影响。社会临场感是在媒介环境中与他人在一起的感觉，是一种虚拟体验，在手机游戏领域，腾讯游戏通过 QQ 登录游戏，利用语音等与队友互动，从而使玩家体验到与他人在一起的社会临场感，进而使玩家对游戏产生满意度。如今，每款游戏都有各自的特色，如何增加手机游戏的生动性与交互性来增加玩家的社会临场感，是值得手机游戏设计者思考的，这不仅对游戏设计者是个考验，也是对整个手机游戏领域的考验。毕竟这是一个追求创新的时代，不能只停留在过去的游戏玩法，要有足够的创新来吸引玩家的兴趣。

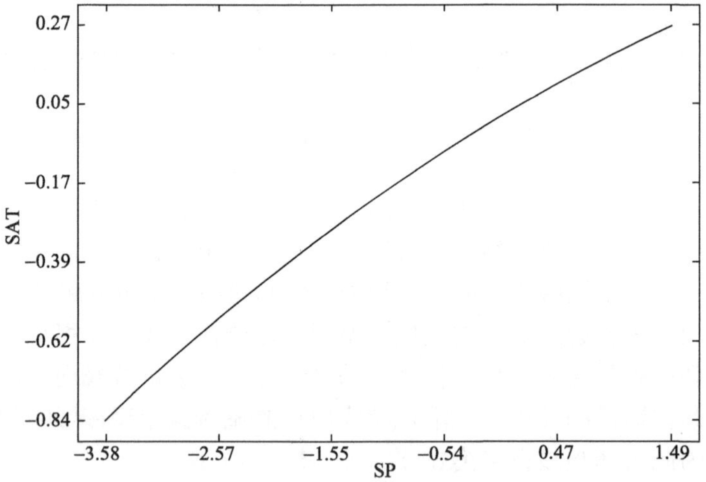

图 5-10　社会临场感（SP）与满意度（SAT）的关系图

流体验对期望确认度的影响如图 5-11 所示，社会临场感对期望确认度的影响如图 5-12 所示。在图 5-11 中，我们可以看到，当手机游戏玩家的流体验越多，期望确认度也就越多；在图 5-12 中，我们可以看到，当手游玩家的社会临场感越多，期望确认度也就越多。因此，我们可以认为用户的流体验、社会临场感对期望确认度有显著的正向影响。手机游戏玩家在游戏过程中得到的体验能够通过流体验与社会临场感反映出来，而期望确认度是手游玩家期望与真实的体验之间的差异程度，当体验过后的感觉比预期好很多时，期望确认度就会增加很多。游戏开发商在设计游戏时，应当从生动性和交互性、挑战与技能等方面考虑，从而提高社会临场感和流体验，最终提高期望确认度。

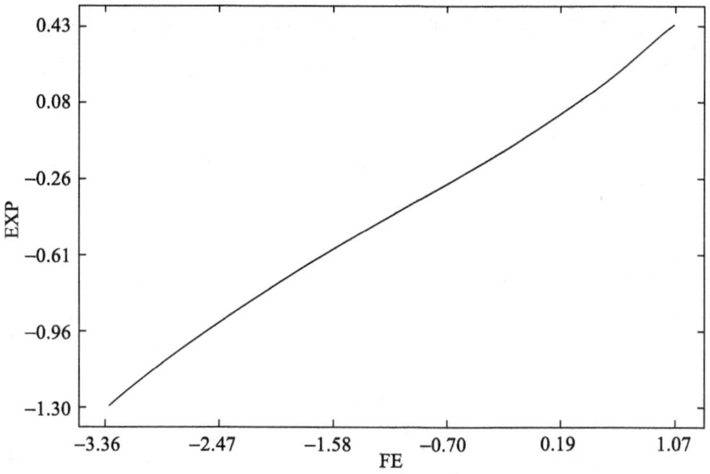

图 5-11　流体验（FE）与期望确认度（EXP）的关系图

3. 假设检验Ⅲ

第三部分的假设检验主要是验证对感知有用性和持续使用意愿有关的假设。感知有用性是指用户认为使用信息系统（IS）将提高目标表现的程度。

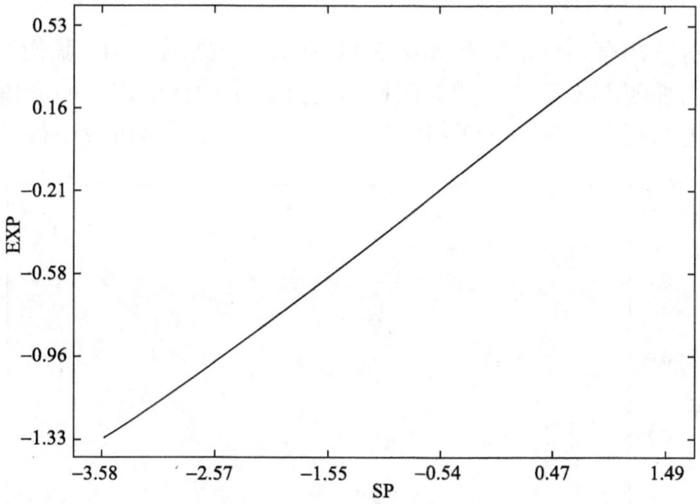

图 5-12　社会临场感（SP）与期望确认度（EXP）的关系图

根据图 5-13，我们可以看出，城镇居民的感知有用性随着期望确认度的增加逐渐增大，即用户的期望确认度对感知有用性有显著的正向影响。相关研究表明，在移动互联网环境下，当用户预先期望的体验低于实际操作的体验，即实际操作的体验越完美，用户的好感度就越高。而在调查中，我们也了解到手游玩家的好感度也会随着实际操作的体验逐渐增加，因此游戏开发商应该将提高玩家对游戏的好感度作为研究重点，从而吸引玩家的兴趣。

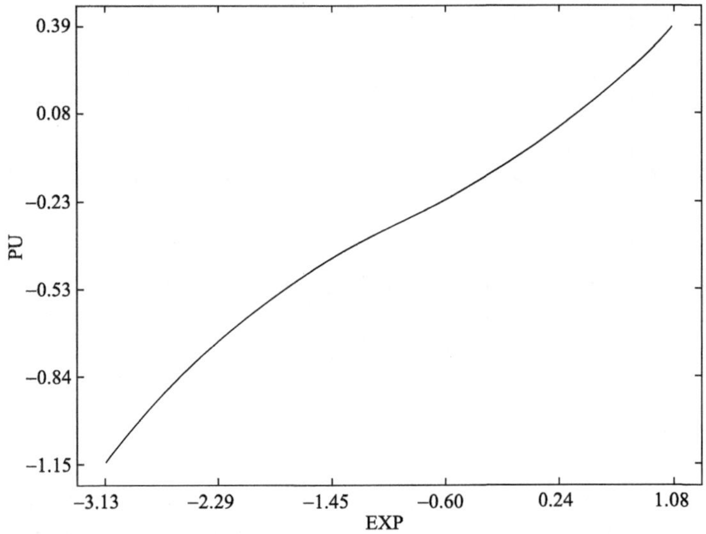

图 5-13　期望确认度（EXP）与感知有用性（PU）的关系图

流体验对感知有用性的影响如图 5-14 所示。根据图 5-14，我们可以发现，用户的感知有用性随着流体验的增加而持续提高，足以证明用户的流体验对感知有用性有着显著的正向影响。在手机游戏方面，用户在手机游戏中得到的流体验，

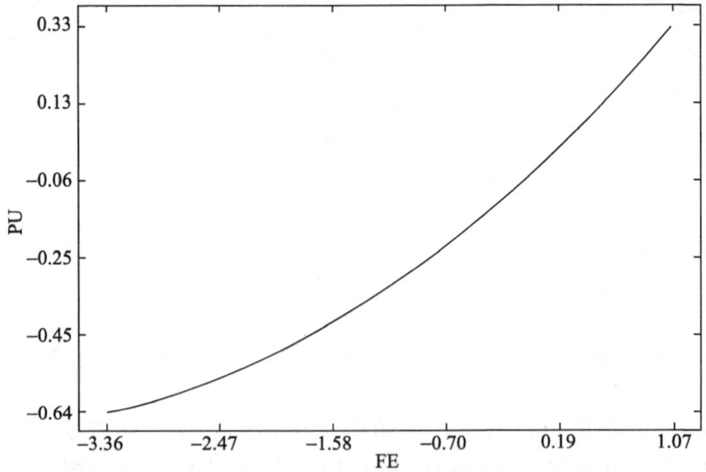

图 5-14　流体验（FE）与感知有用性（PU）的关系图

会提高其玩的兴趣程度，玩家的流体验越高，他们会对游戏越感兴趣。虽然让用户获得比较高的流体验对游戏开发商来说，存在一定的挑战性，但是为了让自己设计的手机游戏更加受大众欢迎，游戏开发商应该充分研究游戏的相关设计，以便提高玩家的流体验，从而使玩家对游戏更加感兴趣。

社会临场感对感知有用性的影响如图 5-15 所示。我们可以看出，在初始阶段，城镇居民在游戏中的感知有用性随着社会临场感的增加而小幅度地减小，随后一直呈现出上升的状态，证明了用户的社会临场感对感知有用性有显著的正向影响。根据实证研究，用户在刚开始玩手机游戏的时候，对手游的画面、人物设计、背景等只是处于了解之中，并没有完全适应这款游戏。由于社会临场感主要是受游戏界面设计的生动性和在游戏过程中的交互性这两者影响的，因此，过了初始阶段，用户的社会临场感自然会随着时间的增加而增加，最终对游戏有用性的感知程度也会增加。

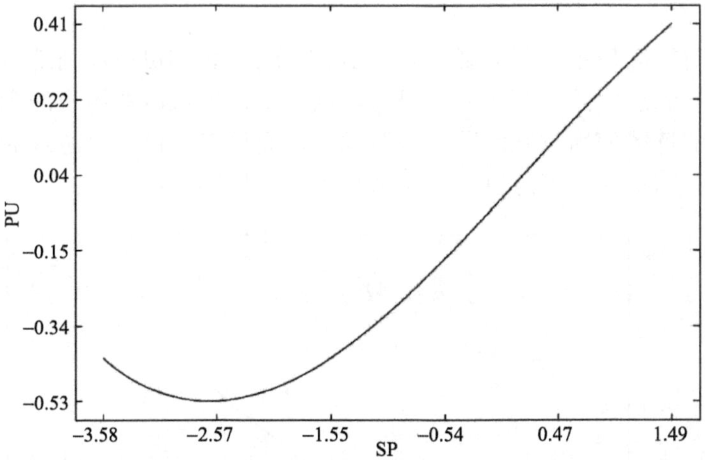

图 5-15　社会临场感（SP）与感知有用性（PU）的关系图

感知有用性对持续使用意愿的影响如图 5-16 所示。根据图 5-16，我们可以发现，当手机游戏用户的感知有用性不断增加时，他们对手游的持续使用意愿也会提高，因此，在手游领域，城镇居民的感知有用性对其持续使用意愿有显著的正向影响。影响手机游戏用户的持续使用意愿的因素有多个方面，用户认为游戏给他们的生活带来了便利，拉近了与其他人的交流方式，并且让自己的生活更加充满乐趣，他们便会选择继续玩这款游戏。因此，这提醒游戏开发商，尽量设计能为人们生活提高乐趣的游戏，而不是仅仅停留在玩的层面，应该多考虑游戏对人们生活的有用程度。

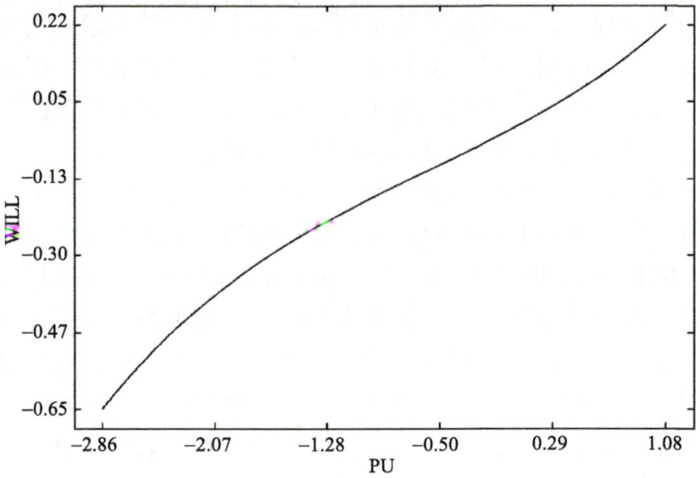

图 5-16　感知有用性（PU）与持续使用意愿（WILL）的关系图

满意度对持续使用意愿的影响如图 5-17 所示。我们可以清晰地看出玩家持续使用意愿随着满意度的提高而显著提高，这表明，手机游戏用户的满意度正向显著影响用户的持续使用意愿。所以，游戏开发商可以通过改进游戏的设计、画面质量等，来影响玩家的满意度，进而影响用户的持续使用意愿。

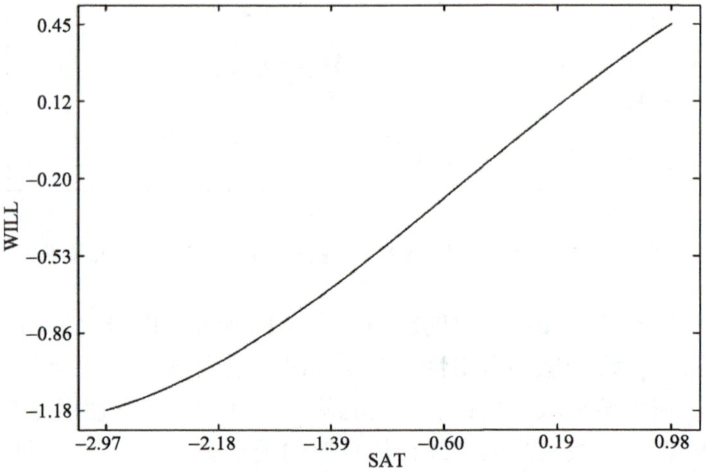

图 5-17　满意度（SAT）与持续使用意愿（WILL）的关系图

流体验对持续使用意愿的影响如图 5-18 所示。我们可以看出，城镇居民对手机游戏的持续使用意愿随着用户流体验的增加而平稳上升，呈现出显著的正向关系，即手机游戏用户的流体验越佳，他们对移动游戏的持续使用意愿越强，相关程度非常明显。针对假设 H12，Kim 和 Thapa（2018）也就此进行论证，有力地支撑了本章的假设。实证研究结果表明，用户对手机游戏的人机交互、社交互动、技能、挑战与社会临场感让他们非常容易进入流体验的状态。当手机游戏设计得足够有挑战性，需要玩家具备相关技能，并且使玩家不断重复地尝试进行游戏，这样才能足够吸引玩家长期留存，使他们愿意持续玩这个游戏。

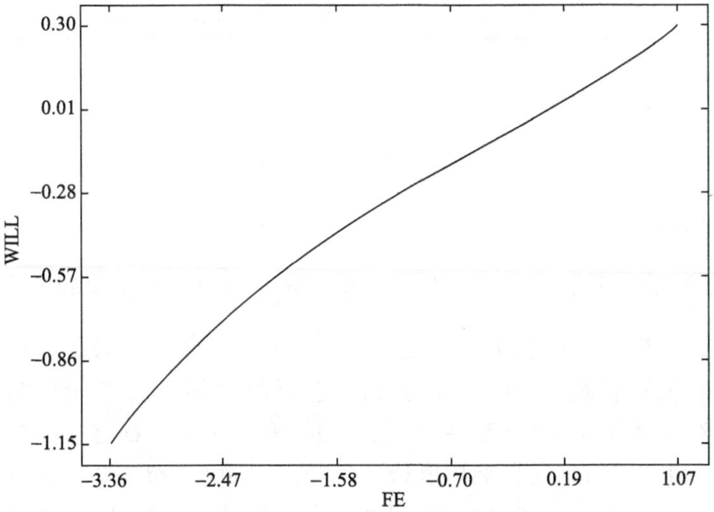

图 5-18　流体验（FE）与持续使用意愿（WILL）的关系图

通过上述分析，各假设均成立，假设检验效果汇总如表 5-20 所示。

表 5-20　假设检验结果汇总表

序号	假设	是否支持
H1	人机交互对手机游戏用户的流体验有显著的正向影响	支持
H2	社交互动对手机游戏用户的流体验有显著的正向影响	支持
H3	挑战对手机游戏用户的流体验有显著的正向影响	支持
H4	技能对手机游戏用户的流体验有显著的正向影响	支持
H5	期望确认度对手机游戏用户感知有用性有显著的正向影响	支持
H6	期望确认度对手机游戏用户满意度有显著的正向影响	支持
H7	感知有用性对手机游戏用户的满意度有显著的正向影响	支持
H8	感知有用性对手机游戏用户持续使用意愿有显著的正向影响	支持
H9	满意度对手机游戏用户的持续使用意愿有显著的正向影响	支持
H10	流体验对手机游戏用户的感知有用性有显著的正向影响	支持
H11	流体验对手机游戏用户的满意度有显著的正向影响	支持
H12	流体验对手机游戏用户的持续使用意愿有显著的正向影响	支持

续表

序号	假设	是否支持
H13	社会临场感对手机游戏用户的感知有用性有显著的正向影响	支持
H14	社会临场感对手机游戏用户的满意度有显著的正向影响	支持
H15	社会临场感对手机游戏用户的流体验有显著的正向影响	支持
H16	流体验对手机游戏用户的期望确认度有显著的正向影响	支持
H17	社会临场感对手机游戏用户的期望确认度有显著的正向影响	支持

5.6 结论与建议

5.6.1 研究结论

1. 人机交互、社交互动、挑战、技能和社会临场感对流体验的影响

本章通过理论分析构建了人机交互、社交互动、挑战、技能、社会临场感与流体验之间的关系假设，通过实证检验，这些假设都得到了充分的数据支持，反映了这五者对城镇居民手机游戏用户流体验的影响关系。在这五者中，社交互动（β=0.27，p<0.001）的正向影响程度最大，第二是挑战（β=0.26，p<0.001），第三是人机交互（β=0.16，p<0.001），第四是社会临场感（β=0.14，p=0.002），而技能（β=0.11，p=0.016）对用户流体验的正向影响程度最低。通过分析表明，当手机游戏的设计注重社交互动，并且在关卡设计方面存在一定的挑战性，人机交互性和用户的社会临场感、技能的提高，能使用户对手机游戏的流体验偏向正向。

2. 社会临场感、流体验、期望确认度对感知有用性的影响

本章通过理论分析构建了社会临场感、流体验、期望确认度与感知有用性之间的关系假设，通过实证检验，这些假设都得到了充分的数据支持，反映了这三者对城镇居民手机游戏用户感知有用性的影响关系。期望确认度（β=0.31，p<0.001）对手机游戏用户的感知有用性影响最为显著，而社会临场感和流体验对其的影响差不多是同等程度，β 值均为 0.27、p 值均小于 0.001。从数据分析中，我们可以看出，当手机游戏用户能够提高期望确认度，并同时提高社会临场感和流体验时，用户对手游的感知有用性便会有显著的影响。

3. 社会临场感和流体验对期望确认度的影响

本章通过理论分析构建了社会临场感、流体验与期望确认度之间的关系假设，通过实证检验，这些假设都得到了充分的数据支持，反映了社会临场感和流体验

对城镇居民手机游戏用户期望确认度的影响关系。在数据分析中，我们发现社会临场感与流体验对期望确认度的影响程度相当，β 值均为 0.38、p 值均小于 0.001，从正面直接反映出社会临场感和流体验对城镇居民手机游戏用户期望确认度有显著的正向影响。

4. 社会临场感、流体验、期望确认度、感知有用性对满意度的影响

本章通过理论分析构建了社会临场感、流体验、期望确认度、感知有用性与满意度之间的关系假设，通过实证检验，这些假设都得到了充分的数据支持，反映了这四者对城镇居民手机游戏用户满意度的影响关系。在影响手机游戏用户的所有因素中，期望确认度（β=0.33，p<0.001）的影响最为显著。同时，我们也发现，社会临场感、流体验和感知有用性对满意度的影响也是正向的。满意度作为衡量用户对手机游戏是否满意的一项指标，从很大程度上也会影响用户对手游的持续使用意愿。

5. 流体验、感知有用性和满意度对持续使用意愿的影响

本章通过理论分析构建了流体验、感知有用性、满意度与持续使用意愿之间的关系假设，通过实证检验，这些假设都得到了充分的数据支持。在影响用户持续使用意愿的所有因素当中，满意度（β=0.46，p<0.001）对其的影响最为显著，流体验与感知有用性对其也有正向影响。

5.6.2 对策与建议

根据以上研究结论和假设，为了进一步推动手机游戏产业的发展，提高城镇居民手机游戏持续使用意愿，本章提出以下几点建议。

（1）在开发移动游戏产品时重点开发游戏产品的社交性。移动游戏开发商要注重移动游戏的便捷性，增加游戏产品的背景音乐、动作、界面等丰富的信息，为移动游戏玩家提供展示自我以及与其他玩家互动的平台。同时，开发游戏产品时需要加入游戏玩家和手机之间的互动，在角色塑造上分类设计（如性别、年龄或者学历），使游戏玩家能够通过塑造自己独有的外观进入自己所塑造的虚拟角色。最后，移动游戏开发商可以利用玩家的攀比心理和从众心理，并结合社交性和互动性设计游戏，加强玩家团队成员之间的合作程度，增强玩家归属感。

（2）移动游戏开发商应当注重分级制度。移动游戏开发商需要针对不同类型的消费者开发不同类型的移动游戏产品，这样才会设计出令游戏玩家满意的游戏。首先，移动游戏开发商在开发游戏产品时需给玩家设置与其游戏水平相近或较高的兴奋点，使游戏玩家感知挑战性，保持兴奋，无论玩家挑战成功或失败都会激发自身对游戏的沉浸感；其次，针对不同类型的游戏玩家开发设计不同游戏时长

的游戏产品，及时提醒游戏玩家每天的游戏时长；最后，在游戏产品的关卡剧情中设置一定考验，让游戏玩家能够持续关注游戏剧情，培养移动游戏玩家良好的游戏习惯，有助于激发玩家对游戏产品的持续兴趣。

（3）游戏开发商需开发属于自己品牌的游戏产品，挖掘出更多潜在的衍生商品和商机。移动游戏开发商需要针对用户在不同移动游戏中的数据，开发、设计合适大小的游戏安装包，并结合手机流量和游戏流量相捆绑的消费策略，降低玩家的使用成本。此外，移动游戏开发商可设置个性化推荐专区，适度建立会员制，定期组织玩家见面会，定期安排专人回访，以此增加玩家之间的沟通联络。

参 考 文 献

安航, 2016. 基于手机游戏的 UI 设计方法研究 [D]. 西安: 陕西师范大学.

包成名, 2014. 移动游戏用户持续使用意愿影响因素研究 [D]. 南京: 南京大学.

曹国, 金星, 2015. 大学生手机游戏使用意愿影响因素研究[J]. 教育教学论坛, (47): 80-81.

曹国, 刘晨蓉, 2021. 江苏农村居民移动游戏使用行为影响因素与对策研究[J]. 现代营销(经营版), (4): 22-23.

陈恳, 2015. 联想手机用户游戏使用意愿影响因素分析 [D]. 天津: 天津财经大学.

陈毅, 2017. 移动社交游戏持续使用意愿影响因素研究 [D]. 北京: 北京邮电大学.

崔春阳, 戴心来, 单畅, 2017. MOOC 学习者持续学习意愿影响因素研究 [J]. 中国教育信息化, (15): 5-8+12.

代宝, 2015. 社交网站(SNS)用户使用行为实证研究 [D]. 合肥: 合肥工业大学.

代宝, 刘业政, 2015. 基于期望确认模型、社会临场感和心流体验的微信用户持续使用意愿研究 [J]. 现代情报, 35(3): 19-23.

段菲菲, 翟姗姗, 池毛毛, 等, 2017. 手机游戏用户粘性影响机制研究: 整合 Flow 理论和 TAM 理论[J]. 图书情报工作, 61(3): 21-28.

樊轶, 2015. 基于期望确认理论模型的移动商务用户持续使用行为研究 [J]. 现代经济信息, (6): 65-66.

宫春婕, 2015. 互动感知对微信用户持续参与意愿的影响研究 [D]. 哈尔滨: 哈尔滨工业大学.

郭文文, 2013. 基于心流体验的手机游戏设计研究 [D]. 北京: 北京服装学院.

韩金男, 2013. 休闲网游使用者的心流特征研究 [D]. 南京: 南京师范大学.

侯如靖, 张初兵, 2016. 微信用户持续使用意向的实证研究——网络外部性与期望确认度的影响 [J]. 消费经济, 32(1): 63-67.

胡勇, 2013. 在线学习过程中的社会临场感与不同网络学习效果之间的关系初探[J]. 电化教育研究, 34(2): 47-51.

姜峰, 2015. 社交网站持续使用行为意向的动机研究 [D]. 上海: 上海交通大学.

姜邻泉, 2018. 一款手机足球游戏的设计与实现 [J]. 电子技术与软件工程, (4): 42.

李光明, 蔡旺春, 郭悦, 2016. 购物网站交互性对顾客满意度的影响——远程临场感与心流的链式中介作用 [J]. 软科学, 30(1): 115-119.

李雪娇, 2017. 互动感知对弹幕用户持续参与意愿的影响研究 [D]. 重庆: 重庆工商大学.
李涯, 2017. 以女性用户为主的手机游戏市场分析与营销策略研究 [D]. 北京: 对外经济贸易大学.
李媛, 2016. 美术设计在手机游戏中的应用与研究 [D]. 哈尔滨: 哈尔滨师范大学.
刘畅, 2013. 手机游戏成功因素分析——基于消费者接受理论 [J]. 电子商务, (9): 65+73.
刘晓英, 黄星谱, 2016. 手机杂志 APP 的用户持续使用意愿研究 [J]. 新闻研究导刊, 7(24): 41.
卢益, 2015. 移动网购情境特征对消费者购买意愿的影响研究 [D]. 泉州: 华侨大学.
宋之杰, 石晓林, 2013. 团购网站消费者忠诚度研究——基于心流体验和信息系统持续使用理论 [J]. 科技与管理, 15(5): 30-34.
谭淑媛, 2016. 个性化新闻推荐 APP 用户持续使用行为研究 [D]. 昆明: 云南财经大学.
王卫, 史锐涵, 李晓娜, 2017. 基于心流体验的在线学习持续意愿影响因素研究 [J]. 中国远程教育, (5): 17-23+79.
王亚敏, 王林林, 2017. 移动游戏消费意愿影响因素研究 [J]. 电子商务, (11): 17-20.
王耀民, 朱小栋, 付士山, 2019. 基于沉浸理论的用户手机游戏使用意愿影响因素实证研究[J]. 电子商务, (1): 33-36.
王月会, 2017. 虚拟社区用户持续使用行为的影响因素研究 [D]. 保定: 河北大学.
王芷, 2017. 基于情感化交互理论的移动游戏设计研究 [J]. 艺术与设计(理论), 2(7): 75-77.
向海兰, 2016. 旅游电子商务网站质量对顾客忠诚的影响研究 [D]. 长沙: 湖南师范大学.
许懋琦, 于晓燕, 2014. 从设计学角度分析手机游戏成功因素 [J]. 设计, (4): 135-136.
薛蛟, 2015. 基于情感体验理论的体感游戏操作界面研究 [D]. 上海: 华东理工大学.
严宁宁, 2015. 基于用户体验的女性手机游戏界面设计研究 [D]. 青岛: 青岛理工大学.
杨根福, 2016. MOOC 用户持续使用行为影响因素研究 [J]. 开放教育研究, 22(1): 100-111.
杨美容, 2015. 移动外卖 APP 用户持续使用意愿的影响因素研究 [D]. 广州: 广东外语外贸大学.
张艳, 2015. 手机游戏玩家用户忠诚度研究 [D]. 武汉: 华中师范大学.
甄智棕, 邓嵘, 2017. MOBA 类手机游戏交互设计研究 [J]. 包装工程, 38(24): 183-187.
周涛, 方文侃, 2016. 移动社交 APP 位置分享服务持续使用研究 [J]. 杭州电子科技大学学报(社会科学版), 12(3): 1-7.
周阳锦, 2015. 移动社交网络用户持续使用意愿的影响因素研究 [D]. 南昌: 江西财经大学.
邹霓, 2016. 移动学习 APP 持续使用意愿影响因素研究 [D]. 重庆: 重庆大学.
Alzahrani A I, Mahmud I, Ramayah T, et al., 2017. Extending the theory of planned behavior (TPB) to explain online game playing among Malaysian undergraduate students [J]. Telematics & Informatics, 34(4): 239-251.
Animesh A, Pinsonneault A, Yang S, et al., 2011. An odyssey into virtual worlds: Exploring the impacts of technological and spatial environments on intention to purchase virtual products [J]. MIS Quarterly, 35(3): 789-810.
Ashfaq M, Zhang Q Y, Ali F, et al., 2021. You plant a virtual tree, we'll plant a real tree: Understanding users' adoption of the Ant Forest mobile gaming application from a behavioral

reasoning theory perspective [J]. Journal of Cleaner Production, 310: 127394.

Bhattacherjee A, 2001. Understanding information systems continuance: An expectation-confirmation model [J]. MIS Quarterly, 25(3): 351-370.

Chang C C, 2013. Examining users' intention to continue using social network games: A flow experience perspective[J]. Telematics and Informatics, 30(4): 311-321.

Chen L S L, Kuan C J, 2012. Customer acceptance of playing online game on mobile phones [J]. International Journal of Mobile Communications, 10(6): 598-616.

Cheung M L, Leung W, Chang L, et al., 2021. Driving loyalty intentions of mobile games: A motivation theory perspective [J]. Quality & Quantity, (11): 1-16.

Csikszentmihalyi M, LeFevre J, 1989. Optimal experience in work and leisure [J]. Journal of Personality and Social Psychology, 56(5): 815-822.

Engl S, Nacke L E, 2013. Contextual influences on mobile player experience—A game user experience model [J]. Entertainment Computing, 4(1): 83-91.

Heeter C, 1992. Being there: the subjective experience of presence[J]. Presence: Teleoperators and Virtual Environment, 1(2): 262-271.

Huang H C, Pham T T L, Wong M K, et al., 2018. How to create flow experience in exergames? Perspective of flow theory [J]. Telematics and Informatics, 35(5): 1288-1296.

Jang S, Chung J, Rao V R, 2021. The importance of functional and emotional content in online consumer reviews for product sales: Evidence from the mobile gaming market [J]. Journal of Business Research, 130: 583-593,

Kim M, Thapa B, 2018. Perceived value and flow experience: Application in a nature-based tourism context [J]. Journal of Destination Marketing & Management, 8: 373-384.

Lin C S, Wu S, Tsai R J, 2005. Integrating perceived playfulness into expectation-confirmation model for web portal context [J]. Information & Management, 42(5): 683-693.

Merikivi J, Tuunainen V, Nguyen D, 2017. What makes continued mobile gaming enjoyable? [J]. Computers in Human Behavior, 68: 411-421.

Nah F F H, Eschenbrenner B, Dewester D, 2011. Enhancing brand equity through flow and telepresence: A comparison of 2D and 3D virtual worlds[J]. MIS Quarterly, 35(3): 731-747.

Novak T, Hoffman D, Yung Y, 2000. Measuring the customer experience in online environments: A structural modeling approach [J]. Marketing Science, 19(1): 22-42.

Ogonowski A, Montandon A, Botha E, et al., 2014. Should new online stores invest in social presence elements? The effect of social presence on initial trust formation [J]. Journal of Retailing and Consumer Services, 21 (4) : 482-491.

Oliver R L, 1980. A cognitive model of the antecedents and consequences of satisfaction decisions[J]. Journal of Marketing Research, 17(4): 460-469.

Park H J, Kim S H, 2013. A Bayesian network approach to examining key success factors of mobile games [J]. Journal of Business Research, 66(9): 1353-1359.

Short J, Williams E, Christie B, 1976. The Social Psychology of Telecommunications[M]. London:

John Wiley & Sons, Ltd.

Su Y, Chiang W, Lee C J, et al., 2016. The effect of flow experience on player loyalty in mobile game application [J]. Computers in Human Behavior, 63: 240-248.

Sweetser P, Wyeth P, 2005. GameFlow: A model for evaluating player enjoyment in games [J]. ACM Computers in Entertainment, 3(3): 1-24.

Webster J, Trevino L K, Ryan L, 1993. The dimensionality and correlates of flow in human-computer interactions[J]. Computers in Human Behavior, 9(4): 411-426.

Ye P, Liu L, Gao L, et al., 2020. Factors affecting woman's continuance intention for mobile games [J]. International Journal of Information and Communication Technology Education, 16(4): 48-67.

Yu N, Huang Y T, 2022. Why do people play games on mobile commerce platforms? An empirical study on the influence of gamification on purchase intention [J]. Computers in Human Behavior, 126: 106991.

Zhou T, 2013. Understanding the effect of flow on user adoption of mobile games[J]. Personal & Ubiquitous Computing, 17(4): 741-748.

Zhou T, Lu Y, 2011. Examining mobile instant messaging user loyalty from the perspectives of network externalities and flow experience [J]. Computers in Human Behavior, 27(2) : 883-889.

第 6 章　城镇居民移动阅读使用行为研究

进入 21 世纪，移动互联网迅速崛起，基于移动互联网的新应用不断涌现，移动阅读是移动互联网最主要的应用之一。移动阅读指使用移动终端（手机、Kindle等）进行的阅读行为，具有随时随地阅读、多媒体展示、购买与阅读及时便捷、携带方便等特点，这导致人们的阅读习惯、阅读渠道以及阅读方式发生重要变化，用户阅读方式正由传统纸质阅读向电子移动阅读转变，移动阅读正逐渐被国民采纳。当前，我国国民数字化阅读接触率稳步上升，移动阅读的成长潜力不容忽视。然而，由于互联网服务具有较低的进入壁垒，因此一项服务被创建后，许多类似的网络服务就会迅速涌现，导致用户在这些服务平台之间的切换率很高。因此，移动阅读服务提供商需要高度关注影响移动阅读长期运行的关键因素，这种关注使得用户的持续使用意识已然成为移动阅读消费者行为研究领域的重要课题。本章主要以手机阅读为例，基于信息系统持续使用模型和技术接受模型，通过融入感知愉悦性、感知货币价值、人机亲密程度和熟悉程度等动因，探讨了城镇居民移动阅读持续使用行为的形成机理。

6.1　移动阅读国内外研究现状

庞大的移动阅读市场推动了很多国内专家学者和商业机构对移动阅读的各个领域进行研究。国内对于移动阅读的研究主要集中在以下几个方面：当前移动阅读技术的发展状况、移动阅读市场的产业链价值、国内移动阅读的发展现状、移动阅读的主要盈利模式、移动阅读市场现存问题及对策等。通常在这些研究中，大都是将移动阅读的受众当作移动阅读服务的消费者而不是读者来看待。赵牡丹（2017）对移动阅读产业的盈利模式进行了研究，发现目前移动阅读的盈利模式较为单一并且还存在许多问题，移动阅读的盈利模式应该趋向于多元化。孙挺等（2021）基于 37 篇移动阅读实证研究文献中的 15 组变量，采用荟萃分析方法对用户感知、满意度和社交因素等变量对于持续使用意愿的作用效果进行综合分析。马艳（2016）认为当前移动阅读对青少年的影响力越来越大，要正确了解到这种影响力。通过对青少年移动阅读的现状调查，分析其中存在的问题，提出对策建议，引导青少年正确健康地进行移动阅读，促进青少年身心健康成长。陈文育和张晓婷（2016）指出随着社会的发展、科学技术的进步，我国已经进入了新媒体时代，人们的阅读媒介也在不断地发生着改变。而阅读媒介的改变，使得人们的阅读习惯也发生了非常大的改变。移动阅读作为一种新兴的阅读方式，不但改变了用户的阅读习惯，还更加满足了用户的需求。王晓和刘平（2017）列举了一些成功的和失败的移动阅读服务模式的推广案例，分析了在大数据时代背景下推广移动阅读需要面对及解决的问题。陈渝和朱云琴（2020）依托 PPM 模型，结合使用与满足理论构建用户从纸质阅读到移动阅读的转移行为影响因素模型，研究发现由信息性需求、社会性需求、娱乐性需求和网络义务性构成的拉动效应正向影响阅读转移意愿。Li 等（2021）认为在移动阅读环境下阅读短文本时，滚动模式比分页模式产生更好的记忆效果。王琦（2021）探索了游戏化元素对移动阅读 APP 用户持续使用意愿的影响机理。伍红梅（2021）通过对移动阅读服务情境交互维度、交互层次、交互过程的分析，提炼了用户阅读行为模型。Zhang 等（2021）利用 fuzzy- DEMATEL 模型探索了我国移动阅读 APP 用户体验关键影响因素，即信息质量、内容丰富度、价值契合度、版权保护、及时性、个性化服务、阅读功能丰富度、人际互动、系统性能和隐私保护。朱娅茹等（2020）结合用户体验和现状偏差理论构建了移动阅读 APP 持续使用意愿影响因素模型。杨金龙等（2020）以 TAM 模型为基础，运用模糊集和多值集定性比较分析方法，分析了变量间的非对称多重并发因果关系。张忠等（2019）分析了感知特性和个性化对手机阅读持续使用意愿的影响机理，研究认为感知易用性和个性化对手机阅读持续使用意愿具有显著正向影响。Ye 和 Liu（2021）利用刺激机体反应模型探讨了感知社会性和感知风险对移动阅读意愿的影响机理。刘旭晖（2021）基于技术接受模型，分析了影响移动阅读时长的相关因素。

此外，自 1989 年 Davis 等提出技术接受模型，旨在解释影响用户对信息系统的使用行为的原理，预测用户行为以来，很多学者在研究信息技术时都是在该模型的基础上进行补充和修正，国外学者在移动阅读研究上更注意对用户沉浸体验、用户黏性的研究。Bhattacherjee（2001）在国际期刊 MIS Quarterly 上发文提出的信息系统持续使用模型，成为揭示信息系统用户持续使用行为规律的最具代表性理论，广泛地适用于各种信息系统的用户行为研究。很多专家学者及时追踪新信息系统的发展动向，以持续使用模型为理论开展了大量的研究，并取得了许多有价值的研究成果。Pattuelli 和 Rabina（2010）通过实证研究发现，一部分手机阅读用户在长时间使用手机进行阅读后，再使用其他的阅读工具进行阅读时会感到不适应，证明手机阅读的用户黏性较强。Darroch 等（2005）发现不同年龄群体在进行移动阅读时，对字号选择存在一定的差异，认为移动阅读平台辅助功能对用户行为的影响也是巨大的。Webster 等（1993）提出信息系统中的用户沉浸体验的状态，包括控制感、集中注意力、好奇心、兴趣。Zhou（2013）研究了沉浸体验对移动电视用户采纳意愿的影响。Nwagwu 和 Famiyesin（2016）在理性行动理论的指导下，通过问卷调查的方法研究了信息系统的使用者对于移动阅读的接受度。Joo 等（2017）根据期望确认模型，设计调查问卷调查韩国中学生对数字教科书的使用意愿，研究发现学生对数字教科书的期待越高，学生越有可能体会到数字教科书的实用性。Koufaris 等（2001）指出移动阅读是时下大学生进行学术阅读的流行方法，并提出影响大学生进行阅读平台选择的因素。

6.2　移动阅读使用行为的相关理论基础

6.2.1　信息系统持续使用模型

早期，学者们更多地关注信息系统用户的初次使用行为。Bhattacherjee（2001）提出信息系统持续使用初始模型，并将其应用到用户电子银行持续使用行为分析。信息系统持续使用初始模型是以信息系统被采纳后为关注点，研究用户的持续使用意愿，将信息系统用户行为研究进一步延伸到更深的阶段。信息系统持续使用初始模型如图 6-1 所示。

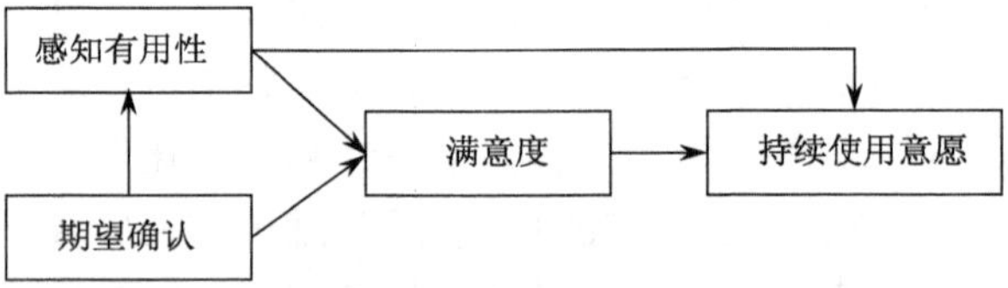

图 6-1　信息系统持续使用初始模型图

6.2.2　扩展后的信息系统持续使用理论模型

Limayem 等（2007）在持续使用初始模型的基础上将因变量由原来的持续使用意愿扩展至信息系统持续使用行为。而 Bhattacherjee 等（2008）通过引入 IT 自我效能和便利条件，删除感知有用性对满意度的直接效应，进一步将信息系统持续使用初始模型延伸，由此得到扩展的信息系统持续使用理论模型。扩展后的信息系统持续使用理论模型如图 6-2 所示。

扩展后的信息系统持续使用理论模型（Bhattacherjee et al.，2008）认为，用户对某信息技术的期望确认度决定了用户对该项信息技术的满意度和感知有用性，而感知有用性和满意度同时影响了用户持续使用意愿，持续使用意愿和用户的便利条件决定了用户的持续使用行为。扩展后的信息系统持续使用理论模型是在结合期望确认模型和技术接受模型的基础上提出来的，并通过结构方程的方法，进行了实验证明。持续使用模型自提出就被许多国内外的专家学者不断地证明、修改、创新。持续使用模型被用于各种信息技术的用户行为研究。

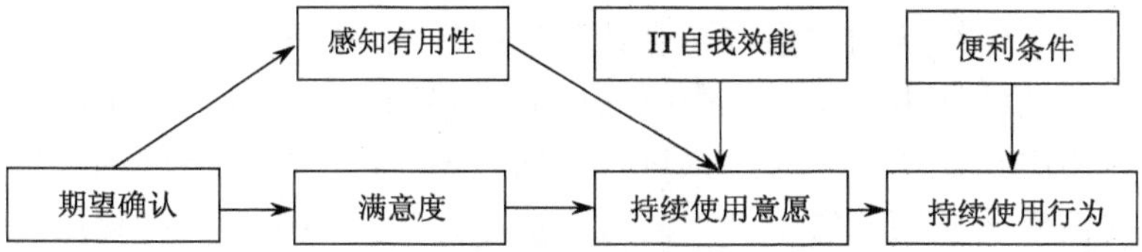

图 6-2　扩展后的信息系统持续使用理论模型图

6.3　研究假设与量表设计

6.3.1　研究假设

1. 感知有用性

感知有用性是指信息技术采用者在运用某项信息技术时，主观认为通过使用某项信息技术能够提高其工作绩效的程度。施国洪和王凤（2017）通过实证研究得出感知有用性对于用户感知移动图书馆服务的质量具有明显的正向影响的结论。代宝和刘业政（2015）等分析了微信用户的使用意愿，通过实证分析发现感知有用性对微信用户的持续使用意愿有正向影响。廖成林等（2012）研究了用户网站感知因素，发现感知有用性对用户体验的影响最为显著。

当我们在使用某种信息技术时，主观感觉通过对这项信息技术的使用，能够使我们在相同的时间内取得更好的工作效果或者取得相同的工作效果却花费较少的时间，又或者在较少的时间内取得较好的工作效果。那下一次我们在做与这类工作相同或者相似的工作时，我们很大概率会再次使用这个工具，甚至我们还会把这个工具推荐给其他做与这类工作相同或者相似的人，这也就形成了我们对这个工具的持续使用意识。满意是一种心理的状态，是指当客户的某种需求被满足时，客户所感知到的愉悦，是客户对某个产品或服务的预先期望与实际使用这个产品或服务时的内心感受的相对关系。当我们用数字来衡量客户的这种心理状态时，这个数字就叫作满意度。杨根福（2016）研究发现，感知有用性以满意度作为中介对用户的持续使用意愿间接产生影响。还表明感知有用性对 MOOC 用户的持续使用意愿有显著直接正向影响。蒋骁和王关义（2013）构建了用户采纳模型，认为在影响用户持续使用意愿的因素中，用户前次使用后的满意度以及对该系统的感知有用性为十分重要的影响因素，同时感知有用性也是用户产生满意心理的一个前因。

各种工具、各种科技的发明与创造都是为了在某方面满足或者方便满足人们的某方面需求。也就是说，人们在使用某个工具的时候就是抱着满足或者方便满足某项需求的期望。若是将这种“满足或方便满足”视为工作绩效的提高，那么这种提高我们工作绩效的结果，是会让我们产生满意这种心态的，而满意的心态也会对我们的持续使用意识产生影响。而对于移动阅读来说，以上的观点也是可以类推的，当用户在使用移动阅读进行资料搜索时，搜索出来的结果更全面，更符合我们的需求而且还节省了用户的时间成本，这一结果势必会让用户满意，也会驱使用户在下一次相似的情景决策中考虑运用移动阅读这一信息技术。因此，基于以上研究结果和分析提出假设：

H1：感知有用性对手机阅读用户的满意度有着显著的正向影响。

H2：感知有用性对手机阅读用户的持续使用意愿有着显著的正向影响。

H3：满意度对手机阅读用户的持续使用意愿有着显著的正向影响。

2. 感知易用性

感知易用性反映了信息技术使用者认为使用某项信息技术的容易程度，即用户对接受某项信息技术所付出的努力程度的认识。

手机作为阅读载体相较于其他载体在感知易用性方面的优势是显而易见的。手机相较于电脑，体积小、质量轻且上网方便、易于携带、可以随时随地使用。手机相较于纸质书，容量大、小巧方便。在通过与数名使用过电脑、平板阅读器、手机或纸质书籍等的大学生进行访谈后，将手机与电脑等其他阅读媒介进行对比，从而了解大学生对手机阅读的需求。陈昕怡（2016）发现手机作为阅读媒介，其便捷、轻巧的媒介特性是手机作为阅读媒介相较于其他阅读媒介的一个很大的优势。成燕（2015）也明确了感知易用性对大学生移动阅读的用户行为有正向影响，也就是说手机相较于其他媒介有更好的便捷性和方便性，这是影响手机阅读使用者选择手机作为其阅读媒介的重要因素之一。

经济社会的不断发展使得人们的生活节奏越来越快，大多数人的时间被工作和生活的压力挤占填满。人们进行娱乐放松的时间被碎片化，“快餐式”文化成为越来越多的人进行娱乐消遣的主要选择。而人们的阅读情境也发生了很大的改变，时间分散、地点多变使得可以随身携带、随时使用的手机成为“快餐式”文化主要阅读载体，手机顺理成章地成为移动阅读用户的最爱。王晓和刘平（2017）分析了在这样的大数据时代背景下推广手机阅读服务模式需要面对及解决的问题，他们认为感知易用性是手机阅读的一大优势。而赖俊明（2017）则从反面论证了感知易用性对手机智能用户使用行为的影响是很大的。当用户对手机智能技术的感知易用性不好时，对该项手机智能技术的负面影响是很大的。对于手机阅读也是这样，当用户不能很好地使用手机阅读这项技术时，在使用手机阅读感觉易用性不佳时，会极大地降低手机阅读用户的满意度和持续使用意愿。

相比纸质阅读，移动数字阅读凸显了其特有的移动属性，资源更加丰富，携带更加便捷，查询传输记录更加便利，大大提升了用户的阅读体验。基于移动社交平台的阅读受到广大用户青睐，促使用户角色在信息接受者和信息传播者之间随时转化，激发用户更高的阅读热情。在移动阅读平台上用户可以收集他们感兴趣的信息、查看其他用户发表的书籍评论、读后感，并进行互动来获得乐趣与放松，其对快乐的需求被满足。因此，基于以上研究结果和分析提出假设：

H4：感知易用性对手机阅读用户的持续使用意愿有着显著的正向影响。

H5：感知易用性对手机阅读用户的感知有用性有着显著的正向影响。

3. 感知愉悦性

感知愉悦性在信息技术研究中是被这样定义的，用户在采用某项信息技术的过程中所感知到的愉悦的程度。感知愉悦性源于享乐主义理论，该理论认为任何行动的终极目标都是让行为人自己愉悦，个人行动的目的就是获取愉悦的情感，避免不愉悦的情感。用户行为研究往往将享乐情感描述为来自消费一项产品或服务时用户感知的愉悦性。

国内的一些学者从手机阅读的内容方面进行手机阅读用户的动机研究。谢蓉和金武刚（2011）发现，在校大学生进行手机阅读最主要有两大动机，即工具性期望和资讯性期望。也就是说，手机阅读用户一方面是希望利用手机阅读打发无聊的时间，另一方面是希望能够获取感兴趣的新闻动态和有趣的资讯信息。因此，在手机阅读内容的类型中，能够提供消遣和资讯的类型最受手机阅读用户的欢迎。郭慧娟（2012）也通过统计调查结果得出，大学生手机阅读的主要目的是娱乐放松，其中大多数受访者都表示他们更倾向于利用手机阅读进行娱乐式的阅读。另外，从阅读平台的点击量（表 6-1）也可以看出，手机阅读用户更倾向于轻松易读的内容。表 6-1 是 2017 年中国移动手机阅读平台点击量前十名的书籍。

表 6-1　2017 年网评前十书籍排名表

书名	作者	类型	点击量
《万古仙穹》	观棋	仙侠	11 亿 2090 万次
《神医相师》	左手	都市	1 亿 9485 万次
《冷婚》	微风中摇曳	言情	1 亿 8580 万次
《极品富二代》	老施	都市	1 亿 5410 万次
《大主宰》	天蚕土豆	玄幻	3228 万次
《丐世神医》	弼老耶	都市	1273 万次
《记忆苍穹》	纪茗	科幻	319.56 万次
《飞天》	跃千愁	仙侠	301.96 万次
《我要做皇帝》	要离刺荆轲	历史	240.8 万次
《人道至尊》	宅猪	玄幻	169.78 万次

可以发现，在进入前十名的排行榜单中（2017 年网络小说排行榜前十名，2017 年完结网络小说推荐），全部都是轻松易读的电子小说。对比 2017 年畅销书排行榜的前十名《解忧杂货店》《局外人》《深度工作：如何有效使用每一点脑力》《浮生六记》《我的第一本专注力训练书》《我们仨》《百年孤独》《白夜行》《追风筝的人》《我的小问题系列》，可以看出，当人们在利用手机进行阅读时，更倾向于阅读一些轻松有趣的小说。

随着经济社会的不断发展，人们开始追求精神生活层面的丰富。“花钱买开心”虽然是一句略有讽刺意味的话，但不难看出愉悦性在用户消费时的影响是巨大的。焦勇兵等（2013）研究发现，在用户采纳社会化的信息技术中，感知愉悦性扮演着积极的角色，这说明了感知愉悦性在增加用户对社会化媒体的满意程度和采纳意图方面起着不可忽视的作用。因此，基于以上研究结果和分析提出假设：

H6：感知愉悦性对手机阅读用户的满意度有着显著的正向影响。

H7：感知愉悦性对手机阅读用户的持续使用意愿有着显著的正向影响。

4. 感知货币价值

感知货币价值是指用户在对所能感知到的利益与其在获取产品或服务时所付出的成本进行权衡后，对产品或服务效用的总体评价。在经济学中，价格是影响需求变动的重要因素。把信息技术服务当作无形商品，那价值对信息技术用户的消费行为的影响可想而知也是巨大的。不少国内外的专家学者都对感知货币价值对于信息技术使用者的用户行为影响进行了研究。赵文君等（2018）从感知价值的视角，研究社交平台用户的持续使用意愿模型，发现感知价值正向影响用户持续使用行为。杜慧然（2015）发现手机阅读应用的经济性正向影响手机阅读应用用户的满意度。盛玲玲（2008）发现感知价值对用户持续使用意愿有显著影响，且满意度在其中起中介作用；感知价值对用户满意度有显著的影响；体验差距对感知价值有显著影响。陈晓曈等（2015）认为，对于移动阅读的收费服务来说，用户对付出的货币成本的感受更为确切和鲜明。周毅等（2008）发现，用户在办理移动数据业务时，移动数据业务的价格和其有用性是用户决定购买时考虑的关键因素，用户对移动数据业务的价值感知是用户决定使用的主要因素，其他的相关因子都通过感知价值对用户的购买意愿产生影响。

也有很多学者将感知货币价值引入手机阅读用户使用行为研究。李磊和徐红彩（2016）研究发现，虽然有很多大学生曾经在手机阅读上进行过消费（如购买电子书、开通会员、获得下载文档权限），但大多数学生还是倾向于低消费或者免费的手机阅读活动。现如今很多人在进行消费时都在追求性价比，性价比可简单地理解为性能与价格的比。对于一些实物产品来说，性能也许可以通过一些特定的测量方法来进行量化。但对于手机阅读服务来说，很多“性能”是无法量化的，只能通过用户的自我感知，也就是说用户在使用手机阅读时的消费感受会极大地影响他们的感知货币价值。因此，基于以上研究结果和分析提出假设：

H8：感知货币价值对手机阅读用户的满意度有着显著的正向影响。

H9：感知货币价值对手机阅读用户的持续使用意愿有着显著的正向影响。

H10：感知有用性对手机阅读用户的感知货币价值有着显著的正向影响。

5. 个性化服务

个性化是信息时代催生的产物，也是移动互联网发展的必然产物。个性化需求是指有别于一般大众化的需求，更多地增加用户个人独特的需求。快速发展的移动应用市场使得人们熟悉应用的能力逐渐加快，用户对自己的需求认知越来越清晰，越来越明确，手机阅读活动正是在这种背景下发展起来的，用户的阅读行为越来越多样化，用户对阅读内容的选择、媒体接触等方面提出了新的需求。

万安伦等（2016）分析了中国网民数字阅读终端的使用情况，发现网民在数字阅读终端选择上的特点。他们认为多种数字阅读终端的存在和发展，为网民们带来了更加丰富的阅读体验，不同年龄、学历、收入、区域的网民对数字阅读终端的选择呈现出不同的特点，数字阅读终端个性化趋势明显。唐蓊和余永海（2017）认为个人兴趣是人们探索、认识某种事物或者对某种事物的心理倾向。在如今社会发展下，人们注重追求个人需求，而手机应用满足了用户在阅读信息选择上的需求。在传统阅读里，如报纸，人们对特定类别内容的选择只能局限在这份报纸上。而如今的手机阅读应用不仅提供不同维度版块，还推送突发消息等功能，不仅满足了用户在阅读上追求个人兴趣的心理，还为新的手机阅读应用的发展提供了新思路。王卫军（2014）指出高校图书馆的移动信息服务需要依据读者所处的情境状态（时间、地点、任务等）信息的变化，通过与用户历史信息结合，发现用户的个性化信息需求。图书馆个性化信息服务就是将图书馆的信息资源在合适的时间、合适的地点将合适的内容提供给合适的读者。王丙炎和张卫（2016）分析发现手机阅读所具有的设置，如提供字体、字号、行间距、页边距等的自由调整，提供听书、朗读功能，可以使用户根据自己的喜好、习惯、所处的环境等自由调整设置，以达到最舒适的程度。而这种用户可以自由设置是个性化服务内容之一，个性化对手机阅读平台用户体验的影响程度较大。

随着经济社会的不断发展，大数据时代的到来使得“个性化”这一名词变得更具有时代意义。信息网络的个性化服务就是通过各种方式对用户的资料进行智能的收集整理，主动地分析出用户的个性化需求，并为满足用户的个性化需求提供个性化的服务。因此可以认为，用户主观感受到的个性化服务程度也就是用户个性化需求被满足的程度。当用户的需求被满足时，用户对这个服务就会产生满意的情绪，而这种情绪会影响用户对该项服务的持续使用意愿。因此，基于以上研究结果和分析提出假设：

H11：个性化服务对手机阅读用户的感知货币价值有着显著的正向影响。

H12：个性化服务对手机阅读用户的持续使用意愿有着显著的正向影响。

6. 从众心理

从众是指个人的观念与行为在群体的引导和压力下，不知不觉或不由自主地与多数人保持一致的社会心理现象，即指个人受到外界人群行为的影响，在自己的知觉、判断、认识上表现出符合公众舆论或多数人的行为方式。而实验表明只有很少的人能保持独立性，没有被从众，所以从众心理是个体普遍存在的心理现象。藺旭鹏（2011）认为，从众是一种比较普遍的社会心理和行为现象，从众行为本身没有好坏之分。兰超玲（2015）发现，从众心理是导致大学生手机依赖的重要原因。俞华华（2016）对 300 名在校读者进行了问卷调查，发现从众心理对阅读的影响是普遍存在的。尚海涛（2015）发现在读图时代，受从众心理的影响，手机阅读的用户都在追求简单直观的表达方式，倾向于选择丰富多彩的内容，阅读取向更加具有目的性，呈现功利化的特点。汤碧玲（2014）发现，从众心理对学生的课外阅读存在明显的影响，在阅读的方式、阅读的内容和阅读的习惯上面都可以看到从众心理产生的影响。

尤其是，近年来一些热门的网络小说被改编成了电视剧、网游，使得小说本身的知名度不断攀升，与小说有关的话题不断引起人们的讨论。这也使得一些还没有阅读过这些小说的人，为了从众加入讨论而去进行阅读。另外，在一些公众场合从众心理对移动阅读的影响也是十分明显的。在车站、地铁、公交、餐厅等这些地方，许许多多的人在做“低头一族”，置身其中会忍不住地加入他们，不然就会感到局促不安，感到无所事事。因此，基于以上研究结果和分析提出假设：

H13：从众心理对手机阅读用户的持续使用意愿有着显著的正向影响。

7. 亲密程度和熟悉程度

亲密程度是指用户对该项信息技术的使用所产生的情感上的依赖性，这一点可以从用户过往的使用时间、使用频率、使用目的可以看出。熟悉程度一方面是指用户对该项信息技术主观的了解认知，另一方面是客观上用户对该项信息技术的了解程度。亲密程度和熟悉程度是随着时间的推移而产生的两个影响用户持续使用意愿的情感因素，两者都是基于信息技术与用户的先前关系而对用户的持续使用意愿产生影响。Lee 和 Kwon（2011）提出了持续使用意愿的平衡理论框架。考虑到认知和情感是影响态度和行为意愿的两个主要途径，从而提出了一个平衡的研究模型，表明持续使用意愿同时受到认知和情感因素的双重影响。更具体地，实证出熟悉程度和亲密程度对持续使用意愿存在影响，并且这两个因素显然与持续使用意愿存在正向相关关系。龙遗璟（2014）发现移动社交网络（MSN）作为一种新兴移动互联网服务模式，受到人们的广泛关注并被寄予厚望，但同移动手机服务相比，用户采纳度和忠诚度较低，究其原因在于用户对移动手机服务的熟悉程度和亲密程度使得用户对移动手机服务的持续使用意愿较强。

由此可见，亲密程度与熟悉程度可带来较强的用户黏性，影响手机阅读用户的持续使用意愿。因此，基于以上研究结果和分析提出假设：

H14：亲密程度对手机阅读用户的持续使用意愿有着显著的正向影响。

H15：熟悉程度对手机阅读用户的持续使用意愿有着显著的正向影响。

本章建立的理论模型如图 6-3 所示。

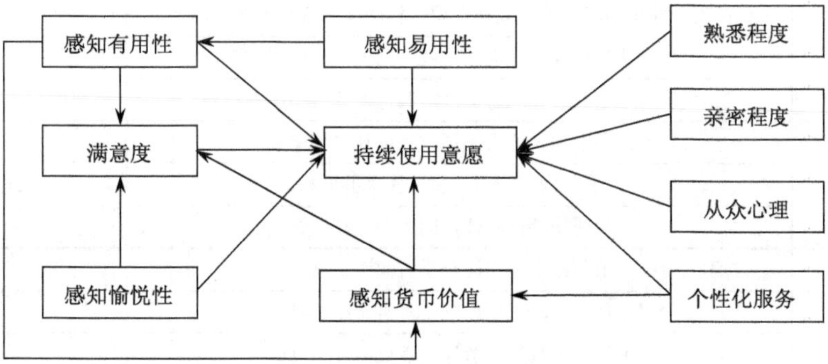

图 6-3　本章理论模型图

6.3.2　量表设计

本章研究假设模型中包含了感知有用性、感知易用性、感知愉悦性、感知货币价值、个性化服务、从众心理、亲密程度、熟悉程度、满意度和持续使用意愿 10 个潜变量。在对国内外相关文献进行归纳整理的基础上，所有潜变量的观测变量如表 6-2 所示。

表 6-2　测量量表

潜变量	测量题项	变量来源
感知有用性	1.我认为使用手机阅读可以帮我快速地获取信息	Davis 等（1989）
	2.我认为手机阅读对我日常生活有用	
	3.使用手机阅读能够使我有效地获取知识	
	4.总而言之，手机阅读对我来说是有用的	
感知易用性	1.学习如何使用手机阅读对我来说是一件很容易的事情	Davis 等（1989）
	2.使用手机阅读不需要花费我很大的脑力	
	3.我认为掌握手机阅读使用技巧对我来说是一件容易的事	

续表

潜变量	测量题项	变量来源
感知愉悦性	1.当我使用手机阅读时，我会觉得时间过得很快	谢蓉和金武刚（2011）
	2.当我使用手机阅读时，容易忽略周围环境的嘈杂和喧闹	
	3.使用手机阅读对我来说是一个充满享受的过程	
	4.使用手机阅读的过程是开心的	
	5.使用手机阅读是有趣的	
感知货币价值	1. 收费服务提供的产品价格合理	Hong 和 Tam（2006） Kim 等（2007）
	2.我认为在使用手机阅读时我的消费物有所值	
	3.收费服务中是否有许多促销活动，价格优惠	
个性化服务	1.我认为个性化的服务能让我在使用手机阅读时获得更多的满足感	王卫军（2014）
	2.我认为这项功能能满足我不同于他人的需求	
	3.我认为这项服务让我感觉到与其他人获得的服务不同	
从众心理	1.为了不和其他人不同，我选择这项服务	本书自定义
	2.为了和别人一样，我选择了手机阅读	
	3.我选择手机阅读是因为大家都选择	
亲密程度	1.我经常使用这个手机阅读工具	Lee 和 Kwon（2011）
	2.我曾长时间使用这个手机阅读工具	
熟悉程度	1.我认为我很了解这个手机阅读工具	Lee 和 Kwon（2011）
	2.我在使用时感觉操作得很熟练	
	3.这个手机阅读工具的大部分功能我都了解	
满意度	1.使用手机阅读达到了我的使用期望	Davis 等（1989）
	2.使用手机阅读满足了我的需求	
	3.我很喜欢使用手机阅读	
持续使用意愿	1.我今后还是会使用手机阅读	Davis 等（1989）
	2.我会考虑今后还使用手机阅读	
	3.我会向他人推荐使用手机阅读	

6.4 问卷设计与数据收集与处理

6.4.1 问卷设计

本章的问卷设计主要是围绕着城镇居民移动阅读行为研究展开的。问卷主要分成两个部分：第一个部分主要是为了了解被调查者的一些基本信息而提出的问题，如年龄、性别、职业等；第二部分是基于研究假设和量表设计提出的有关移动阅读行为的问题。

为了使量表设计得更加准确，语句表达得更加贴近主题，使被调查者可以更加准确地选择，本章在实际移动阅读经验的基础上，参考了大量文献资料，最终形成了调查问卷。

问卷设计与数据采集主要经历了以下两个步骤：

步骤一：先通过参考了大量有关信息技术使用者的用户行为研究方面的文献资料，了解了用户行为特征，形成了自己的研究假设。再重点查找与移动阅读用户行为研究相关的资料与文献，并逐一对研究假设里的变量进行定义，形成测量量表。最后根据测量量表，设计调查问卷。

步骤二：通过实地发放和问卷星电子发放两种方式发放调查问卷。将问卷回收，剔除无效问卷，再将有效问卷的数据输入 Excel 表格，对数据进行预先的处理。

调查问卷中移动阅读影响因素的题项采用的是量表形式，具体含义如下：感知有用性（PU）、满意度（SMR）、持续使用意愿（WILL）、感知易用性（PEOU）、感知愉悦性（PJ）、感知货币价值（PMV）、个性化服务（PS）、从众心理（CP）、亲密程度（ID）、熟悉程度（DOF）。在问卷调查中，我们用数字 1～5 来表达被调查者对问卷题目的态度：1 表示非常不同意，2 表示不同意，3 表示不同意也不反对，4 表示同意，5 表示非常同意。

6.4.2　数据收集与处理

本次问卷调查以实地发放和网络发放两种方式同时进行，共发放调查问卷 268 份，其中无效问卷 14 份，有效问卷 254 份。在选取有效调查问卷时主要参考：①被调查者是否为城镇居民；②被调查者是否进行过移动阅读；③问卷填写是否完整。调查问卷发放的对象平时的娱乐活动中包括手机阅读这一项，因此他们的回答更具代表性和有效性。样本特征信息如表 6-3 所示。

表 6-3　样本特征信息表

基本信息	特征	数量	占比
性别	男	154	60.63%
	女	100	39.37%
年龄段	20 岁及以下	23	9.06%
	21～30 岁	101	39.76%
	31～40 岁	80	31.50%
	40 岁以上	50	19.68%
从事的工作	运输行业	77	30.31%
	装卸搬运行业	43	16.93%
	配送行业	63	24.80%

续表

基本信息	特征	数量	占比
从事的工作	仓储行业	52	20.47%
	采购、销售部门的主管人员	15	5.91%
	其他	4	1.58%
可支配的月收入	4000 元及以下	70	27.56%
	4001～6000 元	101	39.76%
	6001～8000 元	60	23.62%
	8000 元以上	23	9.06%

手机阅读使用情况调查如表 6-4 所示。

表 6-4　手机阅读使用情况调查表

	特征	数量	占比
每周使用手机阅读的次数	5 次及以下	66	25.98%
	6～10 次	84	33.07%
	11～15 次	74	29.13%
	15 次以上	30	11.82%
使用手机阅读要花费多少时间（每次）	少于 30min	34	13.39%
	30min～1h	67	26.38%
	1～2h	78	30.71%
	2～3h	45	17.71%
	3h 以上	30	11.81%
使用手机阅读地点	宿舍或家里	112	44.09%
	公交车、出租车、大巴等交通工具上（等待、途中）	56	22.05%
	工作学习场所	45	17.72%
	公共场所	41	16.14%
手机阅读的内容	网文小说	91	35.83%
	文学名著	56	22.05%
	期刊报纸	34	13.39%
	新闻资讯	33	12.99%
	原创文章	40	15.74%
手机阅读的目的	了解资讯	23	9.06%
	寻找资料	30	11.81%
	娱乐消遣	98	38.58%
	消磨时间	67	26.38%
	受别人影响	36	14.17%

根据调查问卷收集到的数据，汇总相关资料如表 6-5～表 6-14 所示。

表 6-5　感知有用性调查数据分布表

题目\选项	1	2	3	4	5	总计
PU1 我认为使用手机阅读可以帮我快速地获取信息	0.79%	9.06%	27.56%	39.76%	22.83%	100%
PU2 我认为手机阅读对我日常生活有用	0.79%	5.51%	25.59%	40.55%	27.56%	100%
PU3 使用手机阅读能够使我有效地获取知识	0.79%	7.87%	25.98%	36.23%	29.13%	100%
PU4 总而言之，手机阅读对我来说是有用的	1.57%	5.91%	20.47%	39.37%	32.68%	100%

从表 6-5 的数据可以看出，与感知有用性相关的问题的答案主要集中在 4（同意）和 5（非常同意）上，其中大多数都是持同意的态度。不难看出大部分的城镇居民对手机阅读的感知有用性还是比较认同的。但仍然有不少的被调查者感受不到或者说不认同手机阅读的感知有用性，由此可见手机阅读在功能性方面还是存在着一些缺失的，这也意味着还存在一部分的手机阅读市场有待被挖掘。

表 6-6　感知易用性调查数据分布表

题目\选项	1	2	3	4	5	总计
PEOU1 学习如何使用手机阅读对我来说是一件很容易的事情	0.39%	5.12%	22.44%	47.25%	24.80%	100%
PEOU2 使用手机阅读不需要花费我很大的脑力	0.79%	1.57%	27.17%	39.37%	31.10%	100%
PEOU3 我认为掌握手机阅读使用技巧对我来说是一件容易的事	0.39%	8.66%	29.92%	37.40%	23.63%	100%

通过表 6-6 的数据我们可以看出，与感知易用性相关的问题的答案主要集中在 3（不同意也不反对）、4（同意）、5（非常同意），其中大多数的被调查者都同意我们对手机阅读感知易用性的表述。这说明很多城镇居民认为使用手机阅读是件容易的事，手机阅读的感知易用性得到了认同。但仍然有接近 30%的人不认为掌握手机阅读使用技巧是一件容易的事，通过对这类人的进一步分析与了解，我们发现他们的年龄都偏大，学历偏低，可见手机阅读对一些老年人、低学历人群还是存在着一些使用难度的，手机阅读的易用性有待进一步加强。

从表 6-7 的数据可以看出，与感知愉悦性相关的问题的答案主要集中在 3（不同意也不反对）、4（同意）和 5（非常同意）上，其中大多数的被调查者都同意我们对手机阅读感知愉悦性的表述。由此可以看出，大部分的城镇居民认为使用手机阅读是件愉悦的事，手机阅读的感知愉悦性得到了认同。但是还有很多人觉得感觉不到手机阅读的愉悦性，通过对选项 1、2、3 问卷的分析发现，这些人的阅读频率低，单次阅读时间短，可以推断这些人可能没有阅读的兴趣与习惯。在这个问题中我们还是更应该关注那些有阅读兴趣的人，因为他们的答案对我们的研究更有意义。

表 6-7　感知愉悦性调查数据分布表

题目\选项	1	2	3	4	5	总计
PJ1 当我使用手机阅读时，我会觉得时间过得很快	0.39%	6.30%	25.98%	40.16%	27.17%	100%
PJ2 当我使用手机阅读时，容易忽略周围环境的嘈杂和喧闹	0.79%	9.06%	32.28%	37.40%	20.47%	100%
PJ3 使用手机阅读对我来说是一个充满享受的过程	0.00%	2.76%	30.71%	44.49%	22.04%	100%
PJ4 使用手机阅读的过程是开心的	0.00%	4.33%	33.46%	40.56%	21.65%	100%
PJ5 使用手机阅读是有趣的	0.00%	3.94%	23.62%	43.31%	29.13%	100%

表 6-8　感知货币价值调查数据分布表

题目\选项	1	2	3	4	5	总计
PMV1 收费服务提供的产品价格合理	0.79%	4.33%	18.11%	39.37%	37.40%	100%
PMV2 我认为在使用手机阅读时我的消费物有所值	0.00%	4.72%	18.50%	34.65%	42.13%	100%
PMV3 收费服务中是否有许多促销活动，价格优惠	0.39%	3.15%	19.69%	44.49%	32.28%	100%

从表 6-8 的数据可以看出，与感知货币价值相关的问题的答案主要集中在 4（同意）和 5（非常同意）上。可以看出大部分的城镇居民认为在使用手机阅读时，他们的付出得到了想要的回报，手机阅读的感知货币价值得到了认同。相较于前三个因子的数据分布，感知货币价值得到了更好的认同。

表 6-9　个性化服务调查数据分布表

题目\选项	1	2	3	4	5	总计
PS1 我认为个性化的服务能让我在使用手机阅读时获得更多的满足感	0.39%	5.51%	21.26%	37.80%	35.04%	100%
PS2 我认为这项功能能满足我不同于他人的需求	0.39%	2.36%	20.08%	37.40%	39.77%	100%
PS3 我认为这项服务让我感觉到与其他人获得的服务不同	1.18%	7.48%	31.10%	35.44%	24.80%	100%

从表 6-9 的数据可以看出，与个性化服务相关的问题的答案主要集中在 3（不同意也不反对）、4（同意）和 5（非常同意）上，其中大多数的被调查者都同意我们对手机阅读个性化服务的表述。由此可以看出，大部分的城镇居民能够感知

到在使用手机阅读时的个性化服务，手机阅读的个性化服务得到了认同。但是仍然有相当多的人对自己在使用手机阅读时获得的个性化服务是不清楚的，可见现如今的手机阅读的个性化服务还有待加强。

表 6-10　从众心理调查数据分布表

题目\选项	1	2	3	4	5	总计
CP1 为了不和其他人不同，我选择这项服务	0.39%	4.72%	23.23%	47.24%	24.42%	100%
CP2 为了和别人一样，我选择了手机阅读	0.00%	3.95%	25.98%	44.09%	25.98%	100%
CP3 我选择手机阅读是因为大家都选择	0.39%	7.09%	33.07%	36.22%	23.23%	100%

从表 6-10 的数据可以看出，与从众心理相关的问题的答案主要分布在 3（不同意也不反对）、4（同意）和 5（非常同意）上，其中大多数的被调查者都同意我们对手机阅读从众心理的表述。由此可以看出，大部分的城镇居民在使用手机阅读的过程中都受到过从众心理的影响，这也说明从众心理是影响城镇居民手机阅读用户行为的一大因素。但仍存在 30%的被调查者对手机阅读的从众心理持不认同的态度，甚至是反对的态度。我们认为从众心理对人们行为的影响有时是潜移默化的，不容易被行为人察觉。而且在追求个性化的今天，很多人是不愿意认为自己是从众的，而这些可能就是这 30%的手机阅读的用户不认同从众心理的原因。

表 6-11　亲密程度调查数据分布表

题目\选项	1	2	3	4	5	总计
ID1 我经常使用这个手机阅读工具	0.00%	3.15%	22.83%	41.73%	32.29%	100%
ID2 我曾长时间使用这个手机阅读工具	0.00%	2.75%	23.23%	44.49%	29.53%	100%

从表 6-11 的数据可以看出，与亲密程度相关的问题的答案主要集中在 4（同意）和 5（非常同意）上。其中大多数的被调查者都同意我们对手机阅读亲密程度的表述，由此可以看出，大部分的城镇居民认可了对于手机阅读的亲密程度。也可以看出接受我们调查的大部分城镇居民是有阅读习惯的。

表 6-12　熟悉程度调查数据分布表

题目\选项	1	2	3	4	5	总计
DOF1 我认为我很了解这个手机阅读工具	0.00%	3.94%	26.77%	38.58%	30.71%	100%
DOF2 我在使用时感觉操作得很熟练	0.00%	4.33%	24.80%	39.37%	31.50%	100%
DOF3 这个手机阅读工具的大部分功能我都了解	0.39%	5.12%	32.29%	38.58%	23.62%	100%

从表 6-12 的数据可以看出，与熟悉程度相关的问题的答案主要分布在 3（不同意也不反对）、4（同意）和 5（非常同意）上。其中大多数的被调查者都同意我们对手机阅读熟悉程度的表述，由此可以看出，大部分的城镇居民认可了对于手机阅读的熟悉程度。

表 6-13 满意度调查数据分布表

题目\选项	1	2	3	4	5	总计
SMR1 使用手机阅读达到了我的使用期望	1.19%	10.63%	29.13%	33.07%	25.98%	100%
SMR2 使用手机阅读满足了我的需求	0.39%	4.72%	18.11%	27.95%	48.83%	100%
SMR3 我很喜欢使用手机阅读	0.39%	6.69%	19.29%	33.07%	40.56%	100%

从表 6-13 的数据可以看出，与满意度相关的问题的答案主要分布在 3（不同意也不反对）、4（同意）和 5（非常同意）上。其中大多数的被调查者都同意我们对手机阅读满意度的表述，由此可以看出，大部分的城镇居民能够感知到在使用手机阅读时的满意度，手机阅读的满意度得到了认同。但是仍然有相当多的人对自己在使用手机阅读时获得的满意度是不清楚的，可见现如今的手机阅读的服务还有待加强。

从表 6-14 的数据可以看出，与持续使用意愿相关的问题的答案主要分布在 3（不同意也不反对）、4（同意）和 5（非常同意）上。其中大多数的被调查者都非常同意我们对手机阅读持续使用意愿的表述，由此可以看出大部分的城镇居民都存在对手机阅读的持续使用意愿。

表 6-14 持续使用意愿调查数据分布表

题目\选项	1	2	3	4	5	总计
WILL1 我今后还是会使用手机阅读	2.36%	5.91%	12.99%	18.11%	60.63%	100%
WILL2 我会考虑今后还使用手机阅读	3.94%	5.91%	11.02%	19.68%	59.45%	100%
WILL3 我会向他人推荐使用手机阅读	3.15%	6.30%	14.17%	15.36%	61.02%	100%

6.5 模型拟合与假设检验

6.5.1 测量模型

WarpPLS 对测量模型中指标的测度是依据调查问卷中各个项目的信度，构建问卷的信度、收敛效度以及问卷的效度进行的。将原始的调查数据录入 Excel 表格，再将数据导入 WarpPLS，由此可以得出模型交叉载荷系数表。其中当每个条目的因子的载荷系数大于 0.7 时，我们就可以认为问卷中个别项目的信度是足够的。测量模型交叉载荷系数如表 6-15 所示。

表 6-15 测量模型交叉载荷系数表

	PEOU	PJ	DOF	ID	CP	PS	PU	PMV	SMR	WILL
PEOU1	（0.825）	0.023	0.011	−0.059	−0.014	0.054	−0.068	−0.064	−0.021	0.056
PEOU2	（0.840）	−0.060	−0.046	−0.008	−0.014	−0.053	−0.029	−0.044	0.069	0.003
PEOU3	（0.852）	0.037	0.035	0.065	0.028	0	0.095	0.106	−0.048	−0.057
PJ1	−0.009	（0.793）	0.004	0.052	0.019	0.063	−0.019	0.054	−0.007	−0.121
PJ2	−0.141	（0.812）	0.004	0.064	0.036	−0.054	0.027	−0.057	−0.130	0.171
PJ3	0.057	（0.799）	−0.016	0.029	0.054	−0.037	0.037	0.115	0.047	−0.169
PJ4	0.056	（0.820）	−0.032	−0.050	−0.012	0.033	−0.017	−0.104	0.017	0.073
PJ5	0.037	（0.815）	0.040	−0.093	−0.095	−0.005	−0.028	−0.004	0.074	0.039
DOF1	0.032	−0.005	（0.790）	−0.052	0.039	−0.020	−0.031	−0.044	−0.027	0.097
DOF2	−0.093	0.033	（0.844）	0.031	0.061	0.055	0.018	−0.036	0.087	−0.085
DOF3	0.063	−0.029	（0.838）	0.018	−0.098	−0.037	0.011	0.078	−0.062	−0.005
ID1	0.051	−0.027	0.111	（0.865）	−0.003	−0.010	−0.012	0.042	0.019	−0.120
ID2	−0.051	0.027	−0.111	（0.865）	0.003	0.010	0.012	−0.042	−0.019	0.120
CP1	0.033	0.044	−0.063	0.065	（0.837）	0.083	0.026	−0.033	−0.022	−0.084
CP2	−0.067	−0.020	0.065	−0.033	（0.873）	−0.068	0.052	0.012	0.030	0.027
CP3	0.037	−0.023	−0.005	−0.030	（0.836）	−0.012	−0.080	0.020	−0.008	0.056
PS1	−0.073	−0.024	−0.037	−0.072	−0.040	（0.812）	−0.061	0.005	0.158	−0.051
PS2	0.067	−0.002	0.008	−0.005	0.037	（0.835）	−0.009	−0.016	−0.168	0.150
PS3	0.004	0.026	0.029	0.078	0.002	（0.807）	0.071	0.012	0.015	−0.104
PU1	0	−0.018	−0.025	0	−0.032	−0.076	（0.853）	0.022	−0.014	0.005
PU2	0.075	−0.004	−0.033	−0.031	−0.055	0.041	（0.824）	0.029	−0.016	0.041
PU3	−0.055	−0.006	0.012	0.054	0.047	−0.048	（0.874）	0.016	0.022	0.060
PU4	−0.015	0.028	0.045	−0.025	0.038	0.084	（0.861）	−0.066	0.007	−0.105
PMV1	0.035	−0.026	−0.016	0.079	−0.015	−0.004	0.008	（0.847）	0.099	−0.051
PMV2	0.026	0.043	−0.019	−0.065	0.027	0.101	0.038	（0.868）	−0.001	−0.023
PMV3	−0.062	−0.018	0.035	−0.012	−0.012	−0.101	−0.048	（0.836）	−0.099	0.075
SMR1	0.030	−0.005	0.043	−0.010	0.053	−0.006	0.036	−0.058	（0.896）	−0.062
SMR2	−0.024	−0.006	−0.034	0.063	−0.008	0.016	0.028	0.070	（0.885）	−0.056
SMR3	−0.006	0.011	−0.010	−0.052	−0.045	−0.009	−0.064	−0.011	（0.904）	0.116
WILL1	−0.019	−0.015	0.007	−0.018	−0.042	0.016	−0.017	−0.006	0.006	（0.951）
WILL2	0.028	0.007	−0.012	0.069	0.024	−0.009	0.011	−0.008	0.010	（0.946）
WILL3	−0.009	0.008	0.005	−0.050	0.018	−0.007	0.006	0.014	−0.016	（0.964）

通过对表 6-15 的数据分析，我们可以看出所有反映型指标的载荷（表中加括号的数据）均超过 0.7，且每个测度项与所属变量的相关系数要高于该测度项与其他潜变量的相关系数，所以个别项目的信度是足够的。

在 WarpPLS 中通过使用组合信度指标与 Cronbach's α 指标用于检验观测变量与测度的目标潜变量是否一致（表 6-16）。以 0.7 为标准，当信度在 0.7 以上时，即可认为有效。另外，以观测到的 AVE 值来检测收敛效度（表 6-16），当 AVE 值大于 0.5 时，则是可以接受的。

表 6-16 测量指标的因子载荷、Cronbach's α、CR、AVE 值

潜变量	测量指标	CR	Cronbach's α	AVE	因子载荷
感知易用性	PEOU1	0.877	0.790	0.704	0.825
	PEOU2				0.840
	PEOU3				0.852
感知愉悦性	PJ1	0.904	0.867	0.652	0.793
	PJ2				0.812
	PJ3				0.799
	PJ4				0.820
	PJ5				0.815
熟悉程度	DOF1	0.864	0.763	0.679	0.790
	DOF2				0.844
	DOF3				0.838
亲密程度	ID1	0.856	0.703	0.749	0.865
	ID2				0.865
从众心理	CP1	0.885	0.806	0.720	0.837
	CP2				0.873
	CP3				0.836
个性化服务	PS1	0.858	0.753	0.669	0.812
	PS2				0.835
	PS3				0.807
感知有用性	PU1	0.914	0.875	0.727	0.853
	PU2				0.824
	PU3				0.874
	PU4				0.861
感知货币价值	PMV1	0.887	0.808	0.723	0.847
	PMV2				0.868
	PMV3				0.836

续表

潜变量	测量指标	CR	Cronbach's α	AVE	因子载荷
满意度	SMR1	0.924	0.876	0.801	0.896
	SMR2				0.885
	SMR3				0.904
持续使用意愿	WILL1	0.968	0.950	0.909	0.951
	WILL2				0.946
	WILL3				0.964

由表 6-16 可以看出，各因子的组合信度指标与 Cronbach's α 指标均在 0.7 以上。故此，感知有用性、感知易用性、感知愉悦性、感知货币价值、个性化服务、从众心理、亲密程度、熟悉程度、满意度、持续使用意愿的 Cronbach's α 值均在 0.7 之上，说明本次研究变量都具有比较高的可靠性。同时根据表 6-16 中的数据，我们可以看出所有的 AVE 值均大于 0.5，说明本问卷的建构信度和收敛效度都是满足条件的。

判别效度是指在采用不同的方法测量不同的潜变量时，各个潜变量之间的区分程度。本章采用各维度间完全标准化相关系数应该小于所涉及各维度自身 AVE 的平方根的方式来判别效度。通过观察表 6-17 中的数据，我们可以发现对角线上的测度因子 AVE 的平方根都大于其他各因子的相关系数，说明本调查问卷符合效度检验的标准，可以进行结构方程的拟合。因此，根据上文的数据分析，可以认为本调查问卷具有较好的信度与效度。

表 6-17　判别效度表

	PEOU	PJ	DOF	ID	CP	PS	PU	PMV	SMR	WILL
PEOU	(0.839)									
PJ	0.109	(0.808)								
DOF	0.089	0.035	(0.824)							
ID	0.158	0.178	0.103	(0.865)						
CP	0.161	0.029	0.060	−0.081	(0.849)					
PS	0.075	0.094	0.020	0.140	0.109	(0.818)				
PU	0.353	0.010	0.073	0.105	0.118	0.100	(0.853)			
PMV	0.115	0.138	0.064	0.081	0.144	0.395	0.216	(0.850)		
SMR	0.255	0.285	0.074	0.097	0.223	0.202	0.412	0.487	(0.895)	
WILL	0.416	0.275	0.273	0.261	0.277	0.428	0.430	0.503	0.590	(0.954)

6.5.2　结构模型分析

将理论模型与收集到的数据导入 WarpPLS 软件中，得出 APC（平均路径系数）以及 ARS（平均解释度）的 p 值均小于 0.001，并且 AVIF（平均方差膨胀因子）也小于 5，因此说明文中的潜变量不存在严重的多重共线性现象，可以认为该理论模型具有良好的拟合程度。结构模型拟合度结果如表 6-18 所示。

表 6-18　结构模型拟合度表

拟合度指标	结果
APC	0.231，p<0.001
ARS	0.35，p<0.001
AVIF	1.169

将调查所得到的数据导入 WarpPLS 软件进行相关分析，得出模型路径分析相关结果。表 6-19 是每条路径的具体 p 值，表 6-20 是本章模型的路径分析系数。

表 6-19　结构方程拟合路径系数 p 值表

	PEOU	PJ	DOF	ID	CP	PS	PU	PMV	SMR	WILL
PEOU										
PJ										
DOF										
ID										
CP										
PS										
PU	<0.001									
PMV						<0.001	<0.001			
SMR		<0.001					<0.001	<0.001		
WILL	<0.001	0.023	0.004	0.047	0.011	<0.001	0.021	0.001	<0.001	

表 6-20　结构方程拟合路径系数 β 值表

	PEOU	PJ	DOF	ID	CP	PS	PU	PMV	SMR	WILL
PEOU										
PJ										
DOF										
ID										
CP										

续表

	PEOU	PJ	DOF	ID	CP	PS	PU	PMV	SMR	WILL
PS										
PU	0.36									
PMV						0.37	0.19			
SMR		0.26					0.32	0.40		
WILL	0.25	0.40	0.16	0.10	0.14	0.24	0.13	0.18	0.27	

6.5.3 假设检验

1. 感知有用性、满意度与持续使用意愿

如表 6-19 和表 6-20 所示，感知有用性对手机阅读用户的满意度具有显著的正向影响（β=0.32，p<0.001）。此外，图 6-4 描述了感知有用性与用户满意度之间的非线性关系。可以看出，城镇居民对手机阅读的满意度随着其所能感觉到的感知有用性程度的增加而平稳上升。当手机阅读用户在使用某个产品或者服务时，绝大部分情况下用户是具有特定目的性的，当他们目的达到时，就会产生满意的心理。

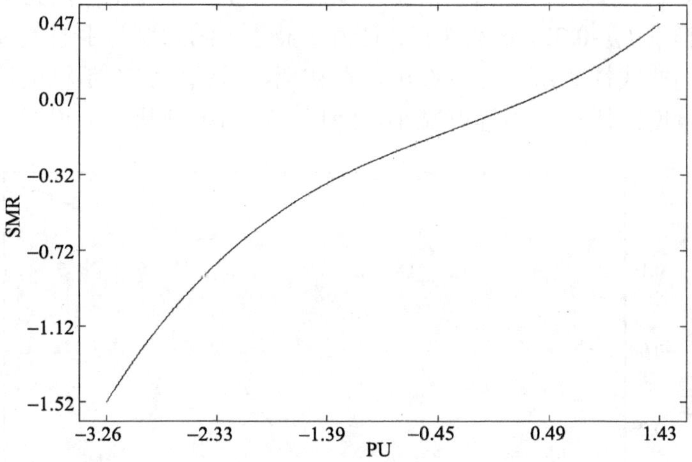

图 6-4 感知有用性（PU）与满意度（SMR）的关系图

如表 6-19 和表 6-20 所示，感知有用性对手机阅读用户的持续使用意愿有显著的正向（β=0.13，p=0.021）。此外，图 6-5 描述了感知有用性对手机阅读用户持续使用意愿的非线性关系。可以看出，在初期，手机阅读用户持续使用意愿随着感知有用性的增加而急速上升；中期，呈现出比较缓慢的增长速度；到后期又如初

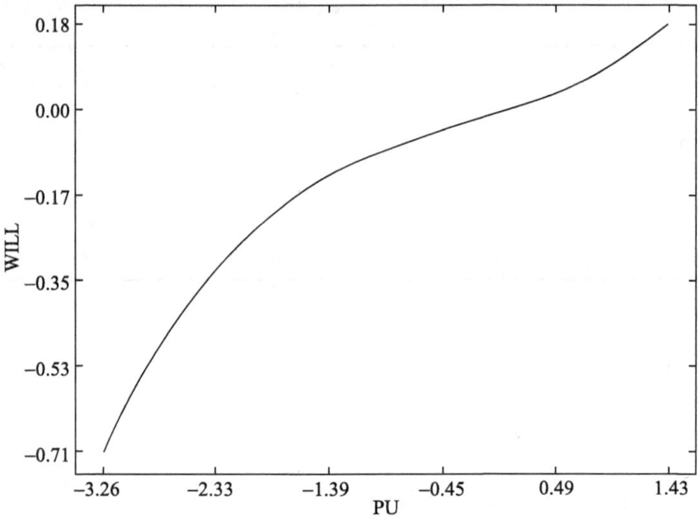

图 6-5　感知有用性（PU）与持续使用意愿（WILL）的关系图

期迅速上升。显而易见，感知有用性对用户的持续使用意愿有着显著的正向影响。当我们在消费时我们感觉不到对自己有什么用处时，我们想要再次消费的意愿就不会那么强烈，甚至可以说没有。

最后，如表 6-19 和表 6-20 所示，满意度对手机阅读用户的持续使用意愿有显著的正向影响（β=0.27，p<0.001）。图 6-6 描述了满意度与手机阅读用户持续使用意愿之间的非线性关系。可以看出，在初期，城镇居民对手机阅读的持续使用意愿随着满意度的增加而小幅度减小，随后呈现出上升状态，说明用户的满意度

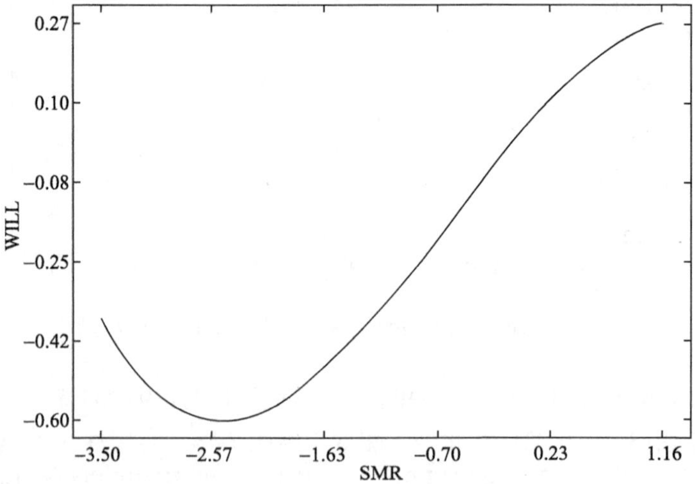

图 6-6　满意度（SMR）与持续使用意愿（WILL）的关系图

对持续使用意愿有显著的正向影响。在初期，用户对手机阅读的满意度很低，不足以正向地影响手机阅读用户的持续使用意愿。在后期满意度明显增加，用户能够明显感觉到自己对手机阅读的满意度时，满意度也开始显著地正向影响着持续使用意愿。

2. 感知易用性

在技术接受模型中感知易用性与感知有用性都被提及，图 6-7 描述了手机阅读用户感知易用性和持续使用意愿之间的非线性关系。

如表 6-19 和表 6-20 所示，感知易用性对手机阅读用户的持续使用意愿有显著的正向影响（β=0.25，p<0.001）。如图 6-7 所示，在初期，持续使用意愿随着感知易用性的增加而急速上升；中后期，呈现出比较缓慢的增长速度；到后期影响程度又开始加深。因此，感知易用性对持续使用意愿有着显著的正向影响。用户在使用新的信息技术时，都是在开始使用阶段可以更大程度地感受到该信息技术的易用性，也就是说初期感知易用性对用户的使用行为影响会更大更显著。

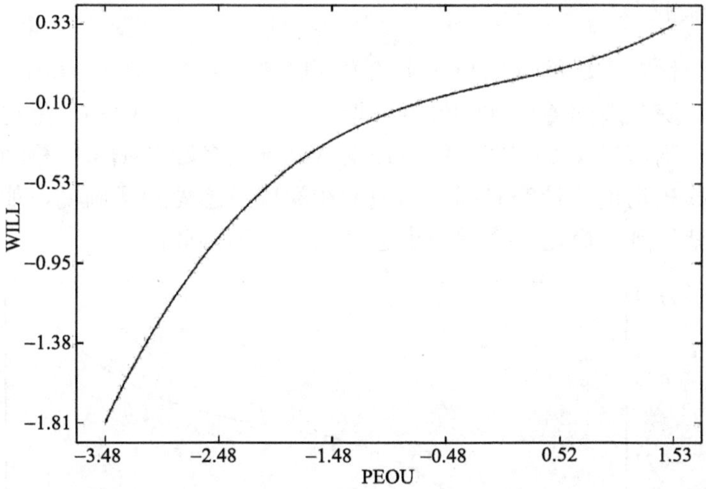

图 6-7　感知易用性（PEOU）与持续使用意愿（WILL）的关系图

如表 6-19 和表 6-20 所示，感知易用性对手机阅读用户的感知有用性有显著正向影响（β=0.36，p<0.001），如图 6-8 所示。信息技术的使用者通常抱有某种目的选择采纳某项信息技术。当目的达成时，用户会觉得自己的行为有用即感知有用性。手机阅读用户进行手机阅读的目的大多是寻找资讯、娱乐消遣，因此手机阅读技术越是容易被采纳，就越能达到用户使用手机阅读的目的。

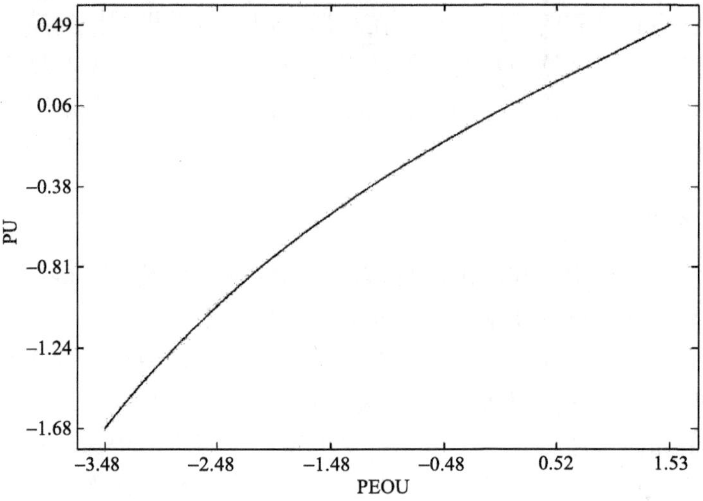

图 6-8 感知易用性（PEOU）与感知有用性（PU）关系图

3. 感知愉悦性

感知愉悦性对手机阅读用户的满意度的影响（β=0.26，p<0.001）如图 6-9 所示，在初期，满意度随着感知愉悦性的增加而急速上升；中期，呈现出比较缓慢的增长速度；到后期又如初期一样迅速上升。绝大多数城镇居民移动阅读用户的阅读目的是娱乐消遣、消磨时间，当他们在阅读时感受到了愉悦，他们的目的达到了，需求就得到了满足，自然也就会产生满意的心理。

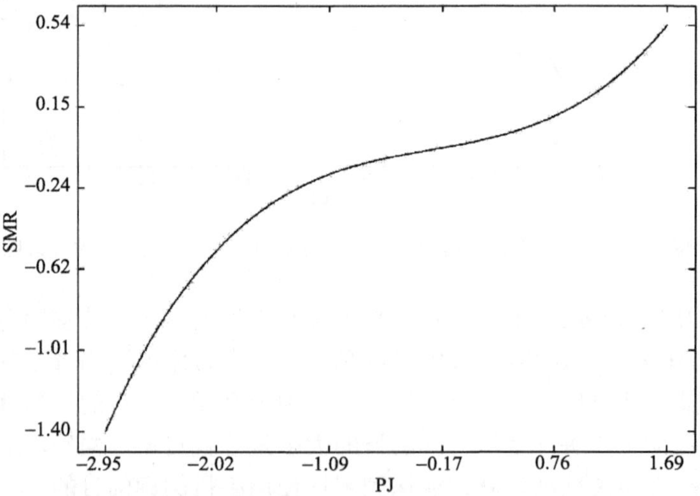

图 6-9 感知愉悦性（PJ）与满意度（SMR）关系图

感知愉悦性对手机阅读用户的持续使用意愿的影响（β=0.40，p=0.023）如图 6-10 所示，在初期，城镇居民的持续使用意愿随着感知愉悦性的增加而减小，随后呈现出上升的态势，证明了移动阅读用户的感知愉悦性对持续使用意愿有显著的正向影响。享乐主义认为一切行为的目的是让自己愉悦，当手机阅读用户对手机阅读的感知愉悦性有较高的认同度时，这种感知愉悦性会促使移动阅读用户产生持续使用的行为意愿。

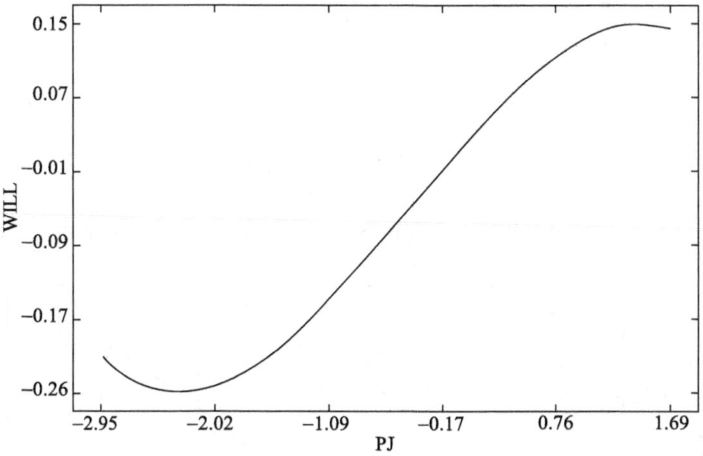

图 6-10　感知愉悦性（PJ）与持续使用意愿（WILL）的关系图

4. 感知货币价值

随着互联网的飞速发展，各类移动阅读平台应运而生，用户的选择增多了，因而用户会更加在意自己的付出可以得到怎样的回报，即追求较高感知货币价值。

感知货币价值对手机阅读用户的满意度的影响（β=0.40，p<0.001）如图 6-11 所示，城镇居民对手机阅读的满意度随着他们所能感知到的货币价值的增加而平稳上升，呈现出显著的正向相关关系，即手机阅读用户感知到货币价值的程度越深，他们对手机阅读的满意度也就越强，相关程度非常明显。

感知货币价值对手机阅读用户的持续使用意愿的影响（β=0.18，p=0.001）如图 6-12 所示，城镇居民对手机阅读的持续使用意愿随着他们所能感知到的货币价值的增加而平稳上升，呈现出显著的正向相关关系。

感知有用性对手机阅读用户的感知货币价值的影响（β=0.19，p<0.001）如图 6-13 所示，在初期，感知货币价值随着感知有用性的增加而急速上升；中期，呈现出比较缓慢的增长速度；到后期又如初期一样迅速上升。感知有用性对手机阅读用户的感知货币价值有着显著的正向影响。

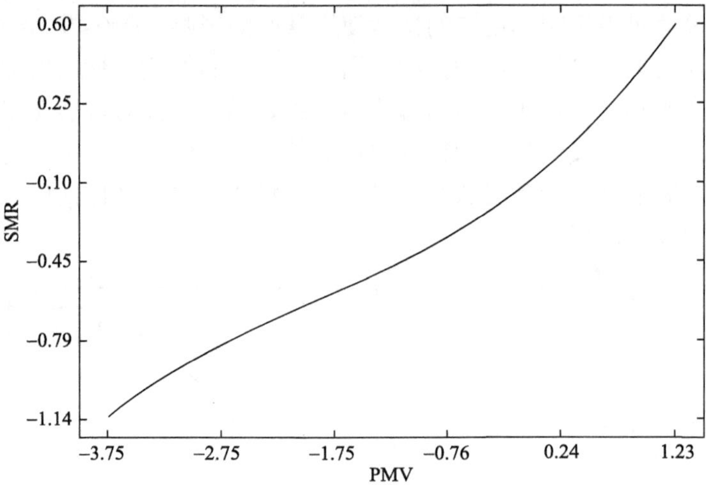

图 6-11　感知货币价值（PMV）与满意度（SMR）的关系图

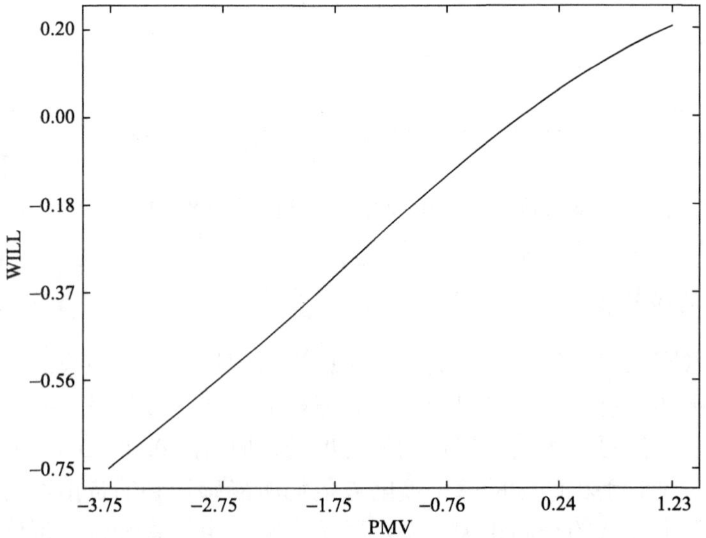

图 6-12　感知货币价值（PMV）与持续使用意愿（WILL）的关系图

5. 个性化服务

随着社会发展，人们的消费需求也在不断地变化，个性化的服务已经成了越来越多商家吸引用户的手段，用户也越来越注意追求个性化的服务，个性化成为现在服务的发展趋势。

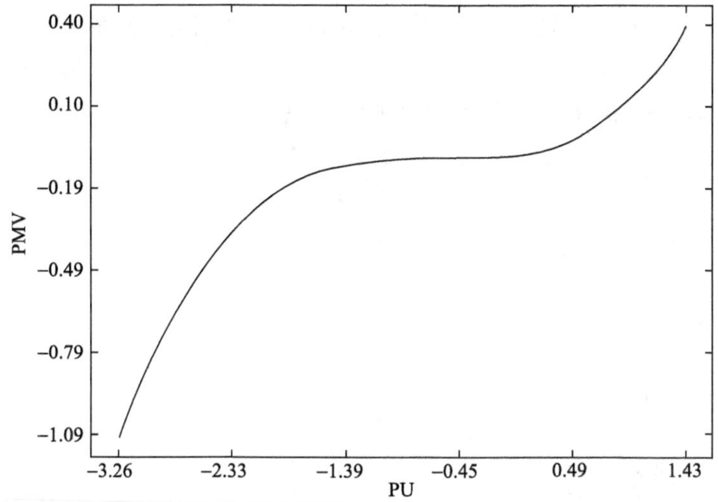

图 6-13　感知有用性（PU）与感知货币价值（PMV）的关系图

个性化服务对手机阅读用户的感知货币价值的影响（β=0.37，p<0.001）如图 6-14 所示，城镇居民对手机阅读的感知货币价值随着用户感知到的个性化服务增加而平稳上升，呈现出显著的正向相关关系，即手机阅读用户感知到的个性化服务的程度越深，他们对手机阅读的感知货币价值的程度也就会越深，相关程度非常明显。

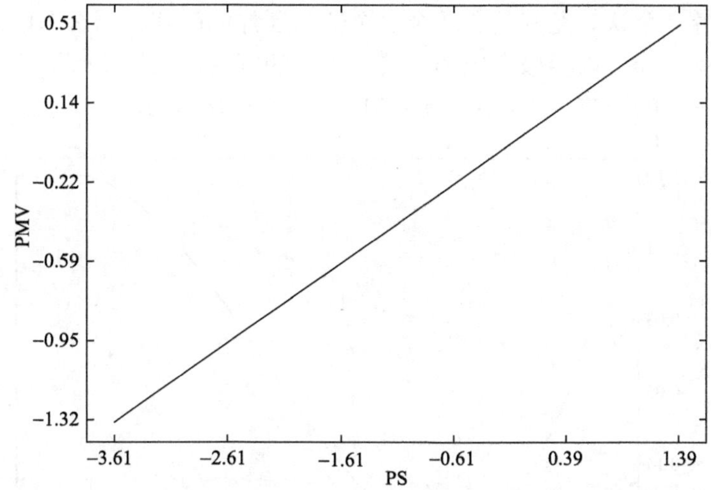

图 6-14　个性化服务（PS）与感知货币价值（PMV）的关系图

个性化服务对手机阅读用户的持续使用意愿的影响（β=0.24，p<0.001）如图 6-15 所示。图 6-15 描述了手机阅读的持续使用意愿与用户感知个性化服务之间的非线性

关系。由图 6-15 可知，城镇居民对手机阅读的持续使用意愿随着感知个性化服务程度的增加而平稳上升，呈现出显著的正向相关关系，即手机阅读用户的感知个性化服务程度越深，他们对移动阅读的持续使用意愿越强，相关程度非常明显。

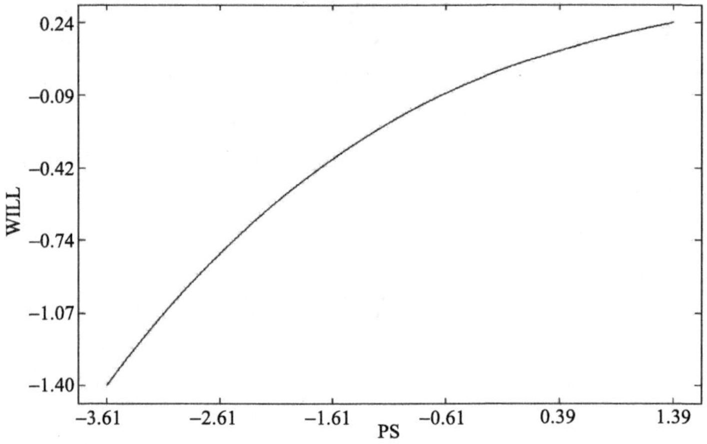

图 6-15　个性化服务（PS）与持续使用意愿（WILL）的关系图

6. 从众心理与持续使用意愿

消费者从众心理影响着我们生活的各个方面，其影响范围之广、影响力之深历来被社会各界公认。尤其是在现今这个信息爆炸的时代，什么东西流行、什么东西近来备受追捧，都会极大地影响其他用户的行为。从众心理对手机阅读用户的持续使用意愿的影响（β=0.14，p=0.011）如图 6-16 所示。

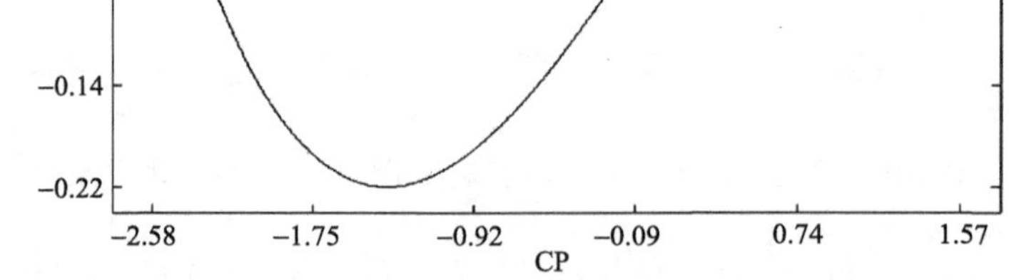

图 6-16　从众心理（CP）与持续使用意愿（WILL）的关系图

此外，图 6-16 描述了从众心理与持续使用意愿之间的非线性关系。从图 6-16 可知，在初期，城镇居民的持续使用意愿随着从众心理增加而减小，随后呈现出上升的状态。整体来看，用户的从众心理对持续使用意愿有显著的正向影响。

7. 亲密程度和熟悉程度

在各种服务平台层出不穷的今天，许多用户在平台间切换频繁，但也存在许多用户在消费时会倾向于已经使用过或熟悉的产品，这种现象就是用户对某个产品的亲密心理、熟悉心理影响了用户持续使用意愿。

如表 6-19 和表 6-20 所示，亲密程度对手机阅读用户的持续使用意愿具有显著的正向影响（β=0.10，p=0.047）。此外，从图 6-17 可知，在初期，城镇居民对手机阅读的持续使用意愿随着亲密程度的增加而略微下降，随后城镇居民对手机阅读的持续使用意愿随着亲密程度的增加而平稳上升，呈现出显著的正向相关关系，即手机阅读用户的亲密程度越深，他们对手机阅读的持续使用意愿越强，相关程度非常明显。在亲密度产生的初期，用户对某个信息技术的亲密程度还无法正向地影响用户的持续使用意愿，而随着亲密程度的不断加深，亲密程度开始对用户的持续使用意愿产生显著的正向影响。

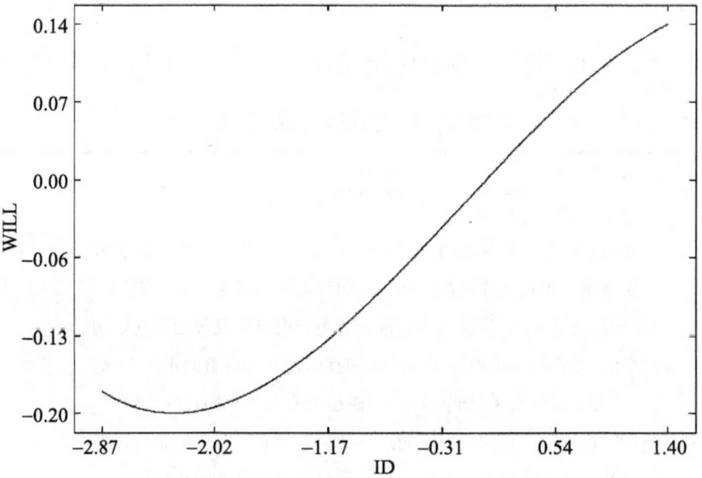

图 6-17　亲密程度（ID）与持续使用意愿（WILL）的关系图

熟悉程度对手机阅读用户的持续使用意愿的影响（β=0.16，p=0.004）如图 6-18 所示。我们可以看出，城镇居民对手机阅读的持续使用意愿随着熟悉程度的增加而平稳上升，呈现出显著的正向相关关系，即手机阅读用户的熟悉程度越深，他们对手机阅读的持续使用意愿越强，相关程度非常明显。当人们在选取工具用以达到自己的目的时，如工具产生的效果相同时，人们总会倾向于使用熟悉的工具。

这与 Pattuelli 和 Rabina（2010）等的研究结论相符，即人们在长时间使用手机阅读时，会养成一些独特的阅读习惯，而这些阅读习惯会使移动阅读用户在改变阅读方式时产生不适应的感觉。

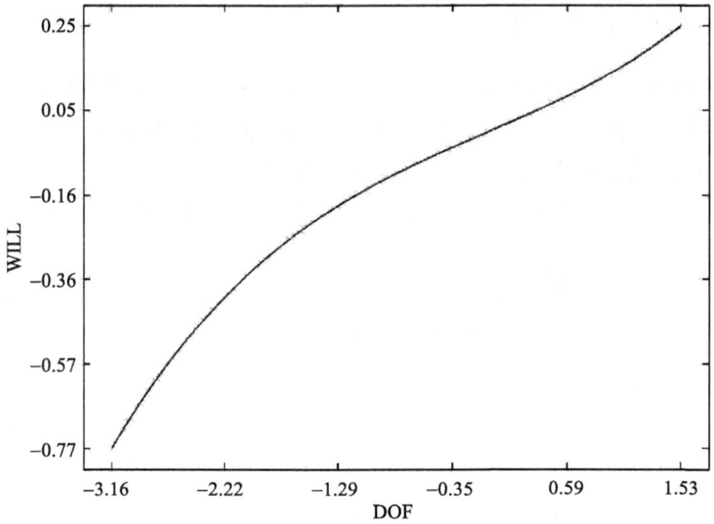

图 6-18　熟悉程度（DOF）与持续使用意愿（WILL）的关系图

根据以上分析，得出如下假设检验结果，如表 6-21 所示。

表 6-21　假设检验结果表

序号	假设	是否支持
H1	感知有用性对手机阅读用户的满意度有着显著的正向影响	支持
H2	感知有用性对手机阅读用户的持续使用意愿有着显著的正向影响	支持
H3	满意度对手机阅读用户的持续使用意愿有着显著的正向影响	支持
H4	感知易用性对手机阅读用户的持续使用意愿有着显著的正向影响	支持
H5	感知易用性对手机阅读用户的感知有用性有着显著的正向影响	支持
H6	感知愉悦性对手机阅读用户的满意度有着显著的正向影响	支持
H7	感知愉悦性对手机阅读用户的持续使用意愿有着显著的正向影响	支持
H8	感知货币价值对手机阅读用户的满意度有着显著的正向影响	支持
H9	感知货币价值对手机阅读用户的持续使用意愿有着显著的正向影响	支持
H10	感知有用性对手机阅读用户的感知货币价值有着显著的正向影响	支持
H11	个性化服务对手机阅读用户的感知货币价值有着显著的正向影响	支持
H12	个性化服务对手机阅读用户的持续使用意愿有着显著的正向影响	支持
H13	从众心理对手机阅读用户的持续使用意愿有着显著的正向影响	支持
H14	亲密程度对手机阅读用户的持续使用意愿有着显著的正向影响	支持
H15	熟悉程度对手机阅读用户的持续使用意愿有着显著的正向影响	支持

6.6　结论与建议

6.6.1　研究结论

（1）手机阅读用户的持续使用意愿与他们在使用手机阅读时的感知有用性、感知易用性、感知愉悦性、感知货币价值、个性化服务、从众心理、亲密程度、熟悉程度、满意度存在显著的正向相关关系。其中感知愉悦性（β=0.40，p=0.023）的正向影响程度最大，其次是用户满意度（β=0.27，p<0.001）、感知易用性（β=0.25，p<0.001）、个性化服务（β=0.24，p<0.001）、感知货币价值（β=0.18，p<0.001）、熟悉程度（β=0.16，p=0.004）、从众心理（β=0.14，p=0.011）、感知有用性（β=0.13，p=0.021），亲密程度的影响最小（β=0.10，p=0.047）。手机阅读对城镇居民的工作或生活越是有用，越是容易用，城镇居民就越是愿意使用或考虑使用手机阅读，用户感知到的货币价值越高，就会越倾向于使用手机阅读。手机阅读越是能满足城镇居民的娱乐需求，城镇居民就越会倾向于使用手机阅读。此外，从众心理、熟悉程度、亲密程度也都正向地影响着城镇居民手机使用行为。

（2）手机阅读用户的满意度与他们在使用手机阅读时的感知有用性、感知愉悦性、感知货币价值存在显著的正向相关关系。其中感知货币价值（β=0.40，p<0.001）对满意度的正向影响最大，其次是感知有用性（β=0.32，p=0.021），影响力相对较弱的是感知愉悦性（β=0.26，p<0.001），这说明，城镇居民越是觉得手机阅读对他们是有用的，越能满足他们的娱乐需求，感知的价值越多，他们对手机阅读的满意度就会越高。

（3）感知有用性与感知易用性为显著正向相关（β=0.36，p<0.001）。这说明城镇居民在使用手机阅读时越是觉得使用简单方便，就越觉得手机阅读对其有用。这其实与城镇居民这一群体的自身特性有关，城镇居民使用手机阅读通常是为了娱乐与消磨时间，其进行手机阅读的时间、地点都是不固定的，城镇居民在使用手机阅读时发现其操作简单、易学易用而且能够利用碎片化的时间，这满足了城镇居民各种使用情景下的需求。

（4）感知有用性与感知货币价值为正向相关（β=0.19，p<0.001）。这说明，城镇居民在使用手机阅读时越是觉得手机阅读对工作或者生活方面有用，就越是可以感受到自己付出的价值有所回报。随着经济社会的发展，生活中的很多东西都被物化了，在多数情况下，人们都是抱有某种目的付出金钱。而感知货币价值就是付出的金钱有没有使自己达到目的或者目的达到怎样的程度，也就是花出去的钱究竟有没有用。当我们觉得花出去的钱有用时，我们会觉得“值”。

（5）个性化服务与感知货币价值为显著正向相关（β=0.37，p<0.001）。这说

明，城镇居民在使用手机阅读时越是觉得接受了个性化的服务，越是可以感受到手机阅读的货币价值。受传统的工业生产的影响，人们普遍认为规格统一的、批量生产的产品的成本会比个性化的产品的成本要低很多，因此价格也会低很多。在这种思想的影响下，人们对于个性化商品的价格接受度要比普通商品高很多。因此当用户在进行手机阅读时，感觉到的个性化服务程度越深，就越能够体会到其付出得到了回报，即所谓的感知货币价值，也就是所谓的“值了”。

6.6.2　对策与建议

根据以上研究的结论，为了进一步推动移动阅读产业的快速发展，提高城镇居民移动阅读持续使用意愿，根据上文提出的研究假设，本章提出以下几点建议。

（1）整合资源、简化流程，便于手机阅读用户的感知和使用。在图书馆资源组织方面，要对馆藏数字资源进行重新整合，同时与其他移动阅读资源商进行深度合作，进一步提升信息资源质量。针对具有一定专业性的阅读资料，可以通过开发注释、笔记等功能满足特定用户的深层次阅读需要（张忠等，2019）。需要强调的是，在阅读流程设计上要尽量逻辑清晰、简单易用，不断优化网站和客户端，降低手机阅读的操作难度，提供更便捷的电子阅览方式，进而提高用户阅读的感知程度。

（2）更新内容、强化体验，满足移动用户个性化需求。移动阅读内容的质和量是优质阅读服务的关键。首先，在内容甄选上要以目标读者的需求为导向，可利用数据挖掘技术，根据不同用户阅读习惯，补充和完善手机阅读内容。其次，通过组织移动阅读用户开展各种活动吸引潜在用户，并分类建立用户标签；融入音频、视频、动画等元素，以更好的移动阅读体验吸引资深用户，并全面开发客户端的功能，满足用户多元化的需求。最后，可以考虑将时事热点、热门话题等内容进行挖掘和推送，并保证内容更新的及时性。在用户体验上要对技术设计进行及时更新和改进，移动阅读 APP 要能够实现 3D 翻页、护眼模式、多格式支持、读书笔记、分享阅读心得、发表评论等功能，使移动阅读用户能够感受到个性化体验的阅读效果。

（3）精准营销、贴心服务，增强移动阅读用户的价值感知。移动阅读说到底是以内容服务于消费者。当阅读内容满足不了消费者的需求时，即使移动阅读的运营商提供再好的服务和再低的价格都是于事无补的。图书馆一方面可以利用庞大的数据库准确分析用户需求，另一方面可以结合问卷调查获取用户反馈意见，进而针对用户的不同特点进行精准营销。在制定移动阅读资费时，应根据阅读资源的受众群体制定差异化收费标准。此外，在系统开发时增加无线网络环境下使用的选择功能，降低移动阅读用户的使用成本。

参 考 文 献

陈文育, 张晓婷, 2016. 触屏阅读与受众使用分析[J]. 中国传媒科技, (10): 67-68.

陈晓曈, 胡蓉, 朱庆华, 2015. 移动阅读收费服务用户采纳意愿的实证研究[J]. 数字图书馆论坛, (11): 11-16.

陈昕怡, 2016. 大学生手机阅读跨媒介研究[J]. 新闻研究导刊, 7(24): 91-92.

陈渝, 朱云琴, 2020. PPM 理论视角下用户从纸质阅读到移动阅读的转移行为影响因素研究[J]. 图书馆学研究, (2): 70-80.

成燕, 2015. 考虑网络外部性的大学生手机阅读实证调查与分析[J]. 图书馆论坛, 35(4): 75-79.

代宝, 刘业政, 2015. 基于期望确认模型、社会临场感和心流体验的微信用户持续使用意愿研究[J]. 现代情报, 35(3): 19-23.

杜慧然, 2015. 手机阅读应用满意度影响因素实证研究[D]. 北京: 北京邮电大学.

郭慧娟, 2012. "读屏时代"大学生手机阅读研究[D]. 天津: 天津师范大学.

蒋骁, 王关义, 2013. 手机阅读用户的持续使用——基于阅读类型分层的比较研究[J]. 科技与出版, (12): 74-79.

焦勇兵, 杨健, 谭陆军, 2013. 社会化媒体中社交价值和内容价值的体验——通往心理健康的两条途径[C]//中国管理学年会.

赖俊明, 2017. 感知产品创新的作用研究——消费者采纳视角[J]. 技术经济与管理研究, (11): 52-56.

兰超玲, 2015. 以认知行为理论为视角看大学生手机依赖现象[J]. 山东农业工程学院学报, 32(7): 81-82 +84.

李磊, 徐红彩, 2016. 大学生手机 APP 阅读行为调查研究[J]. 中国教育信息化, (16): 27-31.

廖成林, 龚小艳, 李忆, 2012. 新客户的网站感知和信任对其在线购买行为影响的实证研究[J]. 技术经济, 31(1): 16-21.

蔺旭鹏, 2011. 大学生从众心理分析及对策[EB]. 北京: 中国科技论文在线.

刘旭晖, 2021. 大学生移动阅读行为现状与高校图书馆服务研究——基于技术接受模型的实证分析[J]. 图书馆学研究, (16): 82-95.

龙遗璟, 2014. 移动社会网络用户忠诚度的实证研究[D]. 南昌: 江西财经大学.

马艳, 2016. 当前青少年手机阅读的问题和对策研究[J]. 中国市场, (45): 219-220+222.

尚海涛, 2015. 读图时代背景下的受众心理和阅读取向探微[J]. 出版广角, (8): 108-109.

盛玲玲, 2008. 移动商务用户继续使用意向研究[D]. 杭州: 浙江大学.

施国洪, 王凤, 2017. 基于用户体验的高校移动图书馆服务质量评价体系研究[J]. 情报资料工作, (6): 62-67.

孙挺, 夏立新, 李雪, 等, 2021. 社会化阅读用户持续使用意愿影响因素的荟萃分析[J]. 情报科学, 39(7): 153-161.

汤碧玲, 2014. 浅议中学生课外阅读心理[J]. 才智, (17): 18+21.

唐蓊, 余永海, 2017. 移动阅读手机应用的用户心理及需求特征变化分析[J]. 大众文艺, (1): 273.

万安伦, 郑伟, 陶然, 2016. 2016 中国网民数字阅读终端调查[J]. 中国编辑, (4): 28-37.

王丙炎, 张卫, 2016. 手机阅读平台用户体验影响因子分析[J]. 出版科学, 24(5): 91-96.

王培培, 2012. 大学生手机小说阅读行为研究[D]. 重庆: 西南大学.

王琦, 2021. 游戏化元素对移动阅读 APP 用户持续使用意愿的影响研究[D]. 镇江: 江苏科技大学.

王卫军, 2014. 高校图书馆移动信息服务模式创新研究[J]. 图书馆学研究, (17): 65-70.

王晓, 刘平, 2017. 大数据时代下图书馆手机阅读服务模式的推广研究[J]. 出版广角, (11): 62-64.

伍红梅, 2021. 基于情境交互视角的移动阅读用户行为研究[J]. 情报探索, (6): 40-45.

谢蓉, 金武刚, 2011. 高校图书馆如何推广手机阅读——基于对在校大学生手机阅读的调查结果[J]. 图书情报工作, 55(14): 20-23.

杨根福, 2016. MOOC 用户持续使用行为影响因素研究[J]. 开放教育研究, 22(1): 100-111.

杨金龙, 胡广伟, 卢明欣, 2020. 移动阅读用户采纳的非对称多重并发因果关系研究[J]. 现代情报, 40(4): 50-58.

俞华华, 2016. 读者阅读从众心理调查研究——以浙江财经大学东方学院为对象[J]. 山东图书馆学刊, (6): 36-39.

张忠, 何虹, 曹国, 2019. 感知特性和个性化对手机阅读持续使用意愿的影响研究[J]. 图书情报工作, 63(7): 80-85.

赵牡丹, 2017. 论手机阅读领域盈利模式的探索[J]. 经贸实践, (13): 131-132.

赵文君, 赵呈领, 杨海茹, 等, 2018. 学分制度推进下在线开放课程学生持续学习影响因素研究[J]. 现代远距离教育, (2): 72-82.

周毅, 孟卫东, 杜惠英, 等, 2008. 基于感知价值的移动数据业务购买意愿研究[J]. 通信学报, 29(9): 97-102+110.

朱娅茹, 查先进, 严亚兰, 2020. 用户体验和现状偏差视角下移动阅读 APP 持续使用意愿影响因素研究[J]. 国家图书馆学刊, 29(6): 41-53.

Bhattacherjee A, 2001. Understanding information systems continuance: An expectation-confirmation model [J]. MIS Quarterly, 25(3): 351-370.

Bhattacherjee A, Perols J, Sanford C, 2008. Information technology continuance: A theoretic extension and empirical test [J]. Journal of Computer Information Systems, 49(1): 17-26.

Darroch I, Goodman J, Brewster S, et al., 2005. The effect of age and font size on reading text on handheld computers [J]. Human-Computer Interaction-interact, 3585: 253-266.

Davis F D, Bagozzi R P, Warshaw P R, 1989. User acceptance of computer technology: A comparison of two theoretical models [J]. Management Science, 35(8): 982-1003.

Hong S, Tam K, 2006. Understanding the adoption of multipurpose information appliances: The case of mobile data services [J]. Information Systems Research, 17(2): 162-179.

Joo Y J, Park S, Shin E K, 2017. Students' expectation, satisfaction, and continuance intention to use digital textbooks [J]. Computers in Human Behavior, 69: 83-90.

Kim H, Chan H, Gupta S, 2007. Value-based adoption of mobile internet: An empirical investigation [J]. Decision Support Systems, 43(1): 111-126.

Koufaris M, Kambil A, Labarbera P A, 2001. Consumer behavior in web-based commerce: An empirical study [J]. International Journal of Electronic Commerce, 6(2): 115-138.

Lee Y, Kwon O, 2011. Intimacy, familiarity and continuance intention: An extended expectation–confirmation model in web-based services [J]. Electronic Commerce Research & Applications, 10(3): 342-357.

Li J, Song J, Huang Y, et al., 2021. Effects of different interaction modes on fatigue and reading effectiveness with mobile phones[J]. International Journal of Industrial Ergonomics, 85: 103189.

Limayem M, Hirt S G, Cheung C M K, 2007. How habit limits the predictive power of intention: The case of information systems continuance[J]. MIS Quarterly, 2007, 31(4): 705-737.

Nwagwu W E, Famiyesin B, 2016. Acceptance of mobile advertising by consumers in public service institutions in Lagos, Nigeria [J]. Electronic Library, 34(2): 265-288.

Pattuelli M C, Rabina D, 2010. Forms, effects, function: LIS students' attitudes towards portable e-book readers [J]. ASLIB Proceedings, 62(3): 228-244.

Webster J, Trevino L, Ryan L, 1993. The dimensionality and correlates of flow in human-computer interactions [J]. Computers in Human Behavior, 9(4): 411-426.

Ye P, Liu L Q, 2021. Influencing factors of intention to use mobile devices for reading: Moderation effects of perceived sociality and perceived risk[J]. International Journal of Mobile and Blended Learning (IJMBL), 13(3): 19-35.

Zhang Y, Rong X, Shu M, et al., 2021. Identification of key influencing factors of user experience of mobile reading APP in China based on the fuzzy-DEMATEL model[EB]. Mathematical Problems in Engineering.

Zhou T, 2013. The effect of flow experience on user adoption of mobile TV [J]. Behaviour & Information Technology, 32(3): 263-272.

第 7 章　城镇居民移动银行使用行为研究

随着移动商务迅速发展，为降低经营成本，银行和金融机构逐步通过移动互联网加深了他们与客户的联系，移动银行逐步受到客户的青睐。移动银行也可称为手机银行，是指利用移动通信技术和设备来进行各种银行的金融服务。移动银行使得客户能够以相对较低的成本，随时随地通过移动设备处理其各种金融事务。当前，移动银行业务开展得如火如荼，根据 Analysys 易观发布的数据显示，我国 2021 年第 3 季度手机银行活跃用户规模突破 6.2 亿人次。然而，Suoranta 和 Mattila（2004）在一项移动银行使用行为调查中发现，在移动银行用户调查样本中只有不足一半的使用者表示其会继续使用已提供的手机银行系统的金融服务。支付安全、界面设计、银行舆情等诸多因素影响消费者对移动银行业务的持续使用。因此有必要了解用户对移动银行的使用意愿及其影响因素，从而有助于移动运营商、银行以及其他金融机构了解用户的需求，开发出用户愿意使用的移动银行业务。

7.1　移动银行国内外研究现状

移动银行的概念最早出现于国外相关文献中，国外众多学者和从业者对移动银行的相关研究持续了较长时间，取得了一系列研究成果。Hanif 和 Lallie（2021）基于整合型技术接受模型（UTAUT）和移动技术接受模型（MTAM），通过引入感知网络安全风险、感知网络安全信任和感知整体网络安全等变量，构建了英国老年人（55 岁以上）移动银行使用意愿模型。研究结果显示性能预期和感知网络安全风险影响英国老年人移动银行使用意愿，而努力预期、感知网络安全信任和感知整体网络安全对英国老年人移动银行使用意愿没有显著的影响。Thusi 和 Maduku（2020）在二代整合型技术接受与使用模型（UTAUT2）的基础上，通过引入制度信任和感知风险，构建了零售移动银行 APP 接受和使用行为的整合模型，并将其应用于解释南非千禧一代用户零售移动银行 APP 接受和使用行为。研究结果显示制度信任和感知风险对零售移动银行 APP 接受和使用行为具有显著影响。Malaquias 和 Silva（2020）以巴西 20 个不同城市中的农场主为调查对象，利用验证性因子分析和结构方程模型分析巴西农村地区移动银行使用行为。研究认为感知易用性、感知有用性和信任是导致巴西农村地区移动银行用户行为的主要驱动因素，而社会影响因素抑制了移动银行用户行为。Jebarajakirthy 和 Shankar（2021）基于网络便利性探讨了印度移动银行用户采纳意愿，并利用调节中介模型进行实证分析。研究表明在线便利的 4 个维度均对移动银行采纳意愿有显著的正向影响。Malaquias 等（2018）利用纵向数据分析了巴西移动银行用户行为。通过对两个不同时间点的数据收集，研究者发现手机银行的使用、对手机银行的信任、与手机银行相关的任务特征、易用性、社会影响力和 IT 个人创新能力在不同的数据采集时间点之间具有明显差异，并且数据采集时间点也对移动银行用户采纳行为产生显著影响。Lee 和 Chung（2009）利用修正的 DeLone & McLean 模型，利用结构方程模型分析了移动银行用户信任和满意度的影响因子。Veríssimo（2016）利用模糊集定性比较分析讨论了移动银行 APP 的采纳行为的驱动因子和障碍因素。研究认为用户感知风险、感知易用性、感知有用性、兼容性、年龄和收入都会影响手机银行应用程序的使用情况。Alalwan 等（2017）在整合型技术接受模型的基础上融合用户信任，分析了约旦移动银行用户采纳意愿影响因素。对 343 个用户数据收集分析的研究结果表明，社会影响对移动银行用户采纳意愿没有显著的影响作用，而绩效期望、努力期望、价格价值、便利条件、享乐动机都对移动银行用户采纳意愿具有显著的正向作用。Motiwalla 等（2019）利用 445 名移动银行用户企业数据和自我报告数据，基于不可观测异质性视角讨论了移动银行用户持续使用行为。该文献先利用聚类方法将 445 名用户分为 3 个不同群体，并利用 Delone & McLean 信息系统成功模型解释移动银行用户持续使用意愿。Merhi 等（2019）通过引入安全、隐私和信任延伸了二代整合型技术接受与使用模型，并将其应用于比较黎巴嫩和英国移动银行用户行为的差异性。研究显示，用户习惯、安全、隐私和信任 4 个变量在两个国家的移动银行用户群体中的影响作用具有一致性。Shahid 等（2022）通过 473 个移动银行用户的调查数据研究移动银行消费者体验的影响因素和结果变量，结果显示便利性、信任度和社会影响力在提高移动银行 APP 客户体验方面发挥着重要作用。Picoto 和 Pinto（2021）利用多元回归模型和模糊集定性比较分析方法研究了文化对英国、印度、巴西和美国 4 个国家的移动银行用户使用意愿。研究认为权力距离和未来导向是影响移动银行用户使用意愿和实际使用中最重要的文化维度。基于技术接受模型、信息系统成功模型、保护动机理论和二代整合型技术接受与使用模型，Robert 等（2021）提出了喀麦隆移动银行 APP 使用关键影响因素。

随着国内移动银行业务的快速发展，众多学者和从业者对此高度关注，取得了丰硕的相关学术研究成果。目前，针对移动银行用户使用行为的现有文献大多数是关于移动银行的信任、使用意愿和使用行为等方面的。Zhou 等（2021）利用结构方程模型研究了移动银行忠诚度意愿影响因子，224 名移动银行用户调查数据的研究结果表明，接口设计、系统质量、安全保证和服务质量显著影响移动银行用户的忠诚度。Lin（2011）基于创新扩散理论和基于知识的信任理论，利用 177 个潜在客户和 191 个重复用户的调查数据，探讨了个人创新和信任对移动银行使用意愿和使用行为的影响。Zhou（2012）基于推敲可能性模型，通过融入自我效能，研究了移动银行用户初始信任形成机制。Wang（2020）基于期望确认模型和任务适配度模型，利用多组分析，讨论了不同年龄、性别和教育水平移动银行用户持续使用意愿。王蕾等（2013）基于 UTAUT 理论，并通过构建结构方程模型研究了在校大学生采纳手机银行的影响因素，研究发现性别和生源地对手机银行用户使用意愿和行为均具有调节效应。易寰和季铁（2017）结合手机银行操作的强目的性、市场信息的重要性、情境信息的联动性等特点，基于情境认知理论提出了移动银行服务情境感知模型。曹国等（2014）研究了不可观测异质性视角下移动银行使用意愿的形成机理。胡未央等（2015）从客户忠诚角度出发，通过引入服务质量、转换成本、关系信任等外生潜变量，构建了手机银行个人客户忠诚度模型。研究认为，影响手机银行个人客户忠诚度的最显著因素为服务质量和感知价值。李雅静（2018）基于整合技术接受与使用模型，通过增加消费者创新性和感知风险这两个变量，构建了全新的手机银行持续使用意愿影响因素理论模型。周涛等（2009）基于整合任务/技术匹配理论和技术采纳与使用统一理论，构建了移动银行用户采纳行为模型。邓朝华等（2009）基于技术接受模型，分析了我国移动银行服务采纳的态度和行为意向的形成机理。

通过对国内外文献的梳理可以看出，当前学者研究角度大多基于对移动银行使用模型方面的推究和改进以及通过实证研究用户对移动银行的使用意愿和使用行为，研究模型大都是在传统的技术接受模型、整合型技术接受与使用模型和信息系统成功模型的基础上引入新的变量，以达到提高模型解释力的目的。

当前，消费者情绪体验对消费行为的影响日益受到专家和从业者的关注。针对情绪体验的研究主要集中在饮食、主题公园以及冒险旅游等领域，研究结果表明，情绪体验是消费者事后消费的重要因素。例如，粟路军和黄福才（2011）的研究结果表明正面消费情绪和负面消费情绪对满意度具有显著的影响。Ruiz-Mafe 等（2018）基于双重加工理论，探讨了具有消费者情绪和冲突的在线评论如何影响消费者购买决策的问题。Hooge（2014）利用两个情绪评价维度预测了消费者送礼行为。Dai 等（2015）在电子中介环境下检验了用户创新性和消费者情绪与用户服务满意度的关系。研究认为消费者情绪是风险感知、信任、服务质量和感知利益的前因。Grappi 和 Montanari（2011）研究表明消费者情绪是客户满意度和消费者行为意愿的前置要素。Xu（2020）在酒店在线评论中检验了消费者情绪和用户行为之间的关系。Das 和 Varshneya（2017）基于愉悦和唤醒两个情绪维度，探讨了消费者情绪的前置因素和结果变量。Cachero-Martínez 和 Vázquez（2021）基于对 496 名消费者的调查，讨论了电子购物用户客户体验与客户忠诚度的关系，并检验了消费者情绪体验的中介效应。先前研究普遍认为正面情绪对消费者行为意愿具有显著的正向影响。然而，涉及负面情绪时，矛盾的结果就出现了。例如，Lee 等（2008）发现消费者负面情绪对客户满意度有负向的影响，而客户满意度对消费者行为意愿则无显著的影响。理论上，消费者负面的消费情绪应该降低满意度和忠诚度，进而降低消费者持续使用意愿（Allen et al.，1992）。此外，网络负面口碑通过消费者负面情绪影响消费者冲动性购买意愿。那么，是什么原因导致了这种矛盾？通常情况下，不同的估计方法、变量、统计时间以及样本容量都会导致这种矛盾。对此，本章以移动银行消费者行为为研究对象，首先利用回归分析研究不同消费情绪对持续使用意愿的影响，在此基础上利用有限混合回归模型研究不可观测的异质性对移动银行消费者的情绪体验对于移动商务持续使用的影响。

7.2　移动银行使用行为的相关理论基础

7.2.1　情绪的概念

情绪一直是心理学领域的研究热点，在心理研究的范畴中，情绪也一直是备受关注的焦点。消费者情绪是人们受到外部某种刺激之后，在人内心所发生的生理变化，是自身感知之后的身体表现反射，进而影响人们的行为。如果消费者受到外部环境刺激，个体需求满足则呈现正面情绪，否则就是负面情绪。可以看出，情绪作为消费者个体受到某种因素作用后，自身感知到的强烈的情感反应，并影响相关后期行为。

7.2.2　情绪的维度

至于消费者情绪维度，其一，现有文献一直沿用环境心理学家 Mehrabian 和 Russell（1974）的情绪维度，其研究一方面把情绪看作环境与人格的媒介，另一方面也把情绪看作是行为结果。其提出的情绪维度包含三种情绪反应：愉悦、唤起和支配。其二，而其他学者在把消费者情绪分为正面情绪和负面情绪进行研究时，也都从这两个方面来考虑。但是，在正面情绪和负面情绪的相互独立性问题上也存在不同观点。其三，先前研究在实证分析中通常只用愉悦和唤起两个维度，很少考虑支配维度。基于上述三点，本书将两种不同的维度融合到一起，既考虑到愉悦、唤起和支配的结构，又考虑到正面情绪和负面情绪，即将愉悦、唤起和支配三维度采用两极，并形成 6 个潜变量。进而将所建立的消费者情绪变量运用于移动互联网银行交易环境的消费者行为，探索移动银行交易过程中消费者情绪对消费者行为意愿的影响。

7.3 研究假设与量表设计

7.3.1 研究假设

1. 愉悦对消费者行为意愿的影响

愉悦通常是指一个人感觉良好、快乐或幸福，表示满意的程度。正面愉悦是指消费者在移动商务环境下进行交易时所感觉到满意、满足、快乐以及自在的满意程度，例如交易时所产生的满足感（如面子）。而负面愉悦则指消费者在移动商务环境下进行交易时所感觉到的恼怒、不满意以及绝望的程度。例如，由于手机交易界面较小，其网页设计可能达不到消费者预期需求，导致消费者使用不便，最终使消费者感到不满意。通常情况下，如果没有任何需要评价产品/服务的想法时，消费者会使用其消费情绪作为评价的方式。反之，若是针对熟悉的产品/服务时，消费者就会利用很多相关信息进行评价。因此，如果能够激发消费者的正面愉悦并降低负面愉悦，则可以促进消费者更多的购买欲望。先前研究也表明不论是在实体商店的消费或是网络行为，个人内在享乐的感觉在使用意愿中扮演举足轻重的角色。先前研究也证实愉悦对于网络使用意愿会产生直接且正向的影响。综上所述，本研究提出以下假设：

假设 1a：消费者正面愉悦对移动商务消费行为意愿具有显著的正向影响。

假设 1b：消费者负面愉悦对移动商务消费行为意愿具有显著的负向影响。

2. 唤起对消费者行为意愿的影响

唤起是消费者对产品/服务所感知刺激、活力以及兴奋的程度。复杂、快速以及令人惊讶的刺激会引起人们的兴奋，从而促使消费者产生消费意愿。针对唤起的先前研究通常采用单一维度，从最大范围的兴奋到放松的状态。与其不同，本章从正面唤起和负面唤起两个维度来研究。正面唤起是指消费者在移动商务环境下所感受到的有活力、有精力的或者精力充沛的程度。而负面唤起则指消费者在移动商务环境下所感受到的焦虑、紧张不安以及昏昏欲睡等负面情感。在移动互联网下，移动服务场景对消费者产生一系列刺激，消费者在不同刺激下产生不同的唤起。例如，网页昏暗的色彩可能使移动消费者在浏览交易信息时产生昏昏欲睡的感觉，而明亮的色彩能使消费者产生兴奋的感觉。同样，在网站设计时，使用明星虚拟代言人也能唤起消费者产生交易的愿望。先前已有学者验证了唤起对行为意愿的正向影响。Beatty 和 Ferrell（1998）认为网站浏览对消费者正面情绪有着正面的影响。而有限制性导航的网页会使网站营销产生负面效果，包括消费者的负面情绪、态度消极等。在其他研究领域中，Wu 等（2008）对电子商务环境进行研究，结果显示农村居民所感受到的兴奋程度正向影响使用意愿。综上所述，本研究提出以下假设：

假设 2a：消费者正面唤起对移动商务消费行为意愿具有显著的正向影响。

假设 2b：消费者负面唤起对移动商务消费行为意愿具有显著的负向影响。

3. 支配对消费者行为意愿的影响

支配是消费者感到自己受到外界环境支配或控制的程度，也是在一定时间内因外界环境发生变化以后影响消费者方向的能力。与以往研究不同，本书将支配分为正面支配和负面支配。正面支配是指消费者在移动互联网交易过程中因外界环境变化以后所感知的可控程度，例如感觉到自由或可控制。负面支配是指消费者在移动互联网交易过程中因外界环境变化以后所感知的被控制程度，例如感觉到被限制或不自由等。然而，先前研究很少关注情绪这一维度，主要是因为 Russell 和 Mehrabian（1976）的研究认为情绪的愉悦和唤起两个结构能够解释情绪的大部分方差，而支配则成了多余的维度。这导致了仅有少数的学者在零售领域调查了支配的影响，而且研究结果也并不一致。例如，Ward 和 Barnes（2001）研究认为感知控制对愉悦、唤起以及涉入具有正向的显著影响。而 Lunardo 和 Mbengue（2009）的研究则认为尽管感知控制对愉悦没有影响，但对消费意愿却有显著的负向影响。更有甚者，Hausman 和 Siekpe（2009）的研究认为网站结构很少能刺激消费者。Joines 等（2003）的研究也认为消费者选择电子商务购物是因为消费者能够控制相关信息和网站。而王庆森（2008）则认为网页店面浏览能够激发消费者的正面情绪。TAM 理论中的感知控制能直接影响消费意愿，这更能说明支配能直接影响消费者行为意愿。综上所述，本研究提出以下假设：

假设 3a：消费者正面支配对移动商务消费行为意愿具有显著的正向影响。

假设 3b：消费者负面支配对移动商务消费行为意愿具有显著的负向影响。

本章理论结构示意图如图 7-1 所示。

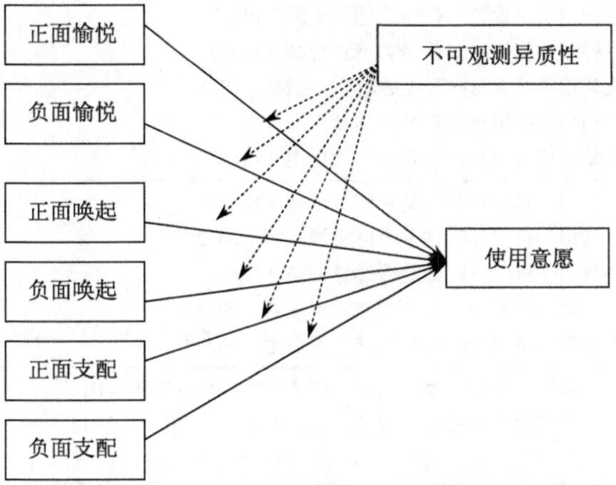

图 7-1　理论结构示意图

7.3.2 量表设计

在确定可测变量时，应该关注所选的可测变量能够尽可能地解释和测量对应的潜在变量，同时也要遵循指标体系建立的相关原则，保证可测变量体系的可操作性。本章建立的可测变量如表 7-1 所示。

表 7-1 可测变量量表

潜变量	测量题项	来源
正面愉悦（PP）	1. 在使用手机银行时你是否感觉愉悦（PP1） 2. 在使用手机银行时你是否感觉满足（PP2） 3. 在使用手机银行时你是否感觉满意（PP3） 4. 在使用手机银行时你是否感觉快乐（PP4） 5. 在使用手机银行时你是否感觉充满希望（PP5）	本章研究整理
负面愉悦（NP）	6. 在使用手机银行时你是否感觉恼怒（NP1） 7. 在使用手机银行时你是否感觉沮丧（NP2） 8. 在使用手机银行时你是否感觉不满意（NP3） 9. 在使用手机银行时你是否感觉不快乐（NP4） 10. 在使用手机银行时你是否感到绝望（NP5）	本章研究整理
正面唤起（PA）	11. 在使用手机银行时你是否感觉疯狂（PA1） 12. 在使用手机银行时你是否感觉紧张（PA2） 13. 在使用手机银行时你是否感觉刺激（PA3） 14. 在使用手机银行时你是否感觉兴奋（PA4） 15. 在使用手机银行时你是否感觉亢奋（PA5）	本章研究整理
负面唤起（NA）	16. 在使用手机银行时你是否感觉懒散（NA1） 17. 在使用手机银行时你是否感觉迟钝（NA2） 18. 在使用手机银行时你是否感觉放松（NA3） 19. 在使用手机银行时你是否感觉镇静（NA4） 20. 在使用手机银行时你是否感觉平静（NA5）	本章研究整理
正面支配（PD）	21. 在使用手机银行时你是否感觉支配（PD1） 22. 在使用手机银行时你是否感觉控制（PD2） 23. 在使用手机银行时你是否感觉不拥挤（PD3） 24. 在使用手机银行时你是否感觉重要（PD4） 25. 在使用手机银行时你是否感觉自由（PD5）	本章研究整理
负面支配（ND）	26. 在使用手机银行时你是否感觉服从（ND1） 27. 在使用手机银行时你是否感觉被控制（ND2） 28. 在使用手机银行时你是否感觉拥挤（ND3） 29. 在使用手机银行时你是否感觉不重要（ND4） 30. 在使用手机银行时你是否感觉不自由（ND5）	本章研究整理
使用意愿（BI）	31. 如果可以，我想要停止使用手机银行所提供的服务（BI1） 32. 对于手机银行所提供的服务，我倾向于继续使用它（BI2） 33. 与其他银行服务方式相比，我倾向于持续使用手机银行的服务（BI3）	本章研究整理

7.4　数据收集与研究模型

7.4.1　调查设计与数据收集

本章将通过问卷调查形式收集数据，整个问卷调查以常州市商业银行移动商务消费者为调查对象，依据理论模型的 7 个潜变量 33 个可测变量进行设计，测量题项可采用利克特五级量表，分别使用 1～5 的 5 个数字表示，5 表示非常好，3 表示一般，1 表示没有或非常不好。本次问卷采用 E-mail 方式发送给移动银行使用客户，数据收集时间为 2012 年 10 月至 2013 年 5 月。本次共发放问卷 720 份，回收问卷 550 份，剔除无效问卷 22 份。实际有效问卷 528 份。其中男性客户占 51.3%。使用者的平均年龄 35.08 岁，一年中利用移动银行进行交易的金额在 1000 元以上，样本特征符合分析需求。

7.4.2　研究模型

一般的社会科学研究中，学者们都假设分析数据来源于单一群体，所得到的样本中的个体都是假设同质的，没有区别。即使考虑到了异质性，一般采用的方法是在一定变量条件下利用多组分析进行实证研究（例如研究性别对 TAM 各关系的影响），但这些利用事后分析的方法却没有针对研究模型中各概念之间关系的差异性进行分析。有限混合模型（finite mixture model，FMM）由 Pearson（1894）提出，可以相对客观地区分样本不可观测的异质性，近年来逐渐应用于处理人们心理特征、情绪分类、基因关联、消费者偏好等不可观测的异质性（曹建民等，2019）。FMM 最主要的特点在于能够将存在异质性群体的样本按照数据分布特征划分为几个子样本，也可以推断出每个样本属于不同群体的条件概率。因此，本章利用有限混合模型研究消费情绪各维度对消费者行为意愿的影响，将传统的研究异质性的方法延伸到不可观测的异质性的视角。基于此，本章基本模型可表示为

$$E(\mathrm{BI}|\mathrm{PP},\mathrm{NP},\mathrm{PA},\mathrm{NA},\mathrm{PD},\mathrm{ND}) = \alpha_1\mathrm{PP} + \alpha_2\mathrm{NP} + \alpha_3\mathrm{PA} + \alpha_4\mathrm{NA} + \alpha_5\mathrm{PD} + \alpha_6\mathrm{ND} \tag{7-1}$$

式中，BI 为消费者使用意愿；PP 为正面愉悦；NP 为负面愉悦；PA 为正面唤起；NA 为负面唤起；PD 为正面支配；ND 为负面支配。式（7-1）首先利用 OLS 进行分析，研究总体的手机银行消费者的使用意愿与消费情绪的关系。如果移动银行消费者使用意愿 BI 是来自不同的具有差异性的子样本时，而 OLS 是基于样本均值的回归，故 OLS 可能忽略了回归系数 α 在不同的子样本中的变化。当研究人

员缺乏资料来捕获移动银行消费者持续使用意愿的异质性时，有限混合模型（FMMD）允许影响移动银行消费者持续使用意愿的变量在不同的群体中产生变化。因此，本章第二阶段将采用有限混合模型重新估计式（7-2），以探求自变量是否在不同群体中发生变化。

在有限混合模型中，假设部分数据可以概括成独立的概率密度函数。同时，混合模型可以通过较简单的成分密度函数来为非高斯分布以及多模式密度函数进行建模。以标准的方式，可以通过混合密度函数为 d 维向量 y_i 建模，即

$$g(y_i \mid \Theta) = \sum_{j=1}^{C} \pi_j f_j(y_i \mid \theta_j),\ 0 \leqslant \pi_j \leqslant 1,\ \sum_{j=1}^{C} \pi_j = 1 \tag{7-2}$$

式中，第 j 个子样本的密度函数是 $(y_i \mid \theta_j)$， $j = 1, 2, \cdots, C$ ，而且 θ_j 是相对应的参数向量。π_j 是第 j 个子样本的混合权重。考虑到 BI 为正态分布，则第 i 观察值所对应的主成分密度函数为

$$(y_i \mid \theta_j) = \frac{1}{\sigma_j \sqrt{2\pi}} \exp\left[-\frac{1}{2\sigma_j^2} (y_i - \alpha_1 \mathrm{PP} - \alpha_2 \mathrm{NP} - \alpha_3 \mathrm{PA} - \alpha_4 \mathrm{NA} - \alpha_5 \mathrm{PD} - \alpha_6 \mathrm{ND})^2 \right] \tag{7-3}$$

有限混合模型考虑了样本权重的大小并通过最大似然估计方法估计参数。本章利用 Stata 软件程序进行参数估计。同样，我们也可以用有限混合模型估计出不同样本个体所对应的潜在类别的后验概率，即

$$\Pr(y_i \in k \mid \theta, y_i) = \frac{\pi_j f_k(y_i \mid \theta_k)}{\sum_{j=1}^{C} \pi_j f_j(y_i \mid \theta_j)} \tag{7-4}$$

7.5 模型拟合与假设检验

7.5.1 测量模型

信度检测结果分析如表 7-2 所示。本章采用 Cronbach's α 为衡量工具的信度指标，本章的信度指标介于 0.9341～0.9689，皆符合 Nunnally（1978）建议的 0.70 水平。本研究变量组合信度介于 0.8873～0.9684，符合学者建议的水准。各变量的平均萃取变差（AVE）介于 0.7037～0.9387，亦大于建议值 0.5（Fornell and Larcker，1981）。组合信度及平均变异抽取量均达到标准值，其显示本研究具有良好的变量信度。

表 7-2　信度检测结果分析表

研究变量	AVE	组合信度	Cronbach's α
正面愉悦	0.8199	0.9009	0.9484
负面愉悦	0.7248	0.8873	0.9515
正面唤起	0.7756	0.9119	0.9613
负面唤起	0.9387	0.9684	0.9593
正面支配	0.8675	0.9291	0.9598
负面支配	0.7037	0.9045	0.9341
使用意愿	0.9104	0.9531	0.9689

7.5.2　模型检验与分析

本章采用两阶段检验研究假设，第一阶段利用最小二乘方法对全部样本进行分析，通过回归分析，探索基于同质性视角下的移动商务消费者的消费情绪对消费行为意愿的影响。第二阶段利用有限混合模型探索不可观测的异质性对消费情绪和消费者行为意愿之间关系的影响。在分析时，本章利用调查数据进行分析，各潜变量的数值采用各可测变量的均值。在回归分析中还加入人口统计变量（年龄和性别），以获得个人特征对消费行为意愿的影响。各潜变量描述性统计如表 7-3 所示。

表 7-3　各潜变量描述性统计

变量	观察值	均值	标准差	变量	观察值	均值	标准差
BI	528	2.5469	0.9253	NP	528	3.3744	0.8952
PP	528	2.5526	0.8810	NA	528	2.2463	0.7456
PD	528	2.2655	1.0307	年龄	528	35.087	7.3179
PA	528	2.2564	0.7949	性别	528	0.61553	0.4869
ND	528	2.9163	1.1692				

由最小二乘法初步估计结果如表 7-4 所示，模型 1 主要是探索消费者人口统计特征（年龄和性别）对消费者行为意愿的影响，回归结果表明年龄（回归系数为–0.0179，p 值小于 0.001）对行为意愿有显著影响，并且消费者对于移动银行的使用意愿随年龄的增加而逐渐减少，这和先前部分学者的研究结果相吻合。然而，消费者的性别（回归系数为 0.1832，p 值大于 0.05）对移动银行的使用意愿没有显著影响。模型 2 检验消费者的消费情绪中愉悦和唤起两维度对行为意愿的影响。结果表明消费者的正面情绪中正面愉悦（回归系数为 0.1781，p 值小于 0.001）和正面唤起（回归系数为 0.1288，p 值小于 0.001）对消费者行为意愿具有显著的正

向影响。这说明消费者的愉悦和唤起正向刺激都能增加消费者的使用意愿，假设 1a 和 2a 得到验证。同时，负面愉悦（回归系数为–0.0359，p 值小于 0.01）和负面唤起（回归系数为–0.4351，p 值小于 0.001）对消费者行为意愿具有显著的负向影响。这说明消费者在移动银行使用过程中所感知的不愉悦和负面唤起程度越高，消费者对于移动银行 APP 使用可能性越低，假设 1b 和 2b 得到验证。

表 7-4　最小二乘回归结果表

变量	模型 1	模型 2	模型 3
性别	0.1832（ns）	–0.0285（ns）	0.0598（ns）
年龄	–0.0179***	–0.0311***	–0.03810***
正面愉悦		0.1781***	0.1822***
负面愉悦		–0.0359**	–0.04464**
正面唤起		0.1288***	0.10758**
负面唤起		–0.4351***	–0.2905***
正面支配			–0.2401（ns）
负面支配			–0.2904***
R^2	0.0632	0.4934	0.5240

注：*p<0.05, **p<0.01, ***p<0.001, ns 表示无意义

从 R^2 的值可以看出，增加消费情绪变量以后，模型的拟合程度得到显著增加。模型 3 是在模型 2 的基础上增加了消费情绪中的第三维度支配，其检验目的是探索移动交易环境下支配对行为意愿的影响与实体交易环境下的差异。模型结果表明，消费者感知正面支配（回归系数为–0.2401，p 值不显著）的程度对消费者行为意愿没有显著影响，然而，负面支配（回归系数为–0.2904，p 值小于 0.001）感知程度却对行为意愿具有显著的负面影响，假设 3a 没有获得支持而 3b 获得支持。从 R^2 值可以看出，增加支配维度以后，模型拟合程度得到了一定程度改善。

在前面的最小二乘回归分析中，我们假设所分析的数据来源于单一群体，样本中的个体都是同质的。这种同质性（homogeneity）假设通常是不符合实际的，因为个体对潜在变量的感知是具有差异性的。故此，本研究第二阶段针对潜变量之间关系的异质性利用有限混合模型进行检验。在利用有限混合模型时，首先须确定异质性所导致的模型的分类数目。通常情况下，可使用 LnL、AIC、BIC 和 EN 等评价指标来综合确定最佳的分割数量，本章所计算的各分类指标数据如表 7-5 所示。本章选择 AIC 最低值为最佳分类数。表 7-5 显示本样本最佳分类数为 3 类，同时累积聚类概率如表 7-6 所示。聚类信息显示，第一类消费者容纳 351 个体，大约有 89.7%的概率正确分类，而第二类消费者约占总体 20.27%，并且分类正确的概率约为 95.2%，最后，共有 70 位消费者归为第三类别，而分类正确的概

率约为 97.2%，这类消费者相对较少。

表 7-5　不同潜在分类数 *K* 的信息和分类标准表

K	AIC	BIC	LnL	EN
2	243.081	324.194	–102.541	0.669
3	–133.412	–6.609	95.706	0.792
4	–103.151	–6.656	140.576	0.754
5	–78.174	–8.988	188.087	0.788

表 7-6　样本个体分类信息表

潜在类别	样本大小	样本比例	第一类别概率	第二类别概率	第三类别概率
1	351	66.48	0.897	0.103	0.000
2	107	20.27	0.048	0.952	0.000
3	70	13.26	0.027	0.002	0.972

表 7-7　有限混合模型估计结果

变量	类别 1		类别 2		类别 3	
	回归系数	边际效应	回归系数	边际效应	回归系数	边际效应
年龄	–0.03335***	–0.03336***	–0.01731**	–0.0173***	–0.03608***	–0.0361***
	（0.0017）	（0.0017）	（0.0084）	（0.0084）	（0.0000）	（0.00001）
正面	0.02224（ns）	0.0222（ns）	0.4190***	0.4190***	0.0274***	–0.0274***
愉悦	（0.01683）	（0.0168）	（0.1304）	（0.1304）	（0.0000）	（0.00004）
负面	–0.07163*	–0.0716**	–0.0777（ns）	–0.0777***	–0.1795***	–0.1795***
愉悦	（0.03798）	（0.0379）	（0.1446）	（0.1446）	（0.00009）	（0.00009）
正面	0.03516**	0.0352**	0.2653**	0.2653**	0.0082***	0.00826***
唤起	（0.01663）	（0.0166）	（0.1349）	（0.1349）	（0.00003）	（0.00004）
负面	–0.8629***	–0.8629***	0.05600（ns）	0.05600（ns）	–0.7632***	–0.7632***
唤起	（0.03354）	（0.0335）	（0.1268）	（0.1268）	（0.00008）	（0.00008）
正面	0.04494**	0.04495***	0.04403（ns）	0.04403（ns）	–0.0015***	–0.0015***
支配	（0.01408）	（0.0141）	（0.0767）	（0.0767）	（0.00003）	（0.00003）
负面	–0.0045（ns）	–0.0045（ns）	0.1672**	0.1672**	0.00002**	0.00002*
支配	（0.0079）	（0.0078）	（0.0677）	（0.0678）	（0.00001）	（0.00001）
σ_1	0.1385	π_1	0.6092			
σ_2	0.7788	π_2	0.2617			
σ_3	0.0004	π_3	0.1290			

注：$^*p<0.05$, $^{**}p<0.01$, $^{***}p<0.001$, ns 表示无意义；括号中是估计标准差

由表 7-7 可知，三类不同的移动商务消费者情绪对行为意愿影响具有显著差异。在第一类消费者中，消费者的正面愉悦（回归系数为 0.02224，p 值不显著）与负面支配（回归系数为–0.0045，p 值不显著）对行为意愿没有显著影响，而其他四个消费者情绪维度则对行为意愿具有显著影响。对于第二类消费者而言，消费者的负面愉悦、负面唤起以及正面支配则对行为意愿没有显著影响。而第三类消费者所有的情绪维度对行为意愿都具有显著影响。

7.6 结论与建议

7.6.1 研究结论

本章首次使用了有限混合计量经济模型研究消费者情绪对移动银行使用意愿的影响，并特别强调了不同消费情绪对不同消费者的异质性影响。对 528 个消费者的调查数据进行实证分析后的研究结果表明，人口统计变量中年龄对消费者移动银行使用意愿具有显著的影响，而且随着消费者年龄增长，消费者对移动银行的使用意愿具有负向的影响。这与先前的研究结论是一致的。然而，消费者的性别却对移动银行使用意愿不具显著相关性。

在最小二乘回归分析中，消费者情绪各维度中正面支配对移动银行使用意愿不具显著性影响，而其他维度对移动银行使用意愿都具有显著影响。然而，在有限混合回归分析中，消费者情绪各维度对移动银行使用意愿的影响在不同类别中却不完全一致。例如，除正面唤起对不同子样本行为意愿具有显著正向影响以外，其他各维度的影响显著性和方向表现不一。由表 7-7 可知，对于移动银行使用意愿低的消费者，消费情绪各维度都具有显著的影响；而对于使用意愿高的消费者而言，负面情感（包括负面愉悦、负面唤起）并不会显著影响。

7.6.2 对策与建议

本研究的研究对象都是熟悉某个或某几个移动银行的消费者，对他们的研究结论为移动银行管理者提供了有益启示。

（1）虚拟服务场景激发消费者正向消费情绪。随着产品和服务的日益多样化，消费者的情绪体验对消费决策的影响日益加大。移动银行服务提供商应该在顾客情感体验的过程中，积极营造消费者的正向消费情绪因素。而研究表明，服务场景对消费者的购买决策有重要影响。移动银行网站的布局、色彩以及背景音乐都能激发消费者的正向情绪。银行可以通过正向情绪来增加消费者对移动银行的信赖，提高消费者的使用意愿。

（2）在线评价激发消费者正向消费情绪。先前研究表明，载有口碑传播者低情绪的负面双向信息比载有高情绪信息更能取得消费者的信任。这主要是因为负面情绪的信息接受者会使用分析性的系统辨别信息强弱与内容。当消费者评价传播者情绪为高度情绪者，会怀疑该信息是否被夸大渲染，而降低对该在线评价的信任，寻求网络上其他信息来减少负面的情绪。因此，移动银行管理由加强移动交易的在线评价管理变为降低移动银行消费者的感知风险。

（3）细分用户群体，培养用户习惯。不同消费者对同一事物的看法存在一定的差异，银行应根据不同移动商务用户群体采取不同的营销策略。移动银行在提供基本功能时，一方面要注重产品的创新功能及价值，引起消费者的好奇心和尝试欲望，从而借助口碑效应获得更多消费者的使用。另一方面也要借助口碑评价和产品体验吸引风险厌恶型消费者，强调产品的安全性和功能性，消除他们内心的风险顾虑，使得他们逐步尝试使用移动银行业务。

参考文献

曹国, 沈利香, 曹素贞, 2014. 消费者情绪对移动银行使用意愿的影响[J]. 金融论坛, 19(12): 55-61.

曹建民, 赵立夫, 刘森挥, 等, 2019. 农牧业生产方式转变及其影响因素研究——利用有限混合模型对中国肉牛养殖方式转变的实证分析[J]. 中国农村经济, (11): 69-82.

邓朝华, 鲁耀斌, 张金隆, 2009. TAM、可靠性和使用能力对用户采纳移动银行服务的影响[J]. 管理评论, 21(1): 59-66.

胡未央, 张兵, 曹安迪, 2015. 手机银行个人客户忠诚度研究——基于 PLS-SEM 模型[J]. 调研世界, (5): 52-56.

李雅静, 2018. 手机银行用户持续使用意愿研究[D]. 南京: 南京财经大学.

粟路军, 黄福才, 2011. 服务公平性、消费情感与旅游者忠诚关系——以乡村旅游者为例[J]. 地理研究, 30(3): 463-476.

王蕾, 卫文斐, 李举超, 2013. 个人客户采纳手机银行的影响因素[J]. 金融论坛, 18(11): 73-79.

王庆森, 2008. 基于网站特性与消费者个体特征的网络冲动性购买研究[D]. 杭州: 浙江大学.

易寰, 季铁, 2017. 移动银行服务的情境感知模型构建[J]. 企业经济, 36(8): 148-154.

周涛, 鲁耀斌, 张金隆, 2009. 整合 TTF 与 UTAUT 视角的移动银行用户采纳行为研究[J]. 管理科学, 22(3): 75-82.

Alalwan A A, Dwivedi Y K, Rana N P, 2017. Factors influencing adoption of mobile banking by Jordanian bank customers: Extending UTAUT2 with trust[J]. International Journal of Information Management, 37(3): 99-110.

Allen C T, Machleit K A, Kleine S S, 1992. A comparison of attitudes and emotions as predictors of behavior at diverse levels of behavioral experience[J]. Journal of Consumer Research, 18(4): 493-504.

Beatty S E, Ferrell M E, 1998. Impulse buying: Modeling its precursors[J]. Journal of Retailing, 74(2): 169-191.

Cachero-Martínez S, Vázquez R, 2021. Building consumer loyalty through e-shopping experiences: The mediating role of emotions[J]. Journal of Retailing and Consumer Services, 60(5): 102481.

Dai H, Luo X, Liao Q, et al., 2015. Explaining consumer satisfaction of services: The role of innovativeness and emotion in an electronic mediated environment[J]. Decision Support Systems, 70: 97-106.

Das G, Varshneya G, 2017. Consumer emotions: Determinants and outcomes in a shopping mall[J]. Journal of Retailing & Consumer Services, 38(9): 177-185.

Fornell C, Larcker D F, 1981. Structural equation models with unobservable variables and measurement error: Algebra and statistics[J]. Journal of Marketing Research, 18(3): 382-388.

Grappi S, Montanari F, 2011. The role of social identification and hedonism in affecting tourist re-patronizing behaviors: The case of an Italian festival[J]. Tourism Management, 32(5): 1128-1140.

Hanif Y, Lallie H S, 2021. Security factors on the intention to use mobile banking applications in the UK older generation (55+). A mixed-method study using modified UTAUT and MTAM-with perceived cyber security, risk, and trust[J]. Technology in Society, 67: 101693.

Hausman A V, Siekpe J S, 2009. The effect of web interface features on consumer online purchase intentions[J]. Journal of Business Research, 62(1): 5-13.

Hooge I, 2014. Predicting consumer behavior with two emotion appraisal dimensions: Emotion valence and agency in gift giving[J]. International Journal of Research in Marketing, 31(4): 380-394.

Jebarajakirthy C, Shankar A, 2021. Impact of online convenience on mobile banking adoption intention: A moderated mediation approach[J]. Journal of Retailing and Consumer Services, 58: 102323.

Joines J L, Scherer C W, Scheufele D A, 2003. Exploring motivations for consumer web use and their implications for e-commerce[J]. Journal of Consumer Marketing, 20(2): 90-108.

Lee K C, Chung N, 2009. Understanding factors affecting trust in and satisfaction with mobile banking in Korea: A modified DeLone and McLean's model perspective[J]. Interacting with Computers, 21(5-6): 385-392.

Lee Y K, Lee C K, Lee S K, et al., 2008. Festivalscapes and patrons' emotions, satisfaction, and loyalty[J]. Journal of Business Research, 61(1): 56-64.

Lin H F, 2011. An empirical investigation of mobile banking adoption: The effect of innovation attributes and knowledge-based trust[J]. International Journal of Information Management, 31(3): 252-260.

Lunardo, R, Mbengue A, 2009. Perceived control and shopping behavior: The moderating role of the level of utilitarian motivational orientation[J]. Journal of Retailing and Consumer Services, 16(6): 434-441.

Malaquias F, Malaquias R, Hwang Y, 2018. Understanding the determinants of mobile banking adoption: A longitudinal study in Brazil[J]. Electronic Commerce Research and Applications, 30:

1-7.

Malaquias R F, Silva A F, 2020. Understanding the use of mobile banking in rural areas of Brazil[J]. Technology in Society, 62: 101260.

Mehrabian A, Russell J A, 1974. An Approach to Environmental Psychology[M]. The MIT Press, Cambridge.

Merhi M, Hone K, Tarhini A, 2019. A cross-cultural study of the intention to use mobile banking between Lebanese and British consumers: Extending UTAUT2 with security, privacy and trust[J]. Technology in Society, 59: 101151.

Motiwalla L F, Albashrawi M, Kartal H B, 2019. Uncovering unobserved heterogeneity bias: Measuring mobile banking system success[J]. International Journal of Information Management, 49: 439-451.

Nunnally J C, 1978. Psychometric theory[M]. 2nd ed. New York: McGraw-Hill.

Pearson K, 1894. Contributions to the mathematical theory of evolution[J]. Philosophical Transactions of the Royal Society of London, A, 185: 71-110.

Picoto W N, Pinto I, 2021. Cultural impact on mobile banking use-A multi-method approach[J]. Journal of Business Research, 124: 620-628.

Robert K, Wamba-Taguimdje S L, Wamba S F, et al., 2021. Determining factors and impacts of the intention to adopt mobile banking APP in Cameroon: Case of SARA by Afriland First Bank[J]. Journal of Retailing and Consumer Services, 61(4): 102509.

Ruiz-Mafe C, Chatzipanagiotou K, Curras-Perez R, 2018. The role of emotions and conflicting online reviews on consumers' purchase intentions[J]. Journal of Business Research, 89: 336-344.

Russell J A, Mehrabian A, 1976. Environmental variables in consumer research[J]. Journal of Consumer Research, 3(1): 62-63.

Shahid S, Islam J U, Malik S, et al., 2022. Examining consumer experience in using m-banking apps: A study of its antecedents and outcomes[J]. Journal of Retailing and Consumer Services, 65: 102870.

Suoranta M, Mattila M, 2004. Mobile banking and consumer behaviour: New insights into the diffusion pattern[J]. Journal of Financial Services Marketing, 8(4): 354-366.

Thusi P, Maduku D K, 2020. South African millennials' acceptance and use of retail mobile banking APPs: An integrated perspective[J]. Computers in Human Behavior, 111: 106405.

Veríssimo J M C, 2016. Enablers and restrictors of mobile banking APP use: A fuzzy set qualitative comparative analysis (fsQCA)[J]. Journal of Business Research, 69(11): 5456-5460.

Wang S, 2020. A multigroup study of continuance intention of mobile banking in China[J]. International Journal of Transitions and Innovation Systems, 6(3): 265-291.

Ward J C, Barnes J W, 2001. Control and affect: The influence of feeling in control of the retail environment on affect, involvement, attitude, and behavior[J]. Journal of Business Research, 54(2): 139-144.

Wu C S, Cheng F F, Yen D C, 2008. The atmospheric factors of online storefront environment design:

An empirical experiment in Taiwan[J]. Information & Management, 45(7): 493-498.

Xu X, 2020. Examining consumer emotion and behavior in online reviews of hotels when expecting managerial response[J]. International Journal of Hospitality Management, 89(3): 102559.

Zhou Q J, Lim F J, Yu H, et al., 2021. A study on factors affecting service quality and loyalty intention in mobile banking[J]. Journal of Retailing and Consumer Services, 60: 102424.

Zhou T, 2012. Understanding users' initial trust in mobile banking: An elaboration likelihood perspective[J]. Computers in Human Behavior, 28(4): 1518-1525.

后　记

本书结合城镇居民移动商务发展的实际情况，参考国内外移动商务应用和接受行为、信息化建设进程中存在的障碍和问题的相关研究，面向城镇地区以最终消费者为主体视角，对移动商务在城镇地区消费者行为问题进行了系统的研究，探讨了影响城镇地区移动服务消费行为的不同因素及其重要性，提出促进城镇地区移动服务的对策建议。尽管本研究力求严谨，但与所有研究一样，不可避免地具有其局限性，同时这也为未来进一步研究提供了方向。

首先，对于本书中移动商务用户多场景使用行为模型中大部分的核心变量，是基于特定场景下移动商务系统的具体研究背景，研究模型中各潜变量的测量量表都是采纳或延伸了现有的相关研究成果，因而这部分量表可能存在其针对特定场景下移动商务业务的局限性。若在未来研究中需要探索其他研究背景下的延伸使用，则需要根据具体研究背景对量表进行进一步的调整和完善，提出大数据背景下新的研究变量，增加模型的解释力，以提高普适性。

其次，本研究中的实证数据收集来源于特定移动场景下用户的自我报告数据。虽然这种方法在消费者行为领域研究中得到了普遍应用，但是随着消费者接受信息的渠道和方式的改变，针对大数据环境下的移动商务消费者的研究需要切换到多点、非线性的场景之中。与此同时，消费者行为研究的数据采集方式也发生了显著的转变与发展。传统的消费者行为研究主要是通过对企业内部数据或者自我报告数据进行分析而得出研究结果，从宏观层面解读消费者数据，局限于理解消费者当前的消费行为。因此，在下一步研究中，作者拟增加数据来源，将全网数据与自我报告数据和企业内部数据相结合，进一步验证本书中提出的研究模型。

最后，在本研究中，结构方程模型和有限混合回归分析在模型分析时存在着一定的弊端。尽管传统的消费者行为研究方法能够解决移动商务消费者行为的企业数据和自我报告数据分析问题，但其处理的数据要么是时间序列数据，要么是截面数据，要么是面板数据。现有的消费者行为大多立足于信息科学，侧重于数据的获取、存储、处理、挖掘和信息安全等方面，研究方法还是以传统的消费者行为方法为主。在大数据的背景下，消费者在网络交易时形成的历史行为数据是截面数据、面板数据以及图像数据等多源数据，难以用传统的分析方法进行分析。因此，针对非结构化数据和结构化数据所形成的多源混合数据，需要设计新的研究方法以适应移动互联网情境下客户关系管理研究，克服传统的基于截面数据或时间序列数据的数据处理的不足。